Bibliographische Information der Deutschen Bibliothek

Die Deutsche Bibliothek verzeichnet diese Publikation in der Deutschen
Nationalbibliographie; detaillierte bibliographische Daten sind im Internet
über http://dnb.d-nb.de abrufbar.

© 2007 oekom, München
oekom verlag, Gesellschaft für ökologische Kommunikation mbH
Waltherstrasse 29, 80337 München

Umschlaggestaltung: Sandra Filic
Umschlagabbildung: © Andy Rain/epa/Corbis

Druck: DIP – Digital-Print Witten
Dieses Buch wurde auf FSC-zertifiziertem Papier gedruckt.
FSC (Forest Stewardship Council) ist eine nichtstaatliche,
gemeinnützige Organisation, die sich für eine ökologische und
sozialverantwortliche Nutzung der Wälder unserer Erde einsetzt.

ISBN 978-3-86581-083-0

Klaus Gabriel

Nachhaltigkeit am Finanzmarkt

Mit ökologisch und sozial
verantwortlichen Geldanlagen
die Wirtschaft gestalten

Inhaltsverzeichnis

Vorwort   9

Einleitung   11

1   **Leitbild Nachhaltigkeit**   15

1.1   Ökologische und soziale Herausforderungen unserer Zeit 15
1.2   Entstehung und Entwicklung des Nachhaltigkeitsdiskurses 22
1.3   Zum Problem des diffusen Sprachgebrauchs von Nachhaltigkeit 29
1.3.1   Das Drei-Säulen-Modell 32
1.3.2   Starke vs. schwache Nachhaltigkeit 34
1.3.2.1   Schwache Nachhaltigkeit 34
1.3.2.2   Starke Nachhaltigkeit 35
1.3.2.3   Zusammenfassung 39

2   **Sozialethik und Nachhaltigkeit**   43

2.1   Verantwortung für die Schöpfung 43
2.2   Die ökologische Krise vor dem Hintergrund des biblischen Schöpfungsverständnisses 45
2.3   Die Bedeutung des Leitbildes nachhaltiger Entwicklung in der Sozialethik 49
2.3.1   Ethik als Individual- und Sozialethik 49
2.3.2   Anwendungsebenen der Ethik 50
2.3.3   Christliche Sozialverkündigung vor dem Hintergrund der ökologischen Krise 51
2.3.3.1   De iustitia in mundo (1971) 52
2.3.3.2   Die Konferenz des Weltkirchenrates in Bukarest (1974) 52
2.3.3.3   Friede in Gerechtigkeit: die erste Europäische Ökumenische Versammlung in Basel (1989) 53
2.3.3.4   Verlautbarungen der Evangelischen Kirche Deutschlands und der Deutschen Bischofskonferenz 54
2.3.3.5   Verlautbarungen von Johannes Paul II. 55
2.3.3.6   Das Österreichische Sozialwort 56
2.3.3.7   Das Kompendium der Soziallehre der Kirche 57

2.3.3.8   Zusammenfassung 59

2.3.4   Die Diskussion über Nachhaltigkeit
           in der Sozialethik 60

2.4   Ökologie und Wirtschaft: zeitgenössische und
           philosophische Zugänge 64

2.4.1   Integrative Wirtschaftsethik bei Peter Ulrich 64

2.4.2   Ökonomik als Ethik mit anderen Mitteln bei Karl Homann 67

2.4.3   Die Auswirkung des jeweiligen Verständnisse auf das
           Leitbild nachhaltiger Entwicklung 70

3   **Wirtschaft gestalten**   **73**

3.1   Initiativen zur Förderung nachhaltigen Wirtschaftens 73

3.1.1   Die Förderung verantwortlicher Wirtschaftsweisen auf
           institutioneller Ebene 76

3.1.2   Die Förderung verantwortlicher Wirtschaftsweisen auf
           individueller Ebene 79

3.2   Die „nachhaltige Geldanlage" als Aktionsfeld
           ethischen Handelns 81

3.2.1   Begriffsklärung: ethische, ethisch-ökologische und
           nachhaltige Geldanlage 82

3.2.2   Implementierung von Nachhaltigkeit in der
           Vermögensanlage 86

3.2.3   Implementierung von Nachhaltigkeit in der kirchlichen
           Geldanlage 88

3.2.4   Entstehung und derzeitiger Stand der nachhaltigen
           Geldanlage 91

3.2.4.1   Nachhaltige Geldanlagen in Deutschland 93

3.2.4.2   Nachhaltige Geldanlagen in der Schweiz 93

3.2.4.3   Nachhaltige Geldanlagen in Österreich 94

3.2.4.4   Trends und Unterschiede der nachhaltigen Geldanlage
           in Deutschland, der Schweiz und Österreich 94

3.2.5   Chancen der nachhaltigen Geldanlage 95

3.3   Gestaltungs- und Steuerungsmöglichkeiten der
           nachhaltigen Geldanlage 98

3.3.1   Sichteinlagen bei Banken 99

3.3.2   Anleihen 100

3.3.3   Aktien 101

3.3.4   Investmentfonds 102

3.3.5   Hedgefonds 104

3.3.6   Zusammenfassung: Das positive Potential zur Gestaltung
           und Steuerung wirtschaftlicher Prozesse durch
           nachhaltige Geldanlageprodukte 106

3.4   Ratingagenturen: Geschichte, Ansätze, Verfahren 107

3.4.1   Finanzrating 107

3.4.2   Nachhaltigkeitsrating 108

3.4.2.1   Ursprung und Entwicklung des Nachhaltigkeitsratings 112

3.4.2.2   Zum gegenwärtigen Forschungsstand bei
           Nachhaltigkeitsratings 113

3.5   Der Frankfurt-Hohenheimer Leitfaden als Ratingansatz 115

3.5.1   Idee und Entstehung des FHL 116

3.5.2   Zur Methodik der Wertbaumanalyse 116

3.5.2.1   Die Erstellung des Gesamtwertbaumes 118

3.5.2.2   Probleme einer Wertbaumanalyse bei nachhaltigen
           Geldanlagen 120

3.5.3   Die Hauptkriterien des FHL 124

3.5.3.1   Kulturverträglichkeit 124

3.5.3.2   Naturverträglichkeit 127

3.5.3.3   Sozialverträglichkeit 128

3.5.3.4   Zusammenfassung 129

3.5.4   Die praktische Umsetzung des FHL 129

3.5.5   Zur Problematik der Datenerhebung 133

4   Die Praxis der nachhaltigen Geldanlage:
           eine Analyse von Nachhaltigkeitsindizes   137

4.1   Die Methode der Studie 138

4.2   Kurzprofile der untersuchten Nachhaltigkeitsindizes 139

4.2.1   Advanced Sustainable Performance Index (ASPI) 139

4.2.2   Calvert Social Index 141

4.2.3   Dow Jones Sustainability Indexes (DJSI) bzw.
           Dow Jones STOXX Sustainability Indexes (DJSTOXX SI) 142

4.2.4   Domini 400 Social Index 144

4.2.5   Ethibel Sustainability Index 145

4.2.6   Ethical Index 146

4.2.7   Ethinvest Environmental Index 148

4.2.8   FTSE4Good 148

4.2.9   Jantzi Social Index 150

4.2.10   Naturaktienindex 150

4.2.11   UmweltBank-Aktienindex 152

4.2.12   Zur Informationsqualität und Transparenz von
           Nachhaltigkeitsindizes 153

4.3   Die Methoden und Vorgehensweisen bei der Erstellung
           von Nachhaltigkeitsindizes 154

4.3.1   Investmentuniversen 154

4.3.2   Positiv- und Negativkriterien 156

4.3.3   Die Funktion und Bedeutung von Beratungs- und
           Entscheidungsgremien 158

4.3.4   Vorläufiges Zwischenergebnis 159

4.4   Zum Verständnis zentraler Nachhaltigkeitsbegriffe 160

4.4.1   Nachhaltige, ethische oder sozial verantwortliche
           Geldanlage? 161

4.4.2   Die ökologische, ökonomische und soziale Verantwortung
           von Unternehmen 161

4.4.3   Corporate Social Responsibility 162

4.4.4   Nachhaltige Entwicklung/Sustainable Development 163

4.5   Zur künftigen Entwicklung nachhaltiger Geldanlagen 164

4.5.1   Einschätzung des Marktes für nachhaltige Geldanlagen 164

4.5.2   Zur Performance nachhaltiger Geldanlagen 166

4.6   Wie viel Nachhaltigkeit steckt in Nachhaltigkeitsindizes? 167

5   Der Wert des Wertes – zum Verhältnis zwischen
           Nachhaltigkeit und Ökonomie   169

5.1   Zur Materialität ökologischer und sozialer Themenfelder:
           Values *for* Money oder Values *and* Money? 169

5.2   Defizite des Marktes für nachhaltige Geldanlagen 174

5.3   Bildung für nachhaltige Entwicklung 176

5.3.1   Materialität der Bildung? 178

5.3.2   Voraussetzungen für eine Verbesserung der
           gesellschaftlichen Handlungsfähigkeit 180

5.3.3   Gestaltungskompetenz als Herausforderung einer
           Bildung für Nachhaltigkeit 181

5.3.4   Die nationale Umsetzung einer Bildung für Nachhaltigkeit
           am Beispiel der Österreichischen Strategie für
           Nachhaltigkeit und des Programms Bildung für
           eine nachhaltige Entwicklung der deutschen
           Bund-Länder-Kommission 183

5.4   Erfordernisse für die Förderung der nachhaltigen
            Geldanlage 187
5.5   Nachhaltigkeit am Finanzmarkt – Der Beitrag nachhaltiger
            Geldanlagen zur Gestaltung einer zukunftsfähigen Welt 193

Anhang   **201**

Literaturverzeichnis   **203**

Vorwort

Geld „arbeitet" nicht, es vermehrt sich auch nicht von selbst – vielmehr wird mit Geld ein Mehrwert erwirtschaftet, indem Projekte, Vorhaben und wirtschaftliche Aktivitäten finanziert werden. Die auf verschiedenen Reisen gesammelten Erfahrungen – aber auch die Herausforderungen im eigenen Land – haben mich dafür sensibilisiert, dass Geld guten und schlechten Zwecken dienen kann. Geld hat aber kein „Mascherl", das am Sparbuch deponierte Geld wartet auch nicht im Tresor einer Bank, sondern unternimmt eine Reise dorthin, wo immer es nachgefragt wird. Was damit letztlich geschieht, welchen Zwecken es dient und was damit finanziert wird, entzieht sich im Normalfall der Kenntnis des Investors. Geld in die richtigen Kanäle fließen zu lassen, erscheint mir vor dem Hintergrund ökologischer Krisen und sozialer Katastrophen als eine zentrale Herausforderung unserer Zeit. Meine zehnjährige Tätigkeit als Vermögensberater in einer Bank hat mir auch gezeigt, dass diese Kanäle ein verzweigtes und komplexes System darstellen, das jedoch unterschiedliche Ziele zulässt und gestaltbar ist. Die nachhaltige Geldanlage nützt Kanäle, welche die Zukunftsfähigkeit der Menschheit zum Ziel haben. Meine hier vorgestellte Arbeit dient als Ermunterung und Aufforderung, sich an der Gestaltung nachhaltiger Wirtschaftsweisen zu beteiligen.

Ein Vorwort gibt Gelegenheit, all jenen zu danken, die das Entstehen dieser Arbeit ermöglicht haben. Besonderer Dank gilt meiner Betreuerin, O. Univ.-Prof. Mag. Dr. Ingeborg Gabriel von der Universität Wien, die mir nicht nur zahlreiche Anregungen und Hinweise geliefert hat, sondern mir als meine Vorgesetzte am Institut für Sozialethik auch ein ideales Arbeitsumfeld zum Erstellen dieser Dissertation ermöglicht hat. Ebenso danke ich Prof. Dr. Johannes Hoffmann von der Johann Wolfgang Goethe-Universität in Frankfurt am Main, mit dessen Namen die Berücksichtigung ökologischer, kultureller und sozialer Kriterien bei der Geldanlage aufs Engste verbunden ist und der mir in seinen Doktorandenkolloquien einen für das Entstehen dieser Arbeit wichtigen Lern- und Reflexionsraum geboten hat. Die Mitwirkung an der von ihm initiierten *Projektgruppe ethisch-ökologisches Rating* der Universität Frankfurt am Main hat mir zusätzliche Impulse für diese Arbeit gegeben. Mein Dank gilt auch meinem Kollegen Mag. Franz Gassner, der mir in der „heißen Phase" meiner Dissertation viel Arbeit abgenommen hat und es mir dadurch ermöglichte, mich auf das Erstellen dieser Dissertation zu konzentrieren. Mag. Barbara Wandl danke ich fürs Korrekturlesen. Bei Urs Bette möchte ich mich für die Hilfe bei der Auswahl des Coverbildes ebenfalls bedanken.

Dankbar bin ich auch für den Umstand, dass ich in einem Land und in Verhältnissen geboren bin und leben darf, wo Bildung, Gesundheitsvorsorge, Nahrung und Sicherheit keinen Luxus darstellen, sondern selbstverständlich sind. Für die meisten Menschen auf der Welt sind diese Dinge keine Selbstverständlichkeit.

Einleitung

Es kennt wohl jeder das Bild jenes törichten Menschen, der an dem Ast sägt, auf dem er gerade sitzt. Diese Metapher erscheint uns absurd, denn die unweigerliche Konsequenz dessen, was dieser Mensch macht, ist ein von ihm selbst verursachter tiefer Fall. Es gibt keine vernünftige Erklärung, warum dieser Mensch das macht und dennoch sägt er beharrlich weiter. So absurd dieses Verhalten auch erscheinen mag – tatsächlich verhält sich die Menschheit heute ähnlich. Seit mehreren Jahrzehnten ist bekannt, dass die Tragfähigkeit der Biosphäre überspannt ist, lebensnotwenige Ressourcen unwiederbringlich verloren gehen und das Konsumverhalten und die Wirtschaftsdynamik in den industrialisierten Ländern die Zukunftsfähigkeit der gesamten Menschheit gefährdet. Diese Entwicklung hat über kurz oder lang einen „tiefen Fall" zur Folge.

Demgegenüber kommt einer nachhaltigen Entwicklung eine herausragende Bedeutung zu. Es geht darum, einen Wirtschafts- und Lebensstil zu entwickeln, welcher die Zukunftsfähigkeit der Menschheit gewährleistet. Eine nachhaltige Entwicklung beschreibt dabei eine Entwicklung, welche „die Bedürfnisse der gegenwärtigen Generation befriedigt, ohne die Möglichkeit zukünftiger Generationen zu beeinträchtigen, ihre eigenen Bedürfnisse zu befriedigen."[1] *Ein* Aspekt einer so verstandenen Zukunftsgestaltung betrifft die Ausrichtung des Finanzmarktes am Leitbild der nachhaltigen Entwicklung. Insbesondere die mit einer Geldanlage verbundenen Ziele und Kriterien sind dabei unter Nachhaltigkeitsgesichtspunkten zu bestimmen. Die vorliegende Arbeit untersucht Möglichkeiten, Formen und Probleme der nachhaltigen Geldanlage unter dem Gesichtspunkt divergierender Nachhaltigkeitsverständnisse.

Die Analyse der Entstehung und Entwicklung des Nachhaltigkeitsdiskurses unter Berücksichtigung aktueller Positionen bildet den ersten Teil dieser Arbeit. Aufgrund der grundsätzlich positiv zu bewertenden Offenheit des Nachhaltigkeitsbegriffes, welche eine zeit- und kontextabhängige Explikation des Nachhaltigkeitsgedankens sowohl möglich als auch erforderlich macht, erscheint die Rede von einem *Leitbild der Nachhaltigkeit* angemessener und Ziel führender. Allerdings besteht dadurch auch die Gefahr interessengeleiteter Interpretationen einer nachhaltigen Entwicklung. Das Drei-Säulen-Modell oder die Unterscheidung zwischen starker und schwacher Nachhaltigkeit sind Hinweise auf unterschiedliche Vorstellungen und Verstehensweisen von Nachhaltigkeit.

Für die Sozialethik bedeutet Nachhaltigkeit eine zentrale Herausforderung, da die Sozialethik die Bedingungen für das Gelingen menschlichen Zusammenlebens zum Gegenstand hat und die Zukunftsfähigkeit der Menschheit existentiell von der

---

[1] Hauff V. (Hg.), Unsere gemeinsame Zukunft. Der Brundtland-Bericht der Kommission für Umwelt und Entwicklung, Greven 1987, S. 46. Im Original: World Commission on Environment and Development, Our Common Future, Oxford 1987, S. 43: „Sustainable development meets the needs of the present without compromising the ability of future generations to meet their own needs".

Sicherung der biosphärischen Tragfähigkeit abhängt. Für die christliche Sozialethik und Sozialverkündigung ist dabei der Rückgriff auf die Bibel als Grundlage
normativer Leitprinzipien unausweichlich. Allerdings erweist sich vor dem Hintergrund der aktuellen ökologischen Herausforderungen der schöpfungsbiblische
Befund als ergänzungsbedürftig: die Bibel zeichnet ein Bild des von der Natur bedrohten Menschen und die heute aktuelle Problematik, dass nämlich der Mensch
in der Lage ist, die Biosphäre – und damit seine Existenzgrundlage – zu zerstören,
findet sich so in der Bibel nicht. Im zweiten Teil der Arbeit wird deshalb die Bedeutung des Leitbildes der Nachhaltigkeit in Sozialethik und Sozialverkündigung untersucht. Über zentrale kirchliche Dokumente hinaus wird die wissenschaftliche
Diskussion über Nachhaltigkeit in der Sozialethik anhand individual- und institutionenethischer Zugängen und Konzepte analysiert.

Nachhaltigkeit am Finanzmarkt bedeutet, zukunftsfähige Wirtschaftsweisen
sowohl auf institutioneller als auch auf individueller Ebene zu fördern. Im Rahmen
individueller Förderungs- und Gestaltungsmöglichkeiten bietet die nachhaltige
Geldanlage *eine* Möglichkeit zur Transformation ökonomischer Prozesse. Der dritte Teil beleuchtet deshalb die Entwicklung, den aktuellen Stand sowie die Steue-
rungs- und Gestaltungspotentiale der nachhaltigen Geldanlage unter sozialethischen Gesichtspunkten. Eine gezielte Steuerung und Gestaltung ökonomischer
Prozesse durch nachhaltige Geldanlagen erfordert jedoch eine präzise Analyse
von Unternehmen und Staaten hinsichtlich ihres Beitrages für eine nachhaltige
Entwicklung. Nachhaltigkeits-Ratingagenturen übernehmen dabei eine wichtige
Aufgabe zur Sicherung von Gestaltungspotentialen bei nachhaltigen Geldanlageprodukten. Der Frankfurt-Hohenheimer Leitfaden stellt den wohl umfangreichsten
und differenziertesten Ansatz zur Bewertung der Kultur-, Natur- und Sozialverträglichkeit von Unternehmen dar.

Daneben gibt es eine Vielzahl von Ratingansätzen zur Bewertung der Nachhaltigkeitsperformance von Unternehmen. Anhand einer Studie zur Bewertung von 11
Nachhaltigkeitsindizes werden im vierten Teil der Arbeit unterschiedliche Ratingansätze und -verfahren untersucht, verglichen und ausgewertet, vor allem in Hinblick auf das Verständnis zentraler Nachhaltigkeitsbegriffe.

Der fünfte Teil der Arbeit dient der Bestimmung des Verhältnisses zwischen
Nachhaltigkeit und Ökonomie. Anhand der *Materialitätsdebatte* wird dabei der
Frage nach der sozialethischen Relevanz der bei einigen Ansätzen vorgenommenen Fokussierung auf die ökonomischen Auswirkungen ökologischer und sozialer
Themenfelder nachgegangen. Darüber hinaus werden Defizite des Marktes für
nachhaltige Geldanlagen sowie die Bedeutung einer *Bildung für Nachhaltigkeit*
analysiert und abschließend Erfordernisse für die Förderung nachhaltiger Geldanlagen diskutiert.

Die Arbeit leistet einen sozialethischen Beitrag zur Standortbestimmung des
Marktes für nachhaltige Geldanlagen und liefert vor dem Hintergrund zentraler
ökologischer und sozialer Herausforderungen Ansätze für eine Gestaltung ökonomischer Prozesse durch nachhaltige Geldanlagen.

Die in der Arbeit zitierten Stellen aus Dokumenten der Katholischen Soziallehre beziehen sich – so nicht anders angegeben – auf die Ausgabe „Texte der Katholischen Soziallehre. Die sozialen Rundschreiben der Päpste und andere kirchliche Dokumente", Bundesverband der Katholischen Arbeitnehmer-Bewegung Deutschlands – KAB (HG.), Kevelaer, 8. Aufl. 1992.

Zum Zwecke der besseren Leserlichkeit habe ich den Text dieser Arbeit nicht gendergerecht formuliert, obwohl ich mir der Bedeutung gendergerechter Formulierung voll bewusst bin. Ich ersuche um Nachsicht für diese stilistische und lediglich der Leserlichkeit dienende Einschränkung.

„Wir sind nicht nur verantwortlich dafür, was wir tun,
sondern auch dafür, was wir nicht tun."
Moliére (1622–1673)

1 Leitbild Nachhaltigkeit

1.1 Ökologische und soziale Herausforderungen unserer Zeit

Die Jahrzehnte nach dem Zweiten Weltkrieg bedeuteten für die Länder der so genannten Ersten Welt eine Phase des Friedens, des wirtschaftlichen Aufschwungs
und des Wohlstands. Lange Zeit schien es, als könnten die Zauberformeln der
fünfziger, sechziger und siebziger Jahre des 20. Jahrhunderts – technologischer
Fortschritt und Wirtschaftswachstum – die Basis für die Lösung ökologischer Herausforderungen und die weltweite Beseitigung von Krieg, Hunger und Armut bilden.

Doch ein kritischer Blick auf den gegenwärtigen Zustand unserer Welt zeigt,
dass sich diese Hoffnung nicht erfüllt hat. Die ökologische Krise sowie das weltweite Auseinanderdriften von Arm und Reich – nicht nur zwischen den Ländern,
sondern auch innerhalb der Länder – macht deutlich, dass eine Entwicklung eingetreten ist, welche die Zukunft der Menschheit massiv bedroht. Die übermäßige
Nutzung der weltweiten Ressourcen durch die Industrieländer auf Kosten der Länder der so genannten Dritten Welt führt zur Verknappung zentraler Rohstoffe und
zu einer regional sehr unterschiedlichen Verteilung von Lebenschancen. Klimaerwärmung und der Rückgang der Biodiversität sind nur zwei weitere Aspekte einer
globalen Ökokrise, welche die Menschheit als ganze bedroht. Neben diesem ernüchternden Befund des Zustandes unseres Ökosystems hat seit Mitte der achtziger Jahre des 20. Jahrhunderts weltweit die Ungleichheit zwischen den Ländern –
gemessen am Verhältnis der nationalen Pro-Kopf-Einkommen zueinander – massiv zugenommen.[2] Das Durchschnittseinkommen in den 20 reichsten Ländern war
im Jahr 2003 37mal höher als in den ärmsten 20 Ländern, womit sich dieser Wert
in den letzten 40 Jahren verdoppelt hat. Auch innerhalb der einzelnen Länder kam
es zu einer Spreizung der Einkommen der ärmsten und reichsten Gruppen.[3] Eine
wissenschaftlich akzeptierte Methode, um Ungleichheit innerhalb einer Gesellschaft darzustellen, ist der Vergleich einer bestehenden Einkommensverteilung
mit dem Zustand vollkommener Gleichheit. Mit dem so genannten Gini-

---

[2] Wuppertal Institut für Klima, Umwelt, Energie (Hg.), Fair Future. Begrenzte Ressourcen und globale Gerechtigkeit, München 2005, S. 21-25.

[3] Weltbank (Hg.), Weltentwicklungsbericht 2003. Nachhaltige Entwicklung in einer dynamischen Welt. Institutionen, Wachstum und Lebensqualität verbessern, Bonn 2003, S. 2.

Koeffizienten wird der Grad der Ungleichheit innerhalb einer Gesellschaft auf einer Skala, die vom Wert 0 (alle haben das gleiche Einkommen) bis zum Wert 1 (einer hat das gesamte Einkommen) beschrieben. Dabei bestätigt sich die ungleiche Einkommensverteilung auf nationalstaatlicher Ebene: Während der Gini-Koeffizient für die weltweite Staatengemeinschaft bei ca. 0,54 liegt, was in etwa dem Gini-Koeffizienten von Brasilien und Südafrika (jeweils 0,59) entspricht, beträgt dieser in Österreich 0,3.[4]

Aus ökologischer Sicht wurden die Grenzen eines rein auf Wirtschaftswachstum basierenden Wohlstandskonzeptes bereits 1972 mit dem Erscheinen des Club-of-Rome-Berichts *Die Grenzen des Wachstums* deutlich gemacht. Mit diesem Buch wurde erstmals aufgezeigt, dass unbegrenztes wirtschaftliches Wachstum aufgrund der nur begrenzt verfügbaren natürlichen Ressourcen nicht möglich ist. Für die Studie lag der Grund noch hauptsächlich in der Endlichkeit der Ressourcenvorräte, vor allem in der nur beschränkt vorhandenen Menge mineralischer und energetischer Rohstoffe. Sie machte darauf aufmerksam, dass das Ökosystem aufgrund des ungebremsten Bevölkerungswachstums, der ungehinderten industriellen Entwicklung, des Verbrauchs natürlicher Rohstoffe und aufgrund von Umweltzerstörung und Nahrungsmangel zu kollabieren droht.[5] Die Menschheit, so die Botschaft der *Grenzen des Wachstums*, befinde sich auf einem „boom-and-burst"-Pfad: das exponentielle Wachstum überfordert die Tragfähigkeit des Ökosystems und führt zu neuen Knappheiten, welche Krisen und schließlich den Zusammenbruch des Systems zur Folge haben würden.[6]

Zwar haben sich die Szenarien des Berichts als überzogen erwiesen, zumal neue Lagerstätten, bessere Fördertechniken, effizientere Marktmechanismen und vor allem Substitutionsprozesse das zur Neige gehen der Rohstoffe verzögert haben. Auch eine weitere Annahme des Club-of-Rome-Berichts, nämlich dass die Schadstoffemissionen analog zum Wirtschaftswachstum zunehmen würden, hat sich – zum Glück – nicht bestätigt, da umweltpolitische Maßnahmen und die Möglichkeiten des technischen Umweltschutzes unterschätzt worden waren. Allerdings war zur Zeit der Abfassung der *Grenzen des Wachstums* das Problem der Klimaerwärmung noch nicht bekannt, welches heute eine enorme Herausforderung darstellt. Die zentrale Botschaft der *Grenzen des Wachstums* ist jedoch bis heute gültig: die Ressourcen unserer Welt und die Tragfähigkeit der Biosphäre sind begrenzt und die Art und Weise, wie mit dieser Knappheit umgegangen wird, ist entscheidend für die ökologische und soziale Zukunft unseres Planeten.

Wie lange die Rohstoffvorräte noch reichen, ist Gegenstand heftiger Debatten und auch davon abhängig, ob es in Zukunft gelingen wird, den Ressourcenverbrauch einzuschränken bzw. gewohnte Rohstoffe durch neue Ressourcen zu

---

[4] United Nations Development Programme, Human Development Report 2005: http://hdr.undp.org/reports/global/2005/ (Abfrage am 18.10.2006).

[5] Van Dieren W., Mit der Natur rechnen. Der neue Club-of-Rome-Bericht: Vom Bruttosozialprodukt zum Ökosozialprodukt, Basel 1995, S. 21.

[6] Ott K., Döring R., Theorie und Praxis starker Nachhaltigkeit, Marburg 2004, S. 25.

ersetzen, wie dies zum Beispiel im Fall von Kupfer durch die Substitution von Glasfaseroptik geschehen ist. Es ist jedoch anzunehmen, dass die Sicherung und der Zugriff auf zentrale Ressourcen in den nächsten Jahren geopolitisch an Bedeutung gewinnen werden. Bereits heute – aber nicht erst seit heute – sind der Kampf um Schürfrechte und der Zugang zu Lagerstätten Gegenstand bewaffneter Konflikte und nicht selten – wie am Beispiel der für die Mobiltelefonie dringend benötigten Coltan-Vorräte im Kongo deutlich wird – nehmen diese Konflikte bürgerkriegsähnliche Ausmaße an.[7]

Dass die Tragfähigkeit der Biosphäre überschritten und die Elastizität globaler Ökosysteme überlastet ist, kann man kaum übersehen. Die Zeichen hierfür sind zahlreich:

- Das Weltklima hat sich in den letzten dreißig Jahren um 0,6 Grad Celsius erwärmt.[8] In der nördlichen Hemisphäre war dieser Anstieg der Durchschnittstemperatur größer als jemals zuvor in 1000 Jahren. Abhängig von der Entwicklung der für den Klimawandel verantwortlichen Zuwachsraten aller Treibhausgase wird damit gerechnet, dass sich die globale Durchschnittstemperatur bis 2100 um 1,4 bis 5,8 °C erhöhen wird.[9] Darüber, dass die Klimaerwärmung zum überwiegenden Teil durch menschliche Aktivitäten verursacht wird, herrscht mittlerweile wissenschaftlicher Konsens.[10]
- Die Auswirkungen der Klimaerwärmung betreffen die ganze Erde und haben große Auswirkungen auf die menschliche Gesundheit, die Umwelt und die Wirtschaft. Durch die damit einhergehende Verschiebung von Vegetationszonen sind negative Auswirkungen auf die Landwirtschaft zu befürchten. Zusätzlich ist mit einer verstärkten Erosion und einer Ausweitung der Wüstengebiete zu rechnen. Darüber hinaus betreffen diese Veränderungen sowohl die Situation vieler Menschen, als auch die des Ökosystems, etwa durch das Ansteigen des Meeresspiegels oder durch das Abschmelzen von Gletschern.[11] Im Laufe des 20. Jahrhunderts stieg der Meeresspiegel um 10 bis 20 Zentimeter, in den letzten 50 Jahren gingen die Ausdehnung des arktischen Meereises im Sommer um 10 Prozent und seine Dicke um 40 Prozent zurück.[12] Aufgrund der Er-

---

[7] Vgl. Werner K., Weiss H., Das neue Schwarzbuch Markenfirmen. Die Machenschaften der Weltkonzerne, Wien 2003, S. 65-100.

[8] NASA Goddard Institute for Space Studies and Columbia University Earth Institute, Surface Temperature Analysis 2005, Online-Version auf: http://data.giss.nasa.gov/gistemp/2005/ (Abfrage am 17.5.2006).

[9] Intergovernmental Panel on Climate Change, Climate Change 2001 – IPCC Third Assessment Report, Online-Version auf: http://www.grida.no/climate/ipcc_tar/ (Abfrage am 17.5.2006).

[10] Oreskes N., The Scientific Consensus on Climate Change, in: Science Vol. 306 vom 3. Dezember 2004, S.1686.

[11] Hare W., Assessment of Knowledge on Impacts of Climate Change – Contribution to the Specification of Art. 2 of the UNFCCC. Externe Expertise für das WBGU-Sondergutachten "Welt im Wandel: Über Kioto hinausdenken. Klimaschutzstrategien für das 21. Jahrhundert", Berlin 2003.

[12] Weltbank, Nachhaltige Entwicklung in einer dynamischen Welt. Institutionen, Wachstum und Lebensqualität verbessern, Weltentwicklungsbericht 2003, Bonn 2003, S. 216.

wärmung der Meerwassertemperatur wurde in den letzten Jahren ein Zunehmen schwerer Hurrikane festgestellt, welche massive – auch volkswirtschaftli-
che – Schäden verursacht haben.[13]

- Die biologische Vielfalt hat in den letzten 100 Jahren massiv abgenommen.
  Artenverluste gab es in der Erdgeschichte bereits mehrfach, doch ist der derzeit zu beobachtende Verlust an Biodiversität der erste, der vom Menschen
  verursacht wird.[14] Jährlich verschwinden zig-tausend Arten, die Folgen dieses
  Artensterbens sind noch nicht absehbar. Biologische Vielfalt ist nicht nur in
  Hinblick auf den Eigenwert der jeweiligen Art von Bedeutung, sondern gleichzeitig auch die Grundvoraussetzung für die Stabilität der Ökosysteme, die letztlich die Grundlage menschlichen Überlebens sind. Ausgelöst wird der Verlust
  an biologischer Vielfalt durch die vom Menschen verursachte Beeinträchtigung
  von Lebensräumen, Übernutzung und Verschmutzung von Ökosystemen und
  die globale Erwärmung. Satellitenaufnahmen belegen für den Zeitraum von
  1990 bis 2000 eine pantropische Bruttoentwaldungsrate von ca. 0,52 Prozent
  oder 9,2 Millionen Hektar jährlich, was der Fläche Portugals entspricht.[15]

- Ca. 50 Prozent der zugänglichen Süßwasservorkommen werden von Menschen genutzt, davon ca. 70 % für landwirtschaftliche Aktivitäten. Fossile Was-
  servorräte, die sich über jahrtausende gebildet haben, werden mittlerweile ab-
  gebaut, häufig für die landwirtschaftliche Nutzung, wie etwa in den Vereinigten
  Staaten, in Nigeria, im Nahen Osten, Saudi Arabien oder Libyen.

- Eine weitere Gefährdung des ökologischen Gleichgewichts ergibt sich aus der
  Überfischung der Meere. Nach Angaben der FAO sind derzeit ein Viertel aller
  Fischbestände erschöpft oder von Erschöpfung bedroht, weitere 50 Prozent
  werden am biologischen Limit befischt. Weltweit hat sich der Gesamtfischbe-
  stand zwischen 1970 und 2000 fast halbiert.[16]

- Der *ökologische Fußabdruck* ist ein Versuch, die Übernutzung der Biosphäre
  mit einem einzigen globalen Indikator für jede Nation zu erfassen.[17] Der *ökologische Fußabdruck* beschreibt jene Gesamtfläche, die erforderlich ist, um die
  Infrastruktur eines Landes zu errichten, Nahrung, Güter und Dienstleistungen
  zu produzieren und die Emissionen fossilen Energieverbrauchs zu absorbie-

---

[13] Webster P.J., Holland G. J., Curry J. A., Chang H.-R., Changes in Tropical Cyclone Number,
Duration, and Intensity in a Warming Environment, in: Science Vol. 309, No. 5742 vom 16. September 2005.

[14] Steffen W. u. a., Global Change and the Earth System. A Planet under Pressure, Berlin 2004,
S. 259.

[15] Food and Agriculture Organization of the United Nations, Global Forest Resources Assessment
2000, zit. nach: Weltbank, Nachhaltige Entwicklung in einer dynamischen Welt. Institutionen,
Wachstum und Lebensqualität verbessern, Weltentwicklungsbericht 2003, Bonn 2003, S. 204.

[16] Food and Agriculture Organization of the United Nations, The State of World Fisheries and
Aquaculture, Rome 2000, zit. nach: Wuppertal Institut für Klima, Umwelt, Energie (Hg.), Fair
Future. Begrenzte Ressourcen und globale Gerechtigkeit, München 2005, S. 35.

[17] Vgl. Wackernagel M., Rees W., Unser ökologischer Fußabdruck. Wie der Mensch Einfluß auf die
Umwelt nimmt, Basel 1997.

ren. Mit der Umrechnung all dieser Belastungen in eine Flächengröße ergibt sich der globale ökologische Fußabdruck, welchen die Menschen auf dem Planeten hinterlassen. Der ökologische Fußabdruck benennt also die Fläche, die erforderlich ist, um Lebensstil und -standard des Menschen zu ermöglichen. Dabei zeigt sich, dass der ökologische Fußabdruck die biologisch produktive Fläche seit Mitte der 70er Jahre übersteigt, derzeit um etwa 20 Prozent.

- Darüber hinaus zeigt ein Blick auf die Lebenssituation zahlreicher Menschen, dass die Weltgemeinschaft vom Zustand allgemeiner Wohlfahrt noch weit entfernt ist. In vielen Teilen der Erde hungern Menschen. Nach dem Welthungerbericht der FAO sind es weltweit ca. 840 Millionen. Die Schere zwischen Arm und Reich nimmt weiter zu, vor allem in den Entwicklungsländern ist der Reichtum im Durchschnitt stärker konzentriert als in den entwickelten Ländern.[18] Die Bekämpfung von Hunger und Armut zählt zu den dringlichsten Aufgaben der internationalen Weltgemeinschaft und ein besonderes Augenmerk wird dabei auf die wirtschaftliche Entwicklung der betroffenen Menschen und Regionen gelegt. Dabei offenbart sich ein „doppeltes Dilemma".[19] Die Beseitigung von Hunger und Armut auf der Basis der gegenwärtigen Form des Wirtschaftswachstums bedeutet, die weltweiten Ressourcenvorräte weiter zu reduzieren. Vor allem in den Entwicklungs- und Schwellenländern wird sich Wirtschaftswachstum ohne zusätzlichen Ressourcenverbrauch nicht verwirklichen lassen. Entweder muss deshalb eine weitere Ressourcenverknappung in Kauf genommen werden oder aber es wird nur soviel Wirtschaftswachstum zugelassen, als in Hinblick auf den langfristigen Erhalt natürlicher Ressourcen verantwortbar ist. Damit tut sich ein weiteres Dilemma auf: hält man am Programm der Ressourcensicherung fest und lässt Wirtschaftswachstum in den von Hunger und Armut betroffenen Regionen nur soweit zu, als es der langfristige Ressourcenerhalt gestattet, bedeutet das wahrscheinlich in vielen Fällen ein sehr geringes Wirtschaftswachstum und damit auch ein Verharren auf dem status quo. Oder aber die Industrieländer reduzieren massiv ihren Ressourcenverbrauch und schaffen damit Raum für den steigenden Bedarf in den Entwicklungs- und Schwellenländern.

Die Beispiele ließen sich fortsetzen. Fest steht, dass der derzeitige Lebensstil und die praktizierte Wirtschaftsweise der Industrieländer die Zukunftsfähigkeit unserer Zivilisation bedrohen und gleichzeitig die gegenwärtigen Lebensbedingungen von Menschen in den Ländern der so genannten Dritten Welt massiv beeinträchtigen. Als Folge daraus sind nicht nur der ökologische Kollaps, sondern auch ein konfliktträchtiges Klima rund um die Zugänge zu lebensnotwendigen Ressourcen und ihre weltweite Verteilung zu befürchten.

---

[18] Weltbank (Hg.), Weltentwicklungsbericht 2006. Chancengerechtigkeit und Entwicklung, Kleve 2006, S. 47.

[19] Kesselring Th., Ethik der Entwicklungspolitik. Gerechtigkeit im Zeitalter der Globalisierung, München 2003, S. 193 ff.

Dass diese Entwicklung über kurz oder lang einer Lösung bedarf, ist inzwischen mehrheitlich bewusst. Allerdings ist man sich über die Möglichkeiten einer Lösung uneins. Tendenziell sind es vor allem zwei Richtungen, welche die Debatte zur Lösung dieser Frage bestimmen. Vor allem von wirtschaftsliberaler Seite wird damit argumentiert, dass der technische Fortschritt und die Effizienzsteigerungen wirtschaftlicher Prozesse dazu führen werden, dass knappe Ressourcen substituiert und schädliche Auswirkungen der Wirtschaft auf die Ökologie kompensiert werden können. Wirtschaftswachstum wird dabei als die Basis zur Lösung sozialer und ökologischer Probleme gesehen. Dementsprechend werden jene Rechte als grundlegend bezeichnet, die dem Menschen bestimmte wirtschaftliche Tätigkeiten ermöglichen.[20]

Diese Linie vertreten im Wesentlichen auch die Weltbank und der IWF. Die FAO führt in ihrem im Jahr 2005 erschienenen Bericht *The State of Food Security in the World* aus, dass der Kampf gegen Hunger gerade in jenen Ländern erfolgreich war, in denen ein deutliches Wirtschaftswachstum zu verzeichnen war. Allerdings wird auch darauf verwiesen, dass Wirtschaftswachstum alleine noch kein Garant für die Strategie gegen Hunger und Armut darstellt. Paradoxerweise waren in den letzten Jahren gerade jene Länder im Kampf gegen Hunger besonders erfolgreich, welche ein vergleichsweise geringes Wirtschaftswachstum aufwiesen.[21] Zusätzlich zu Wirtschaftswachstum sind vor allem Faktoren wie politische Stabilität, geringe Korruption, hohe Alphabetisierungsrate und ein gut funktionierender landwirtschaftlicher Sektor ausschlaggebend für die Verbesserung der Lebensqualität von Menschen.[22]

Die zweite Richtung sieht gerade im gegenwärtigen Wirtschaftssystem die Ursache der ökologischen Krise und der menschenunwürdigen Lebensbedingungen in weiten Teilen der Erde. Von ökologischer Seite werden dabei vor allem die unverhältnismäßige Ressourcenaneignung und die massive Umweltbelastung durch die Industrieländer ins Feld geführt.[23] Diese verbrauchen etwa die Hälfte der weltweit vorkommenden Öl- und Gasvorräte, die andere Hälfte verteilt sich auf die Entwicklungs- und Schwellenländer. Angesichts des Bevölkerungsverhältnisses zwischen Industrie- und Entwicklungs- bzw. Schwellenländern von 15:85 werden damit gravierende Disparitäten beim Pro-Kopf-Verbrauch deutlich. Während der fossile Energieverbrauch in den Industrieländern durchschnittlich 4,5 Tonnen Erdöleinheiten pro Jahr beträgt, sind es in den Entwicklungsländern durchschnittlich lediglich 0,8 Tonnen, womit die Aneignung fossiler Energieträger in den Industriestaaten um einen Faktor 5 bis 6 höher ist als in den Entwicklungsländern.

---

[20] Vgl. Nozick R., Anarchy, State and Utopia, New York 1974.

[21] Food and Agriculture Organization of the United Nations, The State of Food Insecurity in the World 2005, Rome 2005, S. 8.

[22] Ebda., S. 10.

[23] Vgl. Wuppertal Institut für Klima, Umwelt, Energie (Hg.), Fair Future. Begrenzte Ressourcen und globale Gerechtigkeit, München 2005, S. 46 ff.

Aber auch innerhalb der Entwicklungsländer ist der Verbrauch sehr ungleich verteilt. Bei einer kleinen Gruppe von Ländern mit hohem Einkommen und Entwicklungsstand wie zum Beispiel den Vereinigten Arabischen Emirate liegt der Pro-Kopf-Verbrauch mit 4,6 Tonnen sogar leicht über dem Verbrauch der Industrieländer, während der Verbrauch der ärmsten und bevölkerungsreichsten Entwicklungsländer – vor allem in Afrika – lediglich bei 0,3 Tonnen Erdöleinheiten liegt. Beim Ausstoß des durch die Verbrennung fossiler Energieträger entstehenden CO_2 ist eine ähnlich Verteilung zu beobachten. Auch hier ist die Rate etwa 50:50 zwischen Industrie- und Entwicklungsländern – allerdings wie erwähnt bei einer Bevölkerungsverteilung von 15:85 – und auch hier sind große Unterschiede innerhalb der Entwicklungsländer festzustellen. In den letzten 30 Jahren haben die Entwicklungs- und Schwellenländer sowohl beim Energieverbrauch als auch bei den CO_2-Emissionen aufgeholt, dieser Trend wird sich in den nächsten Jahren vor allem durch die Entwicklung in China und Indien verstärken.[24] Gefordert werden vor allem ein Rückbau der Ressourcenansprüche, ein Umstieg auf erneuerbare Energieformen und eine die Externalisierung von Kosten vermeidende Wirtschaftsform.[25] Andererseits wird auf die schädlichen Auswirkungen des globalen Wettbewerbs verwiesen. Dabei wird die Ansicht vertreten, dass „die Welt nicht als Arena für hegemoniale Ambitionen angesehen werden darf. Es ist an der Zeit, die verheerenden Konsequenzen eines exzessiven Wettbewerbs anzugehen".[26] Verwiesen wird auf die Verantwortung Europas, Japans und Nordamerikas, das kreative Potential zu mobilisieren, damit die Grundbedürfnisse und Ansprüche der Weltbevölkerung als oberste Priorität behandelt werden.[27] Die Wettbewerbsideologie globalen Wirtschaftens, welche die nationalen Wirtschafts- und Sozialpolitiken dominiert, und der „Wettbewerbsexzess" als Ursache von unerwünschten und gegenläufigen Effekten, werden abgelehnt.[28] Dazu wird eine neue Generation globaler Sozialverträge eingefordert, ein Grundbedürfnisvertrag, ein Kulturvertrag, ein Demokratievertrag und ein Erdvertrag, welche dazu bestimmt sind, die Formen individuellen und kollektiven Handelns zu entwickeln, die eine Befriedigung der Grundbedürfnisse aller Menschen heute und in Zukunft ermöglichen.[29]

Wirtschaft als System wird dabei nicht abgelehnt, aber hinsichtlich seiner Funktionsweise und Ausgestaltung kritisch reflektiert. Wenn Wirtschaftswachstum ein zentraler Faktor bei der Bekämpfung von Hunger und Armut ist, kommt es wesentlich darauf an, dass dieses Wirtschaftswachstum unter Berücksichtigung der Grenzen ökologischer Tragfähigkeit erfolgt. Intakte Ökosysteme sind eine Voraus-

---

[24] Ebda., S. 57 ff.

[25] Vgl. Scherhorn G., Markt und Wettbewerb unter dem Nachhaltigkeitsziel, in: Zeitschrift für Umweltpolitik und Umweltrecht, 2/2005, S. 135-154.

[26] Die Gruppe von Lissabon, Grenzen des Wettbewerbs. Die Globalisierung der Wirtschaft und die Zukunft der Menschheit, München 1997, S. 27.

[27] Ebda., S. 28.

[28] Edba., S. 137.

[29] Ebda., S. 169-187.

setzung für das Überleben der Menschheit, auf deren Basis erst wirtschaftliche Aktivitäten möglich sind. Insofern kommt es darauf an, einen Wirtschaftsstil zu praktizieren, welcher soziale und ökologische Aspekte gleichermaßen berücksichtigt. Als solcher hat sich das Leitbild der „nachhaltigen Entwicklung" (sustainable development) seit nunmehr ca. 20 Jahren in der laufenden Diskussion etabliert. Gemeint ist damit also nicht nur der Erhalt einer intakten Umwelt, sondern darüber hinaus die Sicherung der Lebensgrundlage für die Menschheit.

1.2 Entstehung und Entwicklung des Nachhaltigkeitsdiskurses

Der Begriff der Nachhaltigkeit erlangte 1987 mit dem Bericht der Kommission für Umwelt und Entwicklung *Our Common Future* (meist bezeichnet als „Brundtland-Report"[30]) breite Bekanntheit. Er ist heute ein in politischen, wirtschaftlichen und zivilgesellschaftlichen Kreisen formal akzeptierter Terminus. Für gewöhnlich wird die Erstverwendung dieses Begriffes in der deutschen Forstwirtschaft des 18. Jahrhunderts verortet, als von einer „continuirlich beständige(n) und nachhaltende(n) Nutzung" des Waldbestandes gesprochen wurde.[31] In seiner „Sylvicultura oeconomica" von 1713 beschrieb der damalige Oberberghauptmann in Sachsen, Hans Carl von Carlowitz (1640-1714), das Szenario rücksichtslosen Raubbaus an ökologischen Ressourcen und forderte „pfleglich" mit dem Holz umzugehen, auf dass es auch noch in Zukunft verfügbar ist.

Allerdings lässt sich zwischen Carlowitz und dem Bericht der Kommission für Umwelt und Entwicklung keine direkte Verbindung herstellen. Obwohl der Begriff aus den deutschen Forstgesetzen nie verschwand,[32] ist anzunehmen, dass die forstwirtschaftliche Bedeutung von „nachhaltig" erst wieder entdeckt worden ist, als man für das Wort „sustainable" aus dem Brundtland-Report eine deutsche Übersetzung suchte.[33] In der heutigen Diskussion wird oft auf die Inkongruenz der Begriffe „nachhaltig" und „sustainable" hingewiesen. „Sustainable" stammt vom lateinischen Verb „sustinere" und bedeutet „aufrecht erhalten" bzw. „schützen". Damit ergibt sich an den Begriff der Nachhaltigkeit zwar eine inhaltliche Annäherung, jedoch keine Übereinstimmung. Jörg Tremmel konnte aufzeigen, dass vor der Veröffentlichung des Brundtland-Berichts im Jahr 1987 zwar die Wörter „to sustain", „sustained" und „sustenance" geläufig waren, jedoch nicht „sustainable" oder „sustainability".[34] „Sustainable" und „sustainability" waren demnach bis dahin der Öffentlichkeit praktisch unbekannt und wurden erst mit dem Brundtland-Report

---

[30] Nach der Vorsitzenden der Kommission, Jo Harlem Brundtland benannt.

[31] Ott K., Döring R., Theorie und Praxis starker Nachhaltigkeit, Marburg 2004, S. 19 f.

[32] Zu dieser Überzeugung gelangen Ott/Döring (2004), S. 21.

[33] Vgl. Tremmel J. (2003) S. 98.

[34] Ebda., S. 90 ff.

eingeführt. Damit ist auch die begriffliche Sinngebung von „sustainability" und „sustainable development" im Brundtland-Bericht zu verorten. Auch die erste Übersetzung von „sustainable development" ins Deutsche erfolgte nicht mit dem Begriff „nachhaltige Entwicklung", sondern mit „dauerhafte Entwicklung".[35] Dies könnte ein Hinweis darauf sein, dass die Schwierigkeit einer eindeutigen Definition von Nachhaltigkeit unter Umständen schon in der Übersetzungsproblematik grundgelegt ist.

Die Entstehungsgeschichte von *Our Common Future* zog sich über mehrere Jahre und war geprägt von unterschiedlichen Ausgangssituationen und Interessen der am Prozess beteiligten Akteure. Die sich aus diesem Diskussionsprozess entwickelnde Formel „nachhaltiger Entwicklung" war im Wesentlichen das Ergebnis unterschiedlicher „Diskussionsstränge".[36] Einerseits erkannte man die Grenzen des Wachstums und die Probleme der Umweltzerstörung. Nach einer Phase der Technikgläubigkeit der 50er und 60er Jahre des 20. Jahrhundert entstanden in den 70er Jahren erste Zweifel gegenüber der Tragfähigkeit des Ökosystems, ausgelöst unter anderem durch die *Grenzen des Wachstums* des Club of Rome aus dem Jahr 1972. Diese Studie machte auf den exponentiellen Charakter der kritischen Wachstumsgrößen Bevölkerung, Umweltzerstörung und Rohstoffabbau aufmerksam und thematisierte die Gefahr einer ökologischen Selbstzerstörung.[37] Vor allem in den Industrieländern wurden die *Grenzen des Wachstums* als zentrale Zukunftsbedrohung ernst genommen und von daher in den Diskussionsprozess eingebracht.

Ein zweiter thematischer Schwerpunkt orientierte sich an dem in der Nachkriegszeit dominierenden Konzept der *nachholenden Entwicklung*. Dabei wurde unterstellt, dass die Situation der Länder der so genannten Dritten Welt verbessert werden kann, indem diese das Wirtschafts- und Gesellschaftsmodell der westlichen Industriestaaten nachahmen.[38] Die Entwicklung westlicher Staaten seit der Industrialisierung im 18. Jahrhundert wurde dabei als Modell gesehen, um den Ländern der Dritten Welt eine ähnliche Entwicklung zu ermöglichen.

Darüber hinaus haben *unequal-exchange-* und *self-reliance-Konzepte* ebenfalls eine bedeutsame Rolle bei der im Rahmen der Brundtland-Kommission geführten Debatte gespielt. Vor dem weltpolitischen Hintergrund der 60er und 70er Jahre des 20. Jahrhunderts wurde das Konzept der nachholenden Entwicklung von linksintellektuellen Kreisen schlichtweg als „kapitalistisch" abgelehnt und vor allem durch die Dependenz-Theorie ersetzt. Im Rahmen der Dependenztheorie plädierte man dafür, dass sich die Länder der Dritten Welt einerseits selbst entscheiden

---

[35] Hauff V., Unsere gemeinsame Zukunft. Der Bericht der Weltkommission für Umwelt und Entwicklung, Greven 1987, S. 46.

[36] Ott K., Döring R., Theorie und Praxis starker Nachhaltigkeit, Marburg 2004, S. 24 ff.

[37] Kreibich R. (Hg.), Nachhaltige Entwicklung. Leitbild für die Zukunft von Wirtschaft und Gesellschaft, Weinheim 1996, S. 22.

[38] Vgl. Rostow W. W., The Stages of Economic Growth. A Non-Communist Manifesto, Cambridge 1960.

sollten, wie sie sich entwickeln wollen und andererseits diese Entwicklung auch selbst in die Hand nehmen sollen.

Insofern hatte also die Weltkommission für Umwelt und Entwicklung die schwierige Aufgabe, verschiedene Interessen mit unterschiedlichen ideologischen Hintergründen zu vereinen. Konkret galt es, divergierende Standpunkte zu den Themen Umweltschutz, Armutsbekämpfung und Wirtschaftswachstum auf einen Nenner zu bringen. Die mit dem Begriff „nachhaltige Entwicklung" gefundene Formulierung zielte demnach auch darauf ab, „die älteren Modelle nachholender Industrialisierung nicht völlig zu negieren, die ‚self-reliance'-Ideen vorsichtig zu integrieren ohne sozialistischen Ideen allzu nahezu rücken, auf die ökologischen Grenzen des Wachstums hinzuweisen, das alte UN-Ziel der Bekämpfung von Armut nicht aus den Augen zu verlieren, westliche Lebensstile nicht grundlegend in Frage zu stellen, das ‚Malthus-Thema' des Bevölkerungswachstums anzusprechen und dabei nach möglichst vielen Seiten politisch-diplomatisch anschlussfähig zu bleiben".[39]

Die Definition der Weltkommission für Umwelt und Entwicklung lautet in ihrer offiziellen deutschen Übersetzung: „Nachhaltige Entwicklung ist eine Entwicklung, die den gegenwärtigen Bedarf zu decken vermag, ohne gleichzeitig späteren Generationen die Möglichkeit zur Deckung des ihren zu verbauen". Diese Formulierung sollte dazu beitragen, den Prozess der dauerhaften Entwicklung einzuleiten und beschreibt einen „Prozeß des ständigen Wandels, dessen Ziel darin besteht, die Ausbeutung der Ressourcen, den Investitionsfluß, die Ausrichtung der technologischen Entwicklung und die institutionellen Veränderungen mit künftigen und gegenwärtigen Bedürfnissen in Einklang zu bringen".[40] Damit ist nicht nur der Erhalt der Umwelt angesprochen, sondern auch die Sicherung existentieller menschlicher Lebensgrundlagen.

Insgesamt nennt der Bericht vier zentrale globale Problembereiche: den Raubbau an natürlichen Lebensgrundlagen, die zunehmende ungleiche Verteilung von Einkommen und Vermögen, die Anzahl der in Armut lebenden Menschen und die Bedrohung von Frieden und Sicherheit.[41] Thematisch umfasst diese Formulierung ökologische, gesellschaftliche und ökonomische Aspekte gleichermaßen als Grundlage einer nachhaltigen Entwicklung. Aus moralischer Sicht vertritt der Brundtland-Bericht zwei Wertentscheidungen: einerseits die Verantwortung für zukünftige Generationen (diachronische Solidarität), andererseits die Verringerung des wachsenden Abstandes zwischen Arm und Reich (synchronische Solidarität). Damit bezieht sich der Brundtland-Bericht auf globale und diachrone Verteilungsgerechtigkeit.[42]

---

[39] Ott K., Döring R., Theorie und Praxis starker Nachhaltigkeit, Marburg 2004, S. 29.

[40] Hauff V., Unsere gemeinsame Zukunft. Der Bericht der Weltkommission für Umwelt und Entwicklung, Greven 1987, XV.

[41] Littig B., Religion und Nachhaltige Entwicklung. Ein weites Feld im Überblick, in: dieselbe (Hg.), Religion und Nachhaltigkeit. Multidisziplinäre Zugänge und Sichtweisen, Münster 2004, S. 15.

[42] Ott K., Döring R., Theorie und Praxis starker Nachhaltigkeit, Marburg 2004, S. 30.

Problematisch ist die im Brundtland-Bericht vertretene Ansicht, dass für die Befriedigung der Grundbedürfnisse aller Menschen ein exponentielles Wirtschaftswachstum sowohl in den Entwicklungsländern als auch in den Industriestaaten unumgänglich ist.[43] Die im Brundtland-Bericht genannten jährlichen Wachstumsraten von 3 bis 4 % für die Industrieländer und von 5 bis 6 % für die Entwicklungsländer[44] stehen in Widerspruch zu Untersuchungen bezüglich der Tragfähigkeit des Ökosystems. Die Brundtland-Kommission überschätzte dabei den möglichen Beitrag der Umweltschutztechnologien. Ein Wirtschaftswachstum in dieser Größenordnung hätte wahrscheinlich einen zusätzlich beschleunigten Ressourcenabbau und irreversible Umweltschäden zur Folge. Insofern sieht Kreibich die Stärke des Berichts weniger in seiner Praxisrelevanz als in seinem globalen Ansatz und in der Tatsache, „dass eine weltweite Diskussion über das Konzept der nachhaltigen Entwicklung" ausgelöst worden ist.[45]

Zwar wird allgemein der Brundtland-Report als Geburtsstunde des Begriffs der Nachhaltigkeit bezeichnet. Zentrale Inhalte der Nachhaltigkeitsidee sind jedoch bereits in frühere internationale Abkommen und Dokumente eingeflossen.[46] Fragen globaler Umweltzerstörung einerseits und fundamentaler Entwicklungsproblematiken andererseits sind erstmals im Rahmen der *UN-Conference on Human Environment* 1972 in Stockholm behandelt worden. Ebenfalls im Jahr 1972 wurde das *United Nations Environment Programme* (UNEP) gestartet. Im selben Jahr erschien der bereits erwähnte Bericht *Die Grenzen des Wachstums* von Meadows et. al. Das im Verlauf der Forschungsarbeiten der UNEP 1973 entwickelte Konzept des *Ecodevelopment*, welches Entwicklung als eine „Nutzung aller regionalspezifischen Potentiale bei Erhaltung der ökologischen Systeme und Befriedigung der Grundbedürfnisse aller Menschen"[47] definierte, erlangte in den 70er Jahren des 20. Jahrhunderts entwicklungspolitische Bedeutung. Das zunächst auf die Entwicklung ländlicher Regionen in der Dritten Welt bezogene Konzept wurde später auf „Weltregionen jeglichen Entwicklungsstandes"[48] ausgedehnt. Auf einer Tagung der UNEP und UNCTAD in Cocoyok, Mexiko, im Jahr 1974 wurden Richtung

---

[43] Kreibich R. (Hg.), Nachhaltige Entwicklung. Leitbild für die Zukunft von Wirtschaft und Gesellschaft, Weinheim 1996, S. 25 ff.

[44] Hauff V., Unsere gemeinsame Zukunft. Der Bericht der Weltkommission für Umwelt und Entwicklung, Greven 1987, S. 53.

[45] Kreibich R. (Hg.), Nachhaltige Entwicklung. Leitbild für die Zukunft von Wirtschaft und Gesellschaft, Weinheim 1996, S. 27.

[46] Ebda., S. 21 ff.

[47] Braun G., Vom Wachstum zur dauerhaften Entwicklung, in: Aus Politik und Zeitgeschichte vom 14.6.1991, S. 12-19, zit. nach: Kreibich R. (Hg.), Nachhaltige Entwicklung. Leitbild für die Zukunft von Wirtschaft und Gesellschaft, Weinheim 1996, S. 22.

[48] Harborth H.-J., Stellungnahme zu einigen formalen Aspekten des Themas ‚Sustainable Development', Beitrag zum Workshop der Deutschen UNESCO-Kommission zum Thema „Sustainable Development – Forschungsstand und Forschungserfordernisse" am 21.09.1993 in Bonn, S. 6, zit. nach: Kreibich R. (Hg.), Nachhaltige Entwicklung. Leitbild für die Zukunft von Wirtschaft und Gesellschaft, Weinheim 1996, S. 22.

weisende Akzente für die weitere Debatte zum Thema Umwelt und Entwicklung geliefert. Unterschieden wird dabei zwischen „armutsbedingtem Bevölkerungsverhalten" und „armutsbedingter Umweltzerstörung". Gleichzeitig wird aber auf den Überkonsum und den umweltschädlichen Lebensstil der Industrieländer verwiesen.[49] Darüber hinaus wird dem Begriff der Unterentwicklung der Begriff der Überentwicklung gegenübergestellt und die Industriestaaten, die 75 bis 80 % aller Ressourcen verbrauchen, werden für Unterentwicklung verantwortlich gemacht.[50]

1980 schließlich erschien der unter dem Titel „Nord-Süd-Bericht" bekannt gewordene Bericht *Das Überleben sichern. Gemeinsame Interessen der Industrie- und Entwicklungsländer* der 1977 ins Leben gerufenen Unabhängigen Kommission für Internationale Entwicklungsfragen.[51] Das darin formulierte Sofortprogramm umfasst einen umfangreichen Transfer von Mitteln in Entwicklungsländer, eine internationale Energiestrategie, welche sowohl eine geregelte Ölversorgung als auch rigorose Energiesparmaßnahmen sowie die Entwicklung von Alternativen und erneuerbaren Energiequellen vorsieht, weiters ein weltumspannendes Nahrungsmittelprogramm sowie die Inangriffnahme größerer Reformen des Weltwirtschaftssystems, welche vor allem ein effizientes internationales Wirtschafts- und Finanzsystem und die Verbesserung der Handelsbedingungen bei Rohstoffen und Industrieerzeugnissen für Entwicklungsländer zum Ziel haben.[52] Der Vorsitzende der Kommission, der ehemalige deutsche Bundeskanzler Willy Brandt, beschrieb das Anliegen in seinem Vorwort so: „Der Bericht handelt von großen Gefahren, aber er gibt sich keinem Fatalismus hin, sondern wendet sich gegen die Neigung, die Dinge laufen zu lassen. Er will nachweisen, dass die tödlichen Bedrohungen, denen unsere Kinder und Enkel ausgesetzt sind, abgewendet werden können." Und: „Unser Bericht gründet auf das wohl einfachste gemeinsame Interesse: Daß die Menschheit überleben will und – wie man hinzufügen könnte – auch die moralische Pflicht zum Überleben hat."[53]

Die angeführten Kommissionen und Berichte bilden nur einen Teil der vielfältigen Aktivitäten vor dem Erscheinen des Brundtland-Berichtes.[54] Hier soll lediglich darauf aufmerksam gemacht werden, dass die mit dem Begriff der Nachhaltigkeit verbundenen Inhalte bereits im Vorfeld des Brundtland-Berichtes Gegenstand internationaler Debatten waren, verschiedene Akzentuierungen erfuhren und laufend weiterentwickelt wurden. Der Brundtland-Bericht markiert somit einen Kulmi-

---

[49] Kreibich R. (Hg.), Nachhaltige Entwicklung. Leitbild für die Zukunft von Wirtschaft und Gesellschaft, Weinheim 1996, S. 22-23.

[50] Ott K., Döring R., Theorie und Praxis starker Nachhaltigkeit, Marburg 2004, S. 28.

[51] Bericht der Unabhängigen Kommission für Internationale Entwicklungsfragen (Nord-Süd-Kommission), Das Überleben sichern. Gemeinsame Interessen der Industrie- und Entwicklungsländer. Bericht der Nord-Süd-Kommission, Köln 1980.

[52] Ebda., S. 344 ff.

[53] Ebda., S. 11 und 19.

[54] Eine ausführliche Dokumentation bietet das Lexikon der Nachhaltigkeit (http://www.nachhaltigkeit.info/).

nationspunkt in der Diskussion um internationale Gerechtigkeit und Umweltschutz, der unter anderem die unterschiedlichen Interessen der Entwicklungs- und Industrieländer in einer umfassenden Strategie zu vereinen suchte. Für das heutige Verständnis von Nachhaltigkeit ist das von Interesse, weil die Debatte um Entwicklungspolitik einerseits und Ökologie andererseits sich unabhängig von der Nachhaltigkeitsdebatte weiterentwickelte und dies manchmal dazu führt, dass entwicklungspolitische und ökologische Anliegen in Konflikt treten.

Dazu kommt, dass auch das mit dem Brundtland-Report definierte Nachhaltigkeitsverständnis weiterentwickelt wurde und neue Bedeutungsfelder von Nachhaltigkeit in dieses Verständnis integriert wurden. Bereits mit der vom Brundtland-Bericht angestoßenen Konferenz der UNCED 1992 in Rio de Janeiro wurden mit der Rio-Deklaration und der *Agenda 21* – einem 40 Kapitel umfassenden Aktionsprogramm für Ziele, Maßnahmen und Instrumente zur Umsetzung des Leitbildes „Nachhaltige Entwicklung" – Präzisierungen und Konkretisierungen nachhaltiger Entwicklung vorgenommen. Erstmals wurden politisch verbindliche Übereinkommen für eine weltweit koordinierte nachhaltige Entwicklung getroffen und weitere Konkretisierungen und Umsetzungsschritte vereinbart. Einerseits wird in Grundsatz 1 der Rio-Deklaration der anthropozentrische Charakter des Leitbildes hervorgehoben, indem darauf verwiesen wird, dass es die Menschen sind, die im Mittelpunkt der Bemühungen um eine nachhaltige Entwicklung stehen. Wörtlich heißt es: „Ihnen steht ein gesundes und produktives Leben im Einklang mit der Natur zu." Das Nachhaltigkeitsprinzip schließlich wird in Grundsatz 3 definiert: „Das Recht auf Entwicklung muss so erfüllt werden, dass den Entwicklungs- und Umweltbedürfnissen heutiger und künftiger Generationen in gerechter Weise entsprochen wird."

Die *Agenda 21* beinhaltet Vorschläge, Empfehlungen und Maßnahmen für eine nachhaltige Entwicklung. Interessant dabei ist, dass die Bezeichnung „nachhaltige Entwicklung" zwar häufig erwähnt, aber nicht explizit definiert wird.[55] Jörg Tremmel konstatiert in der *Agenda 21* eine Akzentverschiebung von der Ökologie hin zur sozialen Entwicklung, sieht aber ansonsten das Nachhaltigkeitskonzept des Brundtland-Berichtes in der *Agenda 21* wiedergegeben.[56] Vor allem in Hinblick auf das heute vorherrschende Drei-Säulen-Modell war Rio 1992 maßgeblich, da hier erstmals drei Dimensionen nachhaltiger Entwicklung (Ökonomie – Ökologie – Soziales) angedeutet werden.[57] Angeregt durch die Konferenz von Rio entstanden in der Folge unzählige Initiativen auf regionaler und institutioneller Basis mit dem Ziel, das Handeln an den Prinzipien nachhaltiger Entwicklung zu orientieren. Gemeinsam ist diesen Initiativen, dass sie sich alle auf den Brundtland-Bericht und

---

[55] Vgl. Tremmel J., Nachhaltigkeit als politische und analytische Kategorie. Der deutsche Diskurs um nachhaltige Entwicklung im Spiegel der Interessen der Akteure, München 2003, S. 94 ff.

[56] Ebda., S. 95.

[57] Ebda., S. 95.

die Rio-Dokumente berufen, wobei es unterschiedliche Auffassungen über die Auslegung dieser Dokumente gibt.[58]

Auf der Folgekonferenz von Johannesburg 2002 (Rio +10, Weltgipfel zu nachhaltiger Entwicklung) musste allerdings eingeräumt werden, dass die erhofften Fortschritte nicht eingetreten sind. Mehr noch: die in Rio konstatierten Problembereiche wie Verarmung, Klimaerwärmung, Biodiversität, Abholzung u.a. hatten sich weiter zugespitzt. Festzustellen war, dass die in Rio verabschiedeten Empfehlungen nicht oder nur mangelhaft umgesetzt worden waren. Dementsprechend wurde in Johannesburg auch darüber beraten, wie Nachhaltigkeit vor dem Hintergrund dramatischer Entwicklungen (zunehmende wirtschaftliche Globalisierung, rasanter technologischer Fortschritt und zunehmende gewaltsame Konflikte) in Zukunft praktisch und realpolitisch verwirklicht werden kann. Auch wenn die in Johannesburg verabschiedeten Erklärungen und Aktionspläne vielfach als zu unverbindlich und unzureichend erachtet werden, ist dennoch auf die Bedeutung des politischen Bekenntnisses zur Nachhaltigkeit hinzuweisen. Gerade wegen seiner Offenheit genießt das Leitbild nachhaltiger Entwicklung eine breite Akzeptanz und die Tatsache, dass sich die Weltgemeinschaft ausdrücklich zum Programm nachhaltiger Entwicklung bekannt hat, eröffnet die Möglichkeit, es gegenüber politischen Entscheidungsträgern einzufordern.[59]

Die Stationen des Leitbildes nachhaltiger Entwicklung sind natürlich wesentlich umfangreicher. Zwischen dem Brundlandt-Bericht, Rio 1992 und Johannesburg 2002 gab es zahlreiche Konferenzen, Abkommen und Konsultationsprozesse auf internationaler, regionaler und nationaler Ebene zu verschiedenen Themen nachhaltiger Entwicklung. Ich möchte hier aber bewusst auf eine detaillierte Darstellung verzichten.[60] Vielmehr liegt mir daran aufzuzeigen, dass Nachhaltigkeit und nachhaltiger Entwicklung zwar auf der Idee ökologischer Tragfähigkeit und sozialer Gerechtigkeit beruhen, in ihrer konkreten Ausformung und Umsetzung aber auch den Interessen und Zielvorstellungen unterschiedlicher Akteure ausgesetzt sind. Grund dafür ist die prinzipiell wünschenswerte – weil politisch anschlussfähige – Offenheit des Nachhaltigkeitsbegriffes, welche eine breite Akzeptanz ermöglicht. Diese Offenheit hat aber ihren Preis. Was letztlich konkret unter Nachhaltigkeit und nachhaltiger Entwicklung verstanden wird, kann sehr unterschiedlich ausfallen.

Damit ist auch schon ein zentrales Problem innerhalb des Nachhaltigkeitsdiskurses aufgezeigt. Was Nachhaltigkeit nun genau bezeichnet und welche konkreten Konsequenzen daraus zu ziehen sind, wird kontroversiell diskutiert. Die gegenwärtige Nachhaltigkeitsdebatte ist zu einem guten Teil eine Debatte über das

---

[58] Littig B., Religion und Nachhaltige Entwicklung. Ein weites Feld im Überblick, in: dieselbe (Hg.), Religion und Nachhaltigkeit. Multidisziplinäre Zugänge und Sichtweisen, Münster 2004, S. 18.

[59] Ebda., S. 20.

[60] Eine ausführliche Darstellung der einzelnen Initiativen und der dabei verfassten Dokumente bietet das Lexikon für Nachhaltigkeit der Aachener Stiftung Kathy Beys: http://www.nachhaltigkeit.info/infos/lexikon_info.htm

Verständnis von Nachhaltigkeit und vor allem eine Debatte über den Stellenwert ökologischer Themenfelder gegenüber sozialen und ökonomischen Anliegen.

1.3   Zum Problem des diffusen Sprachgebrauchs von Nachhaltigkeit

Nachhaltigkeit ist ein geduldiges Wort. Googelt man nach dem Wort „nachhaltig" erhält man über 7 Millionen Einträge. Ist „nachhaltig" ein Füllwort? Nachhaltigkeit scheint auf jeden Fall ein Wort zu sein, welches sich in allerlei Kontexten bewährt. Diese Unschärfe wurde auch immer wieder von Kritikern des Nachhaltigkeitskonzeptes angeführt. Tatsächlich werden als nachhaltig dann auch Unternehmensstrategien, Verkehrskonzepte und Staatshaushalte ebenso bezeichnet wie Musikstile oder Karrierewege.

Daneben ist das Wort „nachhaltig" zu einem Synonym für „dauerhaft" geworden. Eine Untersuchung von 60 repräsentativ ausgewählten und im wissenschaftlichen Bereich verwendeten Definitionen von Nachhaltigkeit belegt eine nahezu beliebige Verwendung des Begriffs Nachhaltigkeit.[61] Dabei ist zu beobachten, dass Nachhaltigkeit häufig in Anlehnung an den jeweils eigenen wissenschaftlichen Fokus und damit interessengeleitet interpretiert wird. So definiert beispielsweise die Gesellschaft für technische Zusammenarbeit (GTZ) Projekte dann als nachhaltig, „wenn die vom Projekt erreichten Innovationen nach Ende der deutschen Leistungen von Projektpartnern und Zielgruppen ohne fremde Hilfe dauerhaft weitergeführt werden können und die dadurch erzielten Situationsverbesserungen andauern."[62] In der *Heidelberger Erklärung* wird darauf verwiesen, dass zur Weiterentwicklung der deutschen Nachhaltigkeitsstrategie besonders dem Konzept des Gender-Mainstreaming stärker Rechnung zu tragen ist, [63] während die OECD/DAC ein Entwicklungsprogramm dann als nachhaltig bezeichnet, „wenn es in der Lage ist, für eine ausgedehnte Zeitperiode ein angemessenes Niveau von Nutzen sicherzustellen, nachdem die finanzielle, organisatorische und technische Hilfe eines externen Gebers beendet ist."[64] Durch das Fehlen einer allgemein gültigen und verbindlichen Definition von Nachhaltigkeit ist es natürlich nicht zu verhindern, dass Politik, Wissenschaft, Wirtschaft und andere Akteure Nachhaltigkeit definieren und ihr jeweiliges Nachhaltigkeitsverständnis in den allgemeinen Nachhaltigkeitsdiskurs einbringen. Ein Problem entsteht daraus allerdings, wenn *eine* Nachhaltigkeitsdefinition die Diskurshoheit erringt und diese darüber hinaus interessengeleitet ist. Für Deutschland vermutet Tremmel, dass sich die politische

---

[61] Tremmel J., Nachhaltigkeit als politische und analytische Kategorie. Der deutsche Diskurs um nachhaltige Entwicklung im Spiegel der Interessen der Akteure, München 2003, S. 100-114.

[62] Ebda., S. 104.

[63] Ebda., S. 105-106.

[64] Ebda., S. 110.

Definition der Deutschen Bundesregierung durchsetzen wird.[65] Nachhaltigkeit ist demnach „ein gesellschaftlicher Zustand, der in einem diskursiven Verfahren als wünschenswert und gerecht ermittelt wurde. ‚Nachhaltigkeit' ist die Antwort auf die Frage: ‚Wie wollen wir leben?'". Diese Definition von Nachhaltigkeit ist jedoch unzureichend, vor allem weil sie *intra*generationell, aber nicht *inter*generationell ausgerichtet ist. Zudem ist anzufragen, ob ein Verfahren, das „in einem diskursiven Verfahren als wünschenswert und gerecht ermittelt wurde", dazu geeignet ist, die globalen sozialen und ökologischen Herausforderungen zu lösen. Nicht nur vor dem Hintergrund realpolitischer Machtverhältnisse – national und international – erscheint dies als höchst fragwürdig.

In der wissenschaftlichen Debatte geht es nicht nur darum, *wie* Nachhaltigkeit zu definieren ist, sondern auch darum, *ob* Nachhaltigkeit überhaupt zu definieren ist. Gelegentlich wird die Meinung vertreten, dass jede Definition von Nachhaltigkeit subjektiv ist, da es keine moralisch legitimierte Instanz gebe, welche eine Definition von Nachhaltigkeit beurteilen könnte.[66] Dabei scheint es zumindest sprachphilosophisch müßig, einen „Begriff" oder eine „Bedeutung" der Nachhaltigkeit festmachen zu wollen. Denn dies würde suggerieren, dass es einen definitorisch festgelegten Begriffsinhalt gäbe, mit dem man den Begriff gegen andere Begriffe abgrenzen könnte. Zwar ließe sich behaupten, dass es eine solche Definition mit dem Brundlandt-Bericht bereits gäbe und damit alle Bedeutungsfragen gelöst seien. Der Bericht bezeichnet ja Nachhaltigkeit als eine Entwicklung, „die die Bedürfnisse der gegenwärtigen Generation befriedigt, ohne die Möglichkeit zukünftiger Generationen zu beeinträchtigen, ihre eigenen Bedürfnisse zu befriedigen."[67] Die dabei genannten drei normativen Prinzipien – die Bewahrung der Funktionssysteme der natürlichen Umwelt, das effiziente Funktionieren der Wirtschaft und die soziale Gerechtigkeit – würden dabei Nahhaltigkeit inhaltlich bestimmen.

Dass dem nicht so ist belegen die seit 1987 zahlreich veranstalteten Konferenzen und verfassten Dokumente, die zur inhaltlichen Klärung des Nachhaltigkeitsleitbildes beigetragen haben. Mitunter wird deshalb vorgeschlagen, auf das Wort „Begriff" besser zu verzichten: „Das Wort ‚Begriff' suggeriert nämlich eine inhaltliche Eindeutigkeit, wo es bislang wohl noch keine gibt. ‚Nachhaltigkeit', ‚nachhaltige Entwicklung' und die damit verwandten Bildungen sind keine Begriffe, auch

---

[65] Ebda., S. 169 f.

[66] Diese Diskussion ausführlich behandelt hat Tremmel J., Nachhaltigkeit als politische und analytische Kategorie. Der deutsche Diskurs um nachhaltige Entwicklung im Spiegel der Interessen der Akteure, München 2003, S. 85-89.

[67] Hauff V. (Hg.), Unsere gemeinsame Zukunft. Der Brundtland-Bericht der Kommission für Umwelt und Entwicklung, Greven 1987, S. 46. Im Original (Teil 1, Kapitel 2: „Sustainable development meets the needs of the present without compromising the ability of future generations to meet their own needs".

keine Ideale, sondern sind am ehesten als ‚Leitbilder' zu bezeichnen."[68] Vom Leitbild der Nachhaltigkeit zu sprechen hat wesentliche Vorteile, da das Wort Nachhaltigkeit positiv besetzte Assoziationen von Zukunft und Umwelterhaltung freisetzt und darüber hinaus auch eine gewisse inhaltliche Verbindlichkeit zum Ausdruck bringt. Winfried Löffler verweist dabei auf drei verschiedene Verfahren zur Klärung des Wortes Nachhaltigkeit. Alle drei Verfahren geben darüber Auskunft, was ein Begriff bedeutet oder was nicht. Entscheidend für die drei Klärungsverfahren ist der bereits vorhandene Sprachgebrauch, an den das Verfahren anschließt. Ist der Sprachgebrauch eindeutig und stellt die Definition eine reine Bedeutungserläuterung dar, spricht man von einer lexikalischen oder analytischen Definition. Will man einen Ausdruck ganz neu einführen oder will man vom bestehenden Sprachgebrauch bewusst abweichen, verwendet man die stipulative oder synthetische Definition. Die Explikation hingegen stellt eine Vermittlung zwischen der analytischen und der synthetischen Definition dar, indem man versucht, einen bestehenden und an sich eindeutigen Sprachgebrauch in Hinblick auf seine Trennschärfe zu anderen Inhalten zu verbessern.

Innerhalb der Sozialethik sind solche Explikationen keine Seltenheit. Es geht dabei um Präzisierungsvorschläge von Wörtern wie „Demokratie" oder „Freiheit", die einerseits an unstrittigen Verwendungsfällen eines Wortes nichts ändern wollen, andererseits aber auch klären wollen, worauf das Wort nun letztlich zutrifft und worauf nicht. Bei der Explikation geht es darum, Anwendungsfälle eines Terminus auf ihre Gültigkeit hin zu überprüfen. Während also die lexikalische Definition sich auf einen Sprachgebrauch bezieht, der an sich als klar und unproblematisch zu bezeichnen ist und als Ziel eine Bedeutungserläuterung hat und die stipulative Definition auf einen noch gar nicht vorhandenen oder irrelevanten Sprachgebrauch bezieht und die Bedeutung eines Wortes festlegen will, konzentriert sich die Explikation auf einen Verbesserungsvorschlag für einen nur teilweise klaren Sprachgebrauch eines Begriffs. Bezogen auf das Leitbild der „Nachhaltigkeit" bzw. der „nachhaltigen Entwicklung" bedeutet eine solche Explikation dann die Klärung der nicht allgemein akzeptierten Bedeutungsfelder. Wie aufgezeigt werden konnte, gab es schon im Vorfeld der Brundtland-Definition eine umfangreiche Auseinandersetzung mit dem, was „Nachhaltigkeit" und „nachhaltige Entwicklung" eigentlich meint, weshalb ein stipulatives Definitionsverfahren hier wohl nicht zutreffend ist. Allerdings wird „Nachhaltigkeit" und „nachhaltige Entwicklung" auch nicht klar genug beschrieben, um als lexikalische Definition gelten zu können.

In der Praxis haben wir es demnach auch nicht nur mit einem, sondern gleich mit einer Reihe von Explikationsverfahren zu tun, welche ein je eigenes Verständnis von „Nachhaltigkeit" und „nachhaltiger Entwicklung" produzieren und auf ihre Legitimität hin zu befragen sind. Das Drei-Säulen-Modell bzw. die Unterscheidung von schwacher vs. starker Nachhaltigkeit sind Beispiele für eine solche Explikati-

---

[68] Löffler W., Was hat Nachhaltigkeit mit sozialer Gerechtigkeit zu tun? Philosophische Sondierung im Umkreis zweier Leitbilder, in: Littig B. (Hg.), Religion und Nachhaltigkeit. Multidisziplinäre Zugänge und Sichtweisen, Münster 2004, S. 41-70.

on. Zu prüfen ist, ob verschiedene Explikationen von Nachhaltigkeit oder nachhaltiger Entwicklung nicht zu Ergebnissen führen, die letztlich als beliebig bezeichnet werden müssen.

1.3.1 Das Drei-Säulen-Modell

Im deutschen Sprachraum gelangte das Drei-Säulen-Modell mit der Enquete-Kommission *Schutz des Menschen und der Umwelt* (1998) des 13. Deutschen Bundestages zum Durchbruch. Die meisten Definitionen des Leitbildes Nachhaltigkeit oder nachhaltige Entwicklung verwenden dieses Drei-Säulen-Modell, wenngleich auch das Ein-Säulen-Modell oder ein Mehr-Säulen-Modell teilweise noch Anwendung findet.

Im Ein-Säulen-Modell dominiert die ökologische Dimension und es zielt darauf ab, die ökologischen Systeme und Ressourcen als Existenz- und Wirtschaftsgrundlage und damit als Grundvoraussetzung für die zukünftige Bedürfnisbefriedigung zu erhalten.[69] Ökonomie und Soziales spielen insofern eine Rolle, als sie für Umweltprobleme verantwortlich gemacht werden und dahingehend zu modifizieren sind, dass ökologische Nachhaltigkeit erreicht werden kann. Beim Ein-Säulen-Modell geht es also darum, Soziales und Ökonomie „umweltverträglich" zu gestalten. Verschiedene Konzepte – eines der bekanntesten ist der *ökologische Fußabdruck*[70] – versuchen dabei den Umweltverbrauch regional zu erfassen und auf die Disparitäten im weltweiten Umweltverbrauch hinzuweisen. Kritisiert wird das Ein-Säulen-Modell, weil es auf möglichst positive ökologische Wirkungen ausgerichtet ist und soziale und ökonomische Interessen diesen untergeordnet werden.

Mehr-Säulen-Modelle, die Ende der 1990er Jahre eingeführt wurden, verwenden daher neben den drei Säulen Ökonomie, Ökologie und Soziales noch andere Säulen wie eine politische, eine kulturelle, eine pädagogische oder eine institutionelle. Prinzipiell sind Mehr-Säulen-Modelle denkbar, da sich zwar eine Beschränkung auf drei Säulen aus dem Bericht der Brundtland-Kommission ableiten lässt, es sich aber durchaus als sinnvoll erweisen könnte, weitere Säulen zu integrieren, um der Zielbestimmung von Nachhaltigkeit besser Rechnung zu tragen. Durchgesetzt hat sich das Mehr-Säulen-Modell jedoch nicht – vermutlich, weil sich zusätzliche Zielbestimmungen in die meist verwendeten drei Säulen subsumieren lassen.

Wesentlich am Drei-Säulen-Modell ist, dass die drei Säulen Ökonomie, Ökologie und Soziales als gleichrangig erachtet werden. Nachhaltige Entwicklung hat dann ökonomische, ökologische und soziale Interessen gleichermaßen zu berücksichtigen. Nachhaltig ist eine Entwicklung demnach, wenn ökonomische, soziale und ökologische Entwicklungen übereinstimmen. Jörg Tremmel konnte nachwei-

---

[69] Littig B., Religion und Nachhaltige Entwicklung. Ein weites Feld im Überblick, in: dieselbe (Hg.), Religion und Nachhaltigkeit. Multidisziplinäre Zugänge und Sichtweisen, Münster 2004, S. 21 f.

[70] Wackernagel M., Rees W. E., Our Ecological Footprint. Reducting Human Impact on Earth, Gabriola Island, 1995.

sen, dass sich das Verständnis von Nachhaltigkeit und nachhaltiger Entwicklung maßgeblich am Drei-Säulen-Modell orientiert.[71] Befürworter dieses Modells argumentieren, dass sich die Ziele des Brundlandt-Reports damit am besten vereinen lassen und sich so auch eine politische Anschlussfähigkeit des Nachhaltigkeitskonzeptes ergibt. Bezogen auf den Brundlandt-Bericht, der stets auf „Grundbedürfnisse" reflektiert, kann dies auch zutreffen. Allerdings sind heute praktisch alle sozialpolitischen und ökonomischen Zielsetzungen unter den jeweiligen Säulen angeführt – das betrifft die barrierefreie (und „nachhaltige") Gestaltung von Stiegen[72] ebenso wie die steuerliche (und damit „nachhaltige") Entlastung der Bevölkerung.[73]

Das Problem dabei ist jedoch, dass sich die unterschiedlichen Ziele der jeweiligen Säulen nicht immer ohne Konflikte bündeln lassen. Spätestens auf der Ebene der Operationalisierung und Indikatorenbildung für die drei Säulen ist festzustellen, dass hier weder Konsens noch Klarheit besteht. Bis heute wird dieses Problem negiert oder nur unzureichend gelöst. Konfligierende Ziele sind dann Gegenstand von Verhandlungen oder pragmatischen Lösungen, womit die Gleichrangigkeit der Ziele wieder fragwürdig ist. Konflikte können dabei zwischen allen Säulen auftreten. So kann zum Beispiel ökonomische Nachhaltigkeit mit sozialer Nachhaltigkeit in Konflikt treten, wenn etwa ein „nachhaltiger" Staatshaushalt die Einschränkung von Sozialleistungen zur Folge hat. Ökonomische Nachhaltigkeit kann mit ökologischer Nachhaltigkeit konfligieren, wenn etwa die Kosten für den Einbau von Filtern zur Schadstoffreduzierung die Gewinnmarge eines Unternehmens schmälert. Und zwischen sozialer Nachhaltigkeit und ökologischer Nachhaltigkeit kann es schließlich zu Spannungen kommen, wenn eine Ökosteuer auf Fahrzeugtreibstoffe die Mobilität von Bürgern einschränkt.

Zwar bedeutet die Gleichrangigkeit der Säulen – gemessen an der tagespolitischen Praxis – auf den ersten Blick eine Aufwertung der ökologischen Säule, es ist jedoch zu bezweifeln, dass konfligierende Ziele unter dem Gesichtspunkt der Gleichrangigkeit verhandelt werden. Die Förderung staatlicher Einspeistarife für alternative Energie wurde in Österreich beispielsweise mit dem Hinweis auf Wettbewerbsverzerrung (von Seiten der Industriellenvereinigung und der Wirtschaftskammer) und „unzumutbarer" Kosten für die Endverbraucher (von Seiten der Arbeiterkammer und der Gewerkschaft) zu Fall gebracht. Bei den Verhandlungen war zu beobachten, dass die Protagonisten sozialer und ökonomischer Nachhaltigkeit ihre Interessen gegenüber den Befürwortern ökologischer Nachhaltigkeit durchsetzen konnten, allerdings nicht auf Basis der Gleichrangigkeit der Ziele, sondern aufgrund realpolitischer Konstellationen. Dabei bestünden im gegenständlichen Fall für eine Priorität der ökologischen Nachhaltigkeit gute Gründe, da

---

[71] Tremmel J., Nachhaltigkeit als politische und analytische Kategorie. Der deutsche Diskurs um nachhaltige Entwicklung im Spiegel der Interessen der Akteure, München 2003, S. 116.

[72] http://www.agenda21.or.at/ (Abfrage am 4.7.2007)

[73] Österreichische Bundesregierung, Österreichs Zukunft Nachhaltig Gestalten. Die Österreichische Strategie zur Nachhaltigen Entwicklung, Wien 2002, S. 20.

sie Voraussetzung für soziale und ökonomische Wohlfahrt ist. Dieses Beispiel zeigt aber deutlich, dass die Gleichrangigkeit der Säulen im Fall konfligierender Zielsetzungen politisch schwer durchzusetzen ist.

1.3.2 Starke vs. schwache Nachhaltigkeit

Die Diskussion um die Relevanz von Nachhaltigkeitskonzepten ist neben der Diskussion um das Säulen-Modell maßgeblich von der Unterscheidung zwischen schwacher und starker Nachhaltigkeit geprägt. Während die frühen Nachhaltigkeitsdokumente wie etwa der Brundtland-Report eindeutig das Konzept einer starken Nachhaltigkeit vertreten, zeigt sich bei genauer Analyse jüngerer Nachhaltigkeitskonzepte, dass eher dem Prinzip schwacher Nachhaltigkeit Folge geleistet wird.

Das Szenario endlicher Rohstoffvorräte und bald erreichter Grenzen ökologischer Belastungsfähigkeit hat einen gewaltigen Diskussionsprozess ausgelöst und die Befürchtung aufkommen lassen, dass eine am Wachstum orientierte Weltwirtschaft letztlich das Aufbrauchen nicht erneuerbarer Rohstoffe und einen ökologischen Kollaps zur Folge hat.[74] Innerhalb der Wirtschaftswissenschaften wurde dieser Pessimismus jedoch meist nicht geteilt. Technischer Fortschritt einerseits und Substitutionsmöglichkeiten andererseits würden demnach dazu beitragen, die Verknappung nicht erneuerbarer Ressourcen auszugleichen und die ökologische Belastung insgesamt zu reduzieren.[75]

Demgegenüber entstand mit der Ökologischen Ökonomie in den 80er Jahren des 20. Jahrhundert eine Gegenposition, welche diese optimistische Sichtweise nicht teilte und vor allem die Ressourcenverknappung thematisierte.[76] Beide Sichtweisen sind heute unter den Begriffen „schwacher" bzw. „starker" Nachhaltigkeit bekannt und diskutiert. Hinsichtlich der bei der Umsetzung von Nachhaltigkeitszielen angewandten Strategien prägen diese beiden Positionen die Diskussion um die „richtige" Nachhaltigkeitskonzeption. Im Wesentlichen unterscheiden sich beide Positionen in der Einschätzung der Substitutionsmöglichkeiten natürlicher Ressourcen. Während im Konzept der starken Nachhaltigkeit der Bestand natürlicher Ressourcen konstant gehalten werden soll (*constant natural capital rule*, CNCR), sieht das Konzept der schwachen Nachhaltigkeit vor, dass natürliche Ressourcen prinzipiell unbegrenzt substituiert werden können.

1.3.2.1 Schwache Nachhaltigkeit

Beim Konzept schwacher Nachhaltigkeit geht es nicht um die Erhaltung des natürlichen Kapitalstocks, sondern darum, dass der Durchschnittsnutzen, d.h. die

---

[74] Vgl. Meadows D. u. a., Die Grenzen des Wachstums. Bericht des Club of Rome zur Lage der Menschheit, Reinbek 1973.

[75] Solow R. M., The economics of resources or the resources of economics, in: The American Economic Revue, Vol. 64, S. 1-14, 1974.

[76] Vgl. Daly H. E., Beyond growth, Boston 1996.

durchschnittliche Wohlfahrt von Menschen, erhalten bleibt (*non declining utility rule*).[77] Eine Substitution ist demnach nicht nur innerhalb des natürlichen Kapitalstocks möglich, sondern auch durch von Menschen produziertes Sachkapital oder Humankapital.[78] Mehr noch: theoretisch können natürliche Ressourcen durch alle andere Kapitalformen ersetzt werden. Diese Auffassung stützt sich auf die in der Ökonomie übliche Differenzierung zwischen Sachkapital, Naturkapital, kultiviertes Naturkapital, Sozialkapital, Humankapital und Wissenskapital. Schwindendes Naturkapital könnte demnach durch andere Kapitalformen ersetzt werden, ohne dass das Prinzip der Nachhaltigkeit dadurch verletzt würde. Dies entspricht einer Art „Portfolio-Perspektive"[79], in der praktisch jede Kapitalform einen beliebig austauschbaren Posten darstellt, um einen maximalen Nutzen zu erreichen, wobei unerheblich ist, wie dieser Nutzen erzielt wird. Demnach wäre eine Welt denkbar, die gänzlich ohne Naturkapital auskommt, sofern der Nutzen für die Gesellschaft gleich bleibt oder höher ist. Ob eine derartige Substitution tatsächlich möglich ist, bleibt jedoch fraglich, da nicht klar ist, welche Bedürfnisse künftige Generationen haben werden und ob zur Verfügung stehende Substitutionsmöglichkeiten auch wirklich Kompensationen bieten. Darüber hinaus wird davon ausgegangen, dass sich die Bedürfnisse künftiger Generationen insofern verändern werden, als sie sich an die erfolgte Substitution natürlicher Ressourcen durch Sach- und Humankapital anpassen werden. Zur intergenerationellen Verpflichtung gehört, dass wir unseren nachfolgenden Generationen die grundsätzliche Möglichkeit einräumen, eine ihren Bedürfnissen entsprechende Lebensweise zu wählen. Zwar wissen wir nicht, welche Bedürfnisse künftige Generationen haben werden, doch müssen wir auch davon ausgehen, dass diese gleich oder zumindest ähnlich gelagert sein werden als unsere. Künftigen Generationen ein reduziertes Set von Möglichkeiten zur Bedürfnisbefriedigung zu hinterlassen bedeutet demnach ein Verfehlen des primären Nachhaltigkeitsleitbildes.

1.3.2.2 Starke Nachhaltigkeit

Beim Konzept der starken Nachhaltigkeit bildet das Wirtschaftssystem ein Teilsystem der umfassenden Geo- und Biosphäre, von welcher es gleichzeitig auch abhängig ist.[80] Naturkapital kann deshalb nur insofern zu einem Produktionsfaktor werden, als es angesichts limitierter Ressourcen und beschränkter Aufnahmefähigkeit an die ökologische Tragefähigkeit rückgebunden ist. Selbst wenn die Grenzen der Belastbarkeit der Biosphäre nur schwer messbar sind, lassen sich doch

---

[77] Döring R., Wie stark ist schwache, wie schwach starke Nachhaltigkeit? Diskussionspapier 08/2004, Greifswald 2004, S. 4-5.

[78] Vgl. Diefenbacher H., Gerechtigkeit und Nachhaltigkeit. Zum Verhältnis von Ethik und Ökonomie, Darmstadt 2001, S. 72.

[79] Döring R. Wie stark ist schwache, wie schwach starke Nachhaltigkeit? Diskussionspapier 08/2004, Greifswald 2004, S. 5.

[80] Döring R. Wie stark ist schwache, wie schwach starke Nachhaltigkeit? Diskussionspapier 08/2004, Greifswald 2004, S. 138.

eindeutige Indikatoren benennen, die auf solche Überschreitungen hinweisen. Die zunehmende Verknappung einzelner Ressourcen und die eingangs beschriebenen globalen Herausforderungen verweisen eindeutig darauf, dass es eine Verschiebung vom Natur- zum Sachkapital gibt.

Die Diskussion um die starke Nachhaltigkeit stützt sich vor allem auf die weitgehende Komplementarität zwischen Natur- und Sachkapital,[81] das heißt, dass eine Substituierbarkeit von Naturkapital durch künstliches Kapital aufgrund der Begrenztheit der Ressourcen, der nicht substituierbaren Funktion von Naturkapital und der Irreversibilität von Auswirkungen auf ökologische Systeme weitgehend ausgeschlossen wird. Da das natürliche Kapital für die Produktion von Gütern und die Bereitstellung von Dienstleistungen nur begrenzt substituierbar ist, ergibt sich daraus die Forderung, dass der natürliche Kapitalstock erhalten bleiben muss. Gegen diese Forderung lassen sich Einwände erheben. Der Erhalt des natürlichen Kapitals würde beispielsweise bedeuten, dass weltweit nur eine Handvoll Autos fahren dürften, wenn man angesichts seiner jahrtausende dauernden Entstehung die Vorkommen von Erdöl stabil halten will. Ein strikter Erhalt des Naturkapitals erscheint also nicht realistisch. Darüber hinaus wird argumentiert, dass ein statisches Konservieren schon alleine aufgrund der hohen inneren Dynamik natürlicher Systeme nicht möglich ist und der kategorische Erhalt einer jeden Spezies zu moralisch nicht legitimen Situationen vor allem in den Ländern der so genannten Dritten Welt führt, wenn zum Beispiel der Erhalt des Naturkapitals die Befriedigung menschlicher Bedürfnisse oder die Beseitigung des Hungers verhindert. Allerdings übersehen diese Einwände, dass die Forderung zum Erhalt natürlichen Kapitals nur *prima facie* gilt und in begründeten Einzelfällen höheren Verpflichtungsgründen untergeordnet werden kann.[82] Das Prinzip starker Nachhaltigkeit fordert auch nicht einen vollständigen Verzicht auf nicht-erneuerbare Ressourcen, vielmehr besteht hier die Verpflichtung, für verbrauchtes Naturkapital geeignete Substitute zu schaffen. Das bedeutet, dass der Verbrauch nicht-erneuerbarer Ressourcen der Investition in erneuerbare Ressourcen entsprechen muss, sodass eine Substitution natürlichen Kapitals auch tatsächlich möglich ist.

Dies zeigt bereits, dass sich schwache und starke Nachhaltigkeit einander nicht gänzlich unvermittelt gegenüber stehen, auch wenn die jeweiligen Positionen sich mitunter gegenseitig ausschließen. In der wissenschaftlichen Diskussion haben sich einige vermittelnde Ansätze herauskristallisiert, die beide Konzepte zu vereinen suchen und unterschiedlich enge Bezüge zu schwacher und starker Nachhaltigkeit aufweisen.[83] Hans Diefenbacher unterscheidet zwischen Substitutionsoptimisten und -pessimisten und lokalisiert Vermittlungsstufen zwischen strikter und

---

[81] Daly H. E., Wirtschaft jenseits von Wachstum: die Volkswirtschaftslehre nachhaltiger Entwicklung, Salzburg 1999.

[82] Döring R. Wie stark ist schwache, wie schwach starke Nachhaltigkeit? Diskussionspapier 08/2004, Greifswald 2004, S. 146.

[83] Ebda., S. 147-160.

sehr schwacher Nachhaltigkeit.[84] Strikte Nachhaltigkeit geht davon aus, dass Substituierbarkeit generell nicht möglich ist und der Erhalt des gesamten natürlichen Kapitals oberste Priorität hat. Kritische Nachhaltigkeit bedingt eine differenzierte Herangehensweise an den jeweiligen Umweltraum, innerhalb dessen erneuerbare Ressourcen nur im Rahmen ihrer Regenerationsfähigkeit und nicht-erneuerbare Ressourcen nur noch im Rahmen realisierbarer Substituierbarkeit verwendet werden dürfen. Gleichzeitig darf die Aufnahmefähigkeit der einzelnen Umweltmedien nicht überschritten werden. Unter starker Nachhaltigkeit versteht Diefenbacher eine ökologische Nachhaltigkeit, welche die Substitution von Ressourcen für den Fall der Gefährdung menschlicher Grundbedürfnisse erlaubt. In der Praxis konnte sich dieser Kompromissversuch nicht durchsetzen, da die Grenzen von Grundbedürfnissen nicht klar sind und sich somit Substitutionsoptimisten und -pessimisten wiederum unversöhnlich gegenüber stehen. Schwach ist für Diefenbacher eine Nachhaltigkeit, die Substitution innerhalb des natürlichen Kapitalstocks und Kompensationen mit Verlusten generell zulässt.

So verstanden kann es auch als nachhaltig betrachtet werden, wenn die natürliche Umwelt durch Versiegelung zerstört wird, falls dafür andere Flächen dauerhaft als Landschafts- oder Naturschutzgebiet ausgewiesen werden. Ein darüber hinaus gehende radikale Variante der schwachen Nachhaltigkeit lässt Substitution generell zu, also nicht nur innerhalb des natürlichen Kapitalstocks, sondern auch im Rahmen des gesamten gesellschaftlichen Kapitals, also des natürlichen Kapitals, des von Menschen produzierten Kapitals (Maschinen, Einrichtungen der Infrastruktur) und des Humankapitals. In dieser Variante radikal schwacher Nachhaltigkeit kann das natürliche Kapital durch andere Kapitalformen ersetzt werden.

Die Frage nach dem „richtigen" Nachhaltigkeitsleitbild steht also unter der Spannung der Substituierbarkeit natürlichen Kapitals und der Komplementarität zwischen Natur- und Sachkapital. Festzuhalten ist, dass sowohl das Konzept der schwachen als auch der starken Nachhaltigkeit *innerhalb* der ökonomischen Theorie diskutiert werden, was darauf schließen lässt, dass die Frage des „richtigen" Nachhaltigkeitsleitbildes letztlich eine Frage des „richtigen" Wirtschaftens ist. Konkret geht es dabei um den Stellenwert von Ökosystemen im Rahmen ökonomischer Theorien. Eine Ökonomie, die ökologische Ressourcen lediglich als Produktionsfaktor betrachtet, wird eher zum Konzept schwacher Nachhaltigkeit tendieren, eine Ökonomie hingegen, die die Tragfähigkeit und Beschränktheit ökologischer Ressourcen ernst nimmt, wird mehr am Konzept starker Nachhaltigkeit orientiert sein. Es gibt gute Gründe, sich eher für ein Nachhaltigkeitsleitbild auszusprechen, welches an der Konzeption einer starken Nachhaltigkeit ausgerichtet ist. Tatsächlich wissen wir nichts über die zukünftigen Präferenzen und Grundbedürfnisse späterer Generationen. Eine Entwicklung, die zukünftigen Generationen nicht die Möglichkeit verbaut, ihr Leben nach den eigenen Bedürfnissen zu gestalten,[85]

---

[84] Diefenbacher H., Gerechtigkeit und Nachhaltigkeit. Zum Verhältnis von Ethik und Ökonomie, Darmstadt 2001, S. 69-72.

[85] Vgl. Brundlandt-Definition.

muss darauf abzielen, Gestaltungsmöglichkeiten offen zu halten und die natürlichen Ressourcen und Belastungsgrenzen stabil zu halten. Das Konzept der starken Nachhaltigkeit nimmt auch mehr Rücksicht auf die Multifunktionalität der Ökosysteme, der zu Folge die konkreten Zusammenhänge ökologischer Kreisläufe letztlich nicht abschätzbar sind. Eingriffe in Ökosysteme bergen immer ein Restrisiko, welches sich erst für spätere Generationen bemerkbar machen kann.

Angesichts dieser Ungewissheit ist auf das Vorsorgeprinzip hinzuweisen, welches darauf abzielt, trotz bestehender Ungewissheit über entstehende Folgeschäden vorbeugend zu handeln, um mögliche Schäden schon im Vorfeld in Handlungsentscheidungen einzubeziehen. Das Vorsorgeprinzip fand auch Berücksichtigung in der Agenda 21: „Angesichts der Gefahr irreversibler Umweltschäden soll ein Mangel an vollständiger wissenschaftlicher Gewissheit nicht als Entschuldigung dafür dienen, Maßnahmen hinauszuzögern, die in sich selbst gerechtfertigt sind. Bei Maßnahmen, die sich auf komplexe Systeme beziehen, die noch nicht voll verstanden worden sind und bei denen die Folgewirkungen von Störungen noch nicht vorausgesagt werden können, könnte der Vorsorgeansatz als Ausgangsbasis dienen."[86] Kritiker des Vorsorgeprinzips verweisen darauf, dass die Einführung neuer Technologien immer mit Risiken bezüglich negativer Folgen einhergeht und eine strikte Anwendung des Vorsorgeprinzips deshalb letztlich einen Verzicht auf neue Technologien bedeuten würde. Allerdings wird dabei übersehen, dass es sich dabei um ein Prinzip handelt, welches keine allgemein gültigen Regeln bezüglich der Einführung neuer Technologien beinhaltet, sondern ein Instrument zur Klärung von Wahlmöglichkeiten ist. Konkret geht es dabei um die Frage, wo die Beweispflicht anzusiedeln ist. Es macht einen großen Unterschied, ob man die Unbedenklichkeit der Atomenergie oder die von der Atomenergie ausgehenden Gefahren belegen muss. Jeder, der eine Lebensversicherung abschließt, muss der Versicherung mittels ärztlichen Attestes nachweisen, dass er nicht bereit todkrank ist und somit kein erhöhtes Risiko für die Versicherungsgesellschaft darstellt. Die Befürworter der Kernenergie können den Nachweis der Risikolosigkeit nicht erbringen, weshalb es bis dato weltweit auch keine Haftpflichtversicherung für Atomkraftwerke gibt. Dass Atomkraftwerke dennoch betrieben werden, kann als Missachtung des Vorsorgeprinzips verstanden werden.

Ein Nachhaltigkeitsleitbild, das am Konzept starker Nachhaltigkeit ausgerichtet ist, bedeutet noch nicht, dass es dem Konzept starker Nachhaltigkeit gänzlich entspricht. Auf die Probleme eines strikt starken Nachhaltigkeitsverständnisses, welche die Substitution natürlichen Kapitals zur Gänze ausschließt, ist bereits eingegangen worden. Dass nur noch eine Handvoll Autos weltweit fahren dürfen, um nicht mehr Ressourcen zu verbrauchen, als auf natürlichem Wege wieder produziert werden können, ist unrealistisch und nicht vermittelbar. Strikte Nachhaltigkeit müsste dementsprechend modifiziert werden, sodass die kontrollierte und partielle Substituierung des natürlichen Kapitalstocks möglich ist. Allerdings müsste der Verbrauch nicht erneuerbarer Ressourcen an die Entwicklung und Nutzung er-

---

[86] Agenda 21, Kapitel 35 Absatz 3.

neuerbarer Ressourcen gekoppelt sein.[87] Einen entsprechenden Vorschlag machte der Sachverständigenrat für Umweltfragen des 14. Deutschen Bundestages, indem drei Managementregeln formuliert wurden.[88] Erstens dürfen erneuerbare Ressourcen nur in dem Maße genutzt werden, in dem sie sich regenerieren. Zweitens dürfen erschöpfbare Rohstoffe und Energieträger nur in dem Maße verbraucht werden, wie simultan physisch und funktionell gleichwertiger Ersatz an regenerierbaren Ressourcen geschaffen wird. Und drittens dürfen Schadstoffemissionen die Aufnahmekapazität der Umweltmedien und Ökosysteme nicht übersteigen. Emissionen nicht abbaubarer Schadstoffe sind unabhängig von dem Ausmaß, in dem noch freie Tragekapazitäten vorhanden sind, zu minimieren.

Ein so verfasstes Nachhaltigkeitsleitbild ist präzise genug, um daraus verbindliche Maßnahmen abzuleiten, aber doch offen genug, um auf noch nicht vorhersehbare Entwicklungen zu reagieren. Die Bezeichnung „Managementregeln" verweist auch noch auf das Anwendungsgebiet dieses Nachhaltigkeitsleitbildes, nämlich die Ökonomie. Es geht nämlich darum, welche Prioritäten und Anforderungen wir an das Wirtschaftssystem stellen, welche Rahmenbedingungen für die Wirtschaft gelten sollen und welche Wirtschaftsweisen wir unter diesem Nachhaltigkeitsleitbild anstreben.

1.3.2.3 Zusammenfassung

Ob es gelingt, die gegenwärtigen Herausforderungen – Friede, Hunger, Armut, Umweltzerstörung, Ressourcenabbau, Verlust der Biodiversität, Klimawandel und vieles mehr – zu bewältigen, hängt insbesondere davon ab, wie ökologische, ökonomische und soziale Ziele miteinander in Einklang gebracht werden können. Das Leitbild der Nachhaltigkeit, welches mit dem Bericht *Our Common Future* der Weltkommission für Umwelt und Entwicklung im Jahr 1978 eine bereits laufende und bis heute rege fortgeführte Diskussion auf die Ebene internationaler Prozesse, Konferenzen, Vereinbarungen und Regelwerke gehoben hat, ist das programmatisch für eine Entwicklung, „die den gegenwärtigen Bedarf zu decken vermag, ohne gleichzeitig späteren Generationen die Möglichkeit zur Deckung des ihren zu verbauen".[89] Ökologische Zukunftsfähigkeit, materieller Wohlstand und soziale Wohlfahrt sind auf komplexe Weise aufeinander bezogen und voneinander abhängig. Ohne die Sicherung der biosphärischen Grundlagen unseres Zusammenlebens lassen sich soziale und ökonomische Zielvorstellungen nicht realisieren. Das Leitbild der Nachhaltigkeit oder der nachhaltigen Entwicklung bietet dabei nicht das konkrete Aktionsprogramm, sehr wohl aber den Referenzrahmen für eine zukunftsfähige Gestaltung unserer Welt. Demnach ist die Überlebensfähigkeit

---

[87] Döring R., Wie stark ist schwache, wie schwach starke Nachhaltigkeit? Diskussionspapier 08/2004, Greifswald 2004, S. 146 f.

[88] Sachverständigenrat für Umweltfragen, Umweltgutachten 2002 – Für eine neue Vorreiterrolle, Stuttgart 2002, Tz. 29.

[89] Hauff V., Unsere gemeinsame Zukunft. Bericht der Weltkommission für Umwelt und Entwicklung, Greven 1987, XV.

der Menschheit an die Tragfähigkeit der Biosphäre rückgebunden und auf grenzüberschreitende, globale Lösungen verwiesen.

Dass das Leitbild der Nachhaltigkeit bis zum heutigen Zeitpunkt noch nicht in
ausreichendem Maße zur Bewältigung der zentralen Herausforderungen menschlichen Überlebens beitragen konnte, hängt mit politischen und gesellschaftlichen
Versäumnissen ebenso zusammen wie mit unterschiedlichen Interpretationen des
Leitbildes einer nachhaltigen Entwicklung selbst. Was Nachhaltigkeit nun genau ist
und welche Konsequenzen daraus zu ziehen sind, wird kontroversiell diskutiert
und ist derzeit Gegenstand eines Richtungsstreites zwischen den Vertretern einer
schwachen Nachhaltigkeit einerseits und den Befürwortern einer starken Nachhaltigkeit andererseits. Während erstere das Naturkapital als prinzipiell substituierbar
erachten und somit einen weltweiten Ressourcenschwund für vertretbar halten, da
der zukünftige technische Fortschritte den Verlust an nicht erneuerbaren Ressourcen ausgleichen und die ökologische Belastung insgesamt reduzieren können,
verweisen die Befürworter einer starken Nachhaltigkeit auf die weitgehende Komplementarität zwischen Natur- und Sachkapital und auf die Notwendigkeit des Erhalts natürlicher Ressourcen, um zukünftige Generationen in den Möglichkeiten
ihrer Bedürfnisbefriedigung nicht einzuschränken. Zwischen diesen beiden Polen
hat sich in den letzten Jahren eine Reihe von vermittelnden Positionen entwickelt,
die in je unterschiedlicher Weise zu einem der beiden Pole hintendieren.

Eine am Leitbild der starken Nachhaltigkeit ausgerichtete Konzeption erweist
sich dabei als zukunftsfähiger. Das Vertrauen auf künftige technische Entwicklungen, die Ressourcenverbrauch und Umweltzerstörung zu kompensieren in der
Lage sind, ist angesichts der Brisanz globaler Herausforderungen hingegen ein
Spiel mit dem Feuer. Dass in naher Zukunft entsprechende technische Möglichkeiten zur Verfügung stehen, um den globalen ökologischen Krisen wirksam entgegentreten zu können, ist derzeit nicht absehbar. Zwar werden Entwicklungen in
Technik und Forschung in Zukunft zweifelsohne eine bedeutsame Rolle in der
Bewältigung ökologischer Herausforderungen einnehmen, aber auf ihre aus heutiger Sicht lediglich *mögliche* Realisierung zu warten ist moralisch nicht vertretbar.
Zu gering ist die Wahrscheinlichkeit, dass technische Entwicklungen alle ökologischen Probleme bewältigen und der sich beschleunigenden Dynamik des Ressourcenabbaues und des Klimawandels Lösungen entgegensetzen werden können.

Von daher stellt eine an starker Nachhaltigkeit orientierte Konzeption die sach-
und zeitgemäße Explikation einer nachhaltigen Entwicklung dar. Die rasanten globalen Veränderungen des 20. und erst jungen 21. Jahrhunderts haben die ökologische Tragfähigkeit bereits überspannt. Konsequentes Handeln in Hinblick auf
den Erhalt nicht erneuerbarer Ressourcen, der Förderung erneuerbarer Energien
und der Bewältigung globaler ökologischer Herausforderungen ist unumgänglich –
was internationale Zusammenarbeit ebenso wie eine Änderung persönlicher Lebensstile unausweichlich macht. Hierbei kommt es wesentlich darauf an, wie das
Leitbild der nachhaltigen Entwicklung in politische, gesellschaftliche und wirtschaftliche Prozesse integriert werden kann. Die Umsetzung notwendiger politi-

scher, wirtschaftlicher und gesellschaftlicher Veränderungsprozesse im Sinne einer nachhaltigen Entwicklung ist an die Akzeptanz der sie betreffenden Menschen gebunden. Nachhaltigkeit ist von daher angewiesen auf ihre Anschlussmöglichkeit an bestehende Erfahrungen, Traditionen und Gerechtigkeitsvorstellungen.

Im zweiten Teil dieser Arbeit wird es deshalb darum gehen, Anschlussstellen, Verbindungslinien und Sinnhorizonte für Nachhaltigkeit in der Sozialethik zu analysieren.

2 Sozialethik und Nachhaltigkeit

Sozialethik ist die Wissenschaft von der sittlich-rechtlichen Ordnung der Gesellschaft als Voraussetzung der Selbstverwirklichung des Menschen.[90] Unter christlicher Sozialethik versteht man die genuin christliche Ausprägung eines Reflexionsvorganges, welcher das Soziale oder gesellschaftliche Prozesse zum Gegenstand hat. In einem ersten Schritt soll hier aufgezeigt werden, dass die in Folge der fortschreitenden Technologisierung erst möglich gewordene Gefährdung der Biosphäre durch den Menschen eine zentrale Herausforderung für die Zukunft und Selbstverwirklichung der Menschheit darstellt. Die Bewältigung der ökologischen Krise wird somit zu einer Voraussetzung gelingenden menschlichen Lebens in Gemeinschaft. Vor diesem Hintergrund ist die Verantwortung des Menschen zum Schutz und Erhalt der Biosphäre zu untersuchen, sowohl in Hinblick auf das biblische Schöpfungsverständnis als auch in Bezug auf die kirchliche Sozialverkündigung und den sozialethischen Befund.

2.1 Verantwortung für die Schöpfung

Seit den 70er Jahren des 20. Jahrhunderts hat sich die Erkenntnis durchgesetzt, dass das Verhältnis zwischen Mensch und Natur in ein neues Stadium getreten ist. Galt bisher der Mensch als der von der Natur Bedrohte, setzte sich zunehmend das Bewusstsein durch, dass auch die Menschheit nunmehr in der Lage ist, die Natur ernsthaft zu gefährden. Lange Zeit war der Konflikt zwischen Mensch und Natur so konzipiert, dass der Mensch in vielerlei Hinsicht der Natur und ihren Kräften unterlegen war und die vom Menschen der Natur zugefügten Schäden als marginal und nach einiger Zeit überwunden galten. Dieser Konflikt hat sich aber zunehmend ins Gegenteil verkehrt, indem der Menschen auf der Basis technischer Überlegenheit nunmehr in der Lage ist, ökologische Systeme und Prozesse langfristig zu beeinflussen oder gar irreversibel zu zerstören. Dabei geht es nicht so sehr um die Zukunft der Natur im Allgemeinen – die Erde wird auch nach einem Atomkrieg, wenn auch in veränderter Form, weiter bestehen –, sondern um diejenige Natur, die unsere Existenzgrundlage darstellt.[91] Unter dem Eindruck eines drohenden Atomkrieges, der Risiken der zivilen Nutzung der Atomenergie, der Gefahren der Erschöpfung zentraler Rohstoffe oder der sich mit der Zunahme der Weltbevölkerung einhergehenden Krisenszenarien erweisen sich die Errungenschaften der rasanten Technikentwicklung plötzlich nicht mehr nur als Instrumente zur Erreichung weltweiten Wohlstandes, sondern darüber hinaus als eine Gefährdung der menschlichen Existenzgrundlagen selbst.

---

[90] Messner J., Sozialethik, in: Klose A., Mantl W., Zsifkovits V. (Hg.), Katholisches Soziallexikon, Innsbruck 1980, 2681.

[91] Vogt M., Zwischen Wertvorstellungen und Weltbildern, in: Politische Ökologie Nr. 99, Die Zukunft der Natur, München 2006, S. 12-16.

Damit werden moderne Technologien nicht mehr ausschließlich mit Fortschritt und Nutzen in Verbindung gebracht, sondern als „Mitverursacher der ökologischen Krise" gesehen.[92] Es geht dabei also nicht nur um das Verschwinden einiger Rohstoffe, Biotope und Spezien, sondern um „die Bedrohung der gesamten irdischen Biosphäre durch menschliches Tun, die expandierende Reichweite und zunehmende Eingriffstiefe technischer Manipulationen, die zunehmende Beeinflussbarkeit auch der menschlichen Natur, das wachsende Ausmaß arbeitsteiliger und systemischer vermittelter Handlungssequenzen, die wachsende Distanz zwischen Akteuren und Handlungsergebnissen und die zunehmende Ungewissheit der langfristig wirkenden Handlungsfolgen".[93]

Mit diesen neuen ethischen Herausforderungen erhält die Verantwortung gegenüber zukünftigen Generationen und der nichtmenschlichen Natur eine zusätzliche Brisanz. Als „*Ergänzung* der ‚bisherigen Ethik'" entwickelte Hans Jonas in diesem Zusammenhang sein Prinzip Verantwortung, welches er als „Vermeidungsethik" zur Abwendung des „äußersten Übels" einer Überlastung der irdischen Biosphäre bzw. eines Gattungssuizides der Menschheit verstand.[94] Konkret ging es Jonas darum, menschliches Handeln so zu gestalten, dass die Wirkung einer Handlung verträglich ist mit der „Permanenz echten menschlichen Lebens auf Erden".[95] Eine so verstandene „Zukunftsethik" betont die zunehmende Relevanz empirischen Wissens für die ethische Urteilsfindung in Hinblick auf die wachsenden Ungewissheiten der Fern- und Spätwirkungen menschlichen Handelns. Die „Beschaffung der Vorstellung von den Fernwirkungen" bezeichnet er denn auch als „erste Pflicht der Zukunftsethik".[96] Die Beurteilung räumlicher und zeitlicher Fernwirkungen menschlichen Handelns bleibt jedoch stets unzureichend und unvollständig, weshalb Jonas in Hinblick auf verbleibende Ungewissheiten die Entscheidungsregel *in dubio pro malo* vorschlägt: bei unterschiedlichen Folgenabschätzungen hat die schlimmere Prognose Vorrang vor der besseren, denn „die Einsätze sind zu groß geworden für das Spiel".[97] „Die Einsätze" haben mittlerweile tatsächlich Dimensionen angenommen, die zu irreversiblen katastrophalen Entwicklungen führen und die Gestaltungsmöglichkeiten gegenwärtigen und zukünftigen menschlichen Lebens massiv einschränken oder gar zu Nichte machen können.

---

[92] Irrgang B., Verantwortungsethik in der technischen Zivilisation, in: Heimbach-Steins M., Lienkamp A., Wiemeyer J. (Hg.), Brennpunkt Sozialethik. Theorien, Aufgaben, Methoden, Freiburg im Breisgau 1995, S. 403.

[93] Micha H. W., Hans Jonas' Prinzip Verantwortung, in: Düwell M., Steigleder K. (Hg.), Bioethik: Eine Einführung, Frankfurt/Main 2004, S. 41-56, hier S. 42.

[94] Ebda., S. 42-43.

[95] Jonas H., Das Prinzip Verantwortung. Versuch einer Ethik für die technologische Zivilisation, Frankfurt/Main 1979, S. 36.

[96] Ebda., S. 64.

[97] Jonas H., Technik, Medizin und Ethik. Zur Praxis des Prinzips Verantwortung, Frankfurt/Main 1985, S. 67.

In der Art und Weise, wie wir unser Leben gestalten und organisieren kommt unsere Verantwortung gegenüber der menschlichen und nichtmenschlichen Umwelt zum Ausdruck. Unser Produzieren, Konsumieren und Investieren definiert die Vorzeichen für komplexe ökologische und soziale Prozesse. Auch wenn die Ergebnisse dieser Kausalketten nicht gänzlich vorhersehbar sind, trägt unser Handeln doch entscheidend dazu bei, in welchem Ausmaß wir Zukunftschancen haben oder nicht. Der weltweit ständig wachsende Energiebedarf erfordert bereits jetzt eine Weichenstellung für eine gesicherte zukünftige Energieversorgung. Mehrere Vorschläge und Möglichkeiten werden derzeit unter diesem Anspruch diskutiert und ein Ausbau der Atomkraft erweist sich dabei in Hinblick auf die damit einhergehenden Risiken als wenig zukunftstaugliche Alternative. Auch wenn von den Befürwortern der Atomenergie die Gefahr eines Reaktorunfalls beim derzeitigen Stand der Sicherheitstechnik allgemein als gering eingestuft wird, hätte ein solcher Unfall Auswirkungen katastrophalen Ausmaßes – das betrifft auch die mit der Endlagerung radioaktiven Abfalls verbundenen Risiken. So gesehen mag ein Reaktorunfall zwar unwahrscheinlich erscheinen, das Ausmaß einer möglichen Katastrophe rechtfertig allerdings nicht die Inkaufnahme eines noch so geringen Risikos. Verglichen mit den Risiken alternativer Energiekonzepte entspricht der Ausbau der Atomenergie einem Szenario, welches in Hinblick auf das Prinzip Verantwortung – *in dubio pro malo* – zu vermeiden ist.

Die Verantwortung gegenüber der Zukunftsfähigkeit unseres Ökosystems ist demnach aufs Engste mit menschlichen Zukunftschancen verbunden. Das Bewusstsein, dass die Menschheit im Zugriff auf die Natur auch zu deren Zerstörung und damit zur Vernichtung der existentiellen Lebensgrundlage allen menschlichen Daseins in der Lage ist, macht auch deutlich, dass der Eigenwert der Natur über eine ästhetische Kategorisierung hinausreicht. Mit dieser Bedrohung erhält der Eigenwert von Natur und Umwelt eine normative Bedeutsamkeit. Aus dieser folgt die prinzipielle Verantwortung gegenüber der Zukunftsfähigkeit von Natur und Umwelt als Basis gelingenden menschlichen Lebens. Hans Jonas bringt diese Normativität auf den Punkt: „Wir wissen erst, *was* auf dem Spiel steht, wenn wir wissen, *dass* es auf dem Spiel steht."[98]

2.2 Die ökologische Krise vor dem Hintergrund des biblischen Schöpfungsverständnisses

Aus einem anthropozentrischen Blickwinkel lässt sich der Wert der außermenschlichen Schöpfung in mehrerlei Hinsicht begründen. Zunächst kann man von einem Nutzen im Sinne eines direkten ökonomischen Nutzens der Umwelt für die Wirtschaft und die Befriedigung menschlicher Bedürfnisse sprechen. Umwelt und Na-

---

[98] Jonas H., Das Prinzip Verantwortung. Versuch einer Ethik für die technologische Zivilisation, Frankfurt/Main 1979, S. 63 [Kursivstellung im Original].

tur werden dabei als Ressource verstanden, welche einen Nutzenwert verkörpern. Daneben kann auch von einem ökologischen Nutzen der Arten gesprochen werden, demzufolge die Erde ein System dichter Interdependenzen darstellt und jede einzelne Art für den Erhalt des gesamten Systems von Bedeutung ist. Schließlich ist hier noch der ästhetische Nutzen der Natur anzuführen. Die Natur als Erfahrungs-, Erlebens-, Erholungs- oder Lernmöglichkeit geht zwar über den ökonomischen Nutzenwert hinaus, bleibt aber dennoch anthropozentrisch begründet, da Zuschreibungen wie „schön" oder „erholsam" menschliche sind.

Aus theologischer Sicht kommt der Natur ein Eigenwert zu, indem sie als Teil der Schöpfung in den Blick kommt. Das Verhältnis des Menschen zur Natur wird dabei vor dem Hintergrund eines utopischen Ideals in Gen 1-2 und der konflikt- und schuldbeladenen Realität in Gen 3-9 dargestellt.[99] Die Welt als Ganzes ist von Gott geschaffen (Gen 1,1) und wird durch Gottes Walten in ihrem Fortbestand gesichert (Ps 74,16f). Gott herrscht über seine Schöpfung, er allein ist Urheber und Erhalter. Innerhalb dieser Ordnung genießt der Mensch eine Sonderstellung unter allen Geschöpfen: er ist Abbild Gottes (Gen 1,27) und Spitze der Schöpfung schlechthin, sodass Gott dem Menschen die Herrschaft über die sonstige Schöpfung überantwortet (Gen 1,26).[100] In dieser Funktion ist der Mensch sowohl Partner Gottes als diesem auch hinsichtlich der Fürsorge gegenüber der Schöpfung verantwortlich (Gen 2,15). Diese Sonderstellung des Menschen umschreibt auch die conditio humana: der Mensch ist Abbild Gottes und von diesem auch abhängig. Die Würde des Menschen zeigt sich am deutlichsten in seiner Freiheit Gott gegenüber. Der Mensch steht als moralisches Subjekt vor der Entscheidung, gut oder böse zu handeln, dem Willen Gottes zu entsprechen oder diesem entgegen zu handeln. Die vorpriesterliche Sündenfallerzählung in Gen 3,14 beschreibt schließlich, wie das Vertrauen Gottes durch den Menschen missbraucht wird und es zur Zerstörung des friedlichen Zustandes der Schöpfung kommt. Von nun an ist der Mensch gezwungen, im „Schweiße seines Angesichts" (Gen 3,19) sein Dasein zu meistern. Die *natura lapsa* liefert demnach eine Erklärung für den Realzustand in der Welt, der allerdings den Menschen als den von der Natur Bedrohten be-

---

[99] Rosenberger M., Im Zeichen des Lebensbaum. Ein theologisches Lexikon der christlichen Schöpfungsspiritualität, Würzburg 2001, S. 115 ff.

[100] In der Kritik an das Christentum wurde der Herrschaftsauftrag als Ursache der gegenwärtigen Umweltkrise bezeichnet – vgl. White L., The Historical Roots Of Our Ecological Crisis, in: Science 155, 1967, Nr. 3767, 1203-1207; Amery C., Das Ende der Vorsehung. Die gnadenlosen Folgen des Christentums, Hamburg 1972; Drewermann E., Der tödliche Fortschritt. Von der Zerstörung der Erde und des Menschen im Erbe des Christentums, Regensburg [6]1990. Über den exegetischen Befund hinaus lassen sich jedoch diese Vorwürfe nicht mehr in ihrer Totalität aufrechterhalten – vgl. Daecke S. M., Unterscheiden zwischen der biblischen Botschaft und ihrer Wirkungsgeschichte, sowie Altner G., Unschuld der Bibel, Mitschuld des Christentums, beide in: Ökologische Theologie und Ethik 1, bearb. von Halter H. und Lochbühler W., Graz 1999, S. 61-70; Splett J., „Macht euch die Erde untertan?" Zur ethisch-religiösen Begrenzung technischen Zugriffs, in: Buch A. J., Splett J. (Hg.), Wissenschaft, Technik, Humanität. Beiträge zu einer konkreten Ethik, Frankfurt 1982, S. 175-202.

schreibt und der die heute evidente Gefährdung der Natur durch den Menschen noch nicht thematisiert.

Das Schöpfungsgeschehen beschreibt demnach einen geordneten Sinnzusammenhang, der auf die Entfaltung von Leben ausgerichtet ist. Die Schöpfung ist damit in sich werthaft, indem sie von Gott ausgeht und auf ihn hingerichtet ist. Diese Werthaftigkeit erschließt sich nicht nur in Hinblick auf den Menschen, sondern auf die Schöpfung an sich. Die Sonderstellung des Menschen bleibt dabei auf die Gesamtheit der Schöpfung verwiesen und ermöglicht weder einen radikalen Biozentrismus noch einen einseitigen Anthropozentrismus, sondern beschreibt wesenhaft die Verantwortung des Menschen für das Ganze. Die Natur ist damit nicht nur eine dem Menschen verfügbare und im Nutzen aufgehende Materien, sondern „sie hat einen eigenen Wert, der den Menschen verpflichtet."[101] Insofern zeigt sich an der aktuellen Situation die Spannung zwischen einem Ist- und einem Sollzustand: der Istzustand beschreibt die Situation infolge der *natura lapsa*, welche auf den in der Reich-Gottes-Botschaft enthaltenen Sollzustand hin geöffnet ist. Die Reich-Gottes-Botschaft enthält die endgültige Vollendung der Schöpfung unter eschatologischem Vorbehalt. Die Schöpfung erweist sich damit hineingezogen in den Sündenfall und verwoben mit der (Heils-) Geschichte des Menschen.[102]

Gerade mit dem Leitbild der Nachhaltigkeit kommt diese Offenheit und Gestaltbarkeit von Zukunft deutlich zum Ausdruck.[103] Das Kommen Gottes schließt die aktive Beteiligung der Menschheit bei der Errichtung einer gerechten und zukunftsfähigen Gesellschaft mit ein, und zwar für die jetzt und in Zukunft lebenden Generationen. So verstanden setzt Nachhaltigkeit „das kreative Potential des biblischen Schöpfungsauftrags frei, demzufolge der Mensch die Schöpfung zu bebauen und zu behüten hat (Gen 2,15)".[104] Der darin enthaltene doppelte Auftrag betont die Verantwortung des Menschen sowohl in Bezug auf das *Behüten* und Schützen, als auch auf das *Bebauen* der Schöpfung im Sinne einer kreativen Weltgestaltung. Schöpfungsverantwortung beschränkt sich demnach nicht auf ein bloßes Konservieren, sondern erfordert ebenso die Kultivierung der Schöpfung. Dieses Bebauen und Kultivieren der Schöpfung trägt zur Bewältigung ökologischer und sozialer Herausforderungen bei, bleibt aber rückgebunden an die Grenzen der ökologischen Tragfähigkeit. Nachhaltigkeit trägt demnach dazu bei, den biblischen Schöpfungsauftrag verantwortlich wahrzunehmen. Umgekehrt kann der christliche

---

[101] Gabriel I., Papaderos A. K., Körtner U. H. J., Perspektiven ökumenischer Sozialethik. Der Auftrag der Kirchen im größeren Europa, Mainz 2005, S. 203.

[102] Vgl. Röm 8,22: „Denn wir wissen, dass die gesamte Schöpfung bis zum heutigen Tag seufzt und in Geburtswegen liegt ...".

[103] Wulsdorf H., Nachhaltigkeit. Ein christlicher Grundauftrag in einer globalisierten Welt, Regensburg 2005, S. 41.

[104] Ebda., S. 42.

Glaube dazu beitragen, das Leitbild nachhaltiger Entwicklung in seiner kulturellen und ethischen Dimension zu vertiefen.[105]

Zusammenfassend lässt sich sagen, dass die heutige Problematik der Bedrohung der Biosphäre durch den Menschen in der biblischen Botschaft zwar keine erschöpfende Entsprechung findet, aber Teil eines umfassenden Schöpfungsverständnisses ist. Der exegetische Befund belegt zwar weder eine explizite Schöpfungsethik noch eine auf die heutigen Bedürfnisse zugeschnittene Umweltethik, allerdings bezeichnet die Mitgeschöpflichkeit, die der Mensch mit allem Erschaffenen teilt, „ein Grunddatum einer schöpfungstheologisch ausgewiesenen Umweltethik".[106] Der Mensch trägt als Sachwalter Gottes Verantwortung für die gesamte Schöpfung. Dem Menschen kommt mit dem Herrschaftsauftrag (dominium terrae) eine Ordnungs- und Konfliktregelungsfunktion zu, die es ihm einerseits erlaubt, seine Bedürfnisse durch die Nutzung der Natur zu befriedigen und die ihn andererseits im Rahmen dieser Naturnutzung an den Erhalt und den Schutz der Schöpfung bindet. Insgesamt ist die biblische Erzählung in einem Spannungsbogen zwischen „paradisischer Lebenswelt und heutiger (postlapsarischer) Situation"[107] verortet. Das Bewahren und Bebauen der Schöpfung findet seine Entsprechung in der Reich-Gottes-Botschaft, indem das Kommen Gottes unser Bemühen für eine gerechte und zukunftsfähige Welt mit einschließt. Darüber hinaus erfährt die Verantwortung des Menschen als Sachwalter der Schöpfung durch die endgeschichtliche Bestimmung eine eschatologische Steigerung.[108] Erlösung ist dabei nicht eine für die Menschheit reservierte Kategorie, sondern schließt die gesamte Schöpfung mit ein.[109] Als ein zentrales Moment kann dabei die Spannung zwischen dem Ideal eines Sollzustandes und der Realität eines Istzustandes in der Welt festgehalten werden. In dieser Spannung ist unser engagiertes und verantwortliches Eintreten für die Schöpfung grundgelegt – eine am Leitbild der Nachhaltigkeit orientierte Lebens- und Wirtschaftsweise bildet hierbei die Chance, dem Schöpfungsauftrag zu entsprechen.

---

[105] Vogt M., Religiöse Potentiale für Nachhaltigkeit. Thesen aus der Perspektive katholischer Theologie, in: Littig B. (Hg.), Religion und Nachhaltigkeit. Multidisziplinäre Zugänge und Sichtweisen, Münster 2005, S. 91-118.

[106] Münk H. J., Umweltverantwortung und christliche Theologie. Forschungsbericht zu neuen deutschsprachigen Beiträgen im Blick auf eine umweltethische Grundkonzeption, in: Heimbach-Steins M. u. a. (Hg.), Brennpunkt Sozialethik. Theorien, Aufgaben, Methoden, Freiburg/Breisgau 1995, S. 387 ff.

[107] Münk H. J., Gottes Anspruch und die ökologische Verantwortung des Menschen. Gott, Mensch und Natur in neuen Beiträgen zum Schöpfungsverständnis und die Frage einer umweltethischen Grundkonzeption, in: Arntz K., Schallenberg P., (Hg.), Ethik zwischen Anspruch und Zuspruch. Gottesfrage und Menschenbild in der katholischen Moraltheologie, Freiburg 1996, S. 109.

[108] Ebda., S. 112.

[109] Vgl. Röm 8,21: „Auch die Schöpfung soll von der Sklaverei und Verlorenheit befreit werden zur Freiheit und Herrlichkeit der Kinder Gottes".

Dennoch: hinsichtlich ökologischer Fragestellungen oder der vom Menschen ausgehende Bedrohung für die Schöpfung besteht biblisch-ethisch weitgehend eine Leerstelle. Weitere Impulse könnte eine Schöpfungsspiritualität liefern, wie sie vor allem in den Psalmen (vgl. Ps 104) und in den prophetischen Texten (vgl. Jes 40-55, Jer 31, Ez 36) grundgelegt ist. Eine Schöpfungsspiritualität lässt sich nicht einseitig weder aus dem Soll- noch aus dem Istzustand erschließen, sondern bedarf gerade der spannungsreichen Verbindung beider Pole.[110] Eine so verstandene Schöpfungsspiritualität könnte dazu beitragen, das Verhältnis des Menschen zu seiner Mitschöpfung umfassender zu erschließen und den biblischen Herrschaftsauftrag (Konservieren und Kultivieren der Schöpfung) mit dem Leitbild der nachhaltigen Entwicklung zu verknüpfen.

2.3 Die Bedeutung des Leitbildes nachhaltiger Entwicklung in der Sozialethik

2.3.1 Ethik als Individual- und Sozialethik

Angewandte Ethik konkretisiert sich in Individual- und Sozialethik. Der Individualethik geht es dabei um die Erörterung der Praxis von Individuen. Dabei werden menschliche Handlungen, Motive und Haltungen moralisch reflektiert und einer Bewertung unterzogen. Individualethik normiert dabei menschliche Interaktionen, für die Menschen auch persönlich verantwortlich gemacht werden können. Diese Interaktionen vollziehen sich im Wesentlichen in sozialen Gefügen und verdichten sich von daher zu institutionellen Verfahren und Gebilden, welche in der Sozialethik hinsichtlich ihres Gerechtigkeitsanspruches hinterfragt werden. Gegenstand der Sozialethik sind demokratische Prozesse und Verfahren ebenso wie Regelverfahren und Ordnungen gesellschaftlicher Teilbereiche (Wirtschaft, Gesundheitswesen, Bildungswesen ...). Diese Teilbereiche menschlichen Zusammenlebens werden dabei als gestaltbar und veränderbar verstanden, auch wenn sich die Gestaltung dieser Teilbereiche nicht unmittelbar individualethisch verorten lässt. Besonders im Kontext ökologischer Herausforderungen zeigt sich, dass diese nicht nur von einzelnen Personen zu bewältigen sind, sondern vielmehr auf eine Praxis verwiesen sind, „die den Charakter komplexer Kooperation zwischen verantwortlichen Personen unterschiedlicher Interaktionsbereiche" besitzen.[111]

Individualethik und Sozialethik stehen demnach in enger Verbindung. Arno Anzenbacher benennt in diesem Verhältnis zwei Missverständnisse, nämlich die Reduktion der Sozialethik auf die Individualethik und die Reduktion der Individualethik auf die Sozialethik, welche die eigenständige Bedeutung der beiden Bereiche auflösen. Die Reduktion der Sozialethik auf die Individualethik negiert die so-

---

[110] Rosenberger M., Im Zeichen des Lebensbaum. Ein theologisches Lexikon der christlichen Schöpfungsspiritualität, Würzburg 2001, S. 115 ff.

[111] Anzenbacher A., Christliche Sozialethik. Einführung und Prinzipien, Paderborn 1998, S. 16.

zialethische Relevanz, indem sie die Verdichtung von Interaktionen zu gesellschaftlichen Institutionen und Verfahren unberücksichtig lässt. Das Soziale bleibt
dabei eine Anhäufung individueller Handlungen und wenn Personen gut und richtig handeln, erledigen sich soziale Fragestellungen von selbst. Soziale Konflikte
sind dabei lediglich Konflikte im zwischenmenschlichen Bereich, die sich durch
eine Optimierung auf individualethischer Ebene auflösen lassen. Demnach wären
Kriege, die Not in der Dritten Welt, Arbeitslosigkeit und auch die ökologische Krise
vermeidbar, wenn jeder Mensch moralisch gut handeln würde. Die Eigenständigkeit der sozialen Dimension wird dabei negiert und die Möglichkeiten persönlicher
Einflussnahme massiv überschätzt.

Andererseits degradiert die Reduktion der Individualethik auf die Sozialethik
menschliches Handeln auf einen bloßen Reflex sozialer Determiniertheiten. Das
Soziale wird dabei als unhintergehbare Bestimmung aufgefasst, innerhalb derer
menschliches Handeln nur noch als eingeschränkte Antwortmöglichkeit verstanden wird.

Ein solch eingeschränktes Verständnis menschlicher Handlungsmöglichkeiten
übersieht jedoch, dass Menschen soziale Gebilde kritisch reflektieren und unterschiedlich darauf reagieren können. Auch in der Vergangenheit haben Menschen
auf ungerechte soziale Situationen hingewiesen und sich für Veränderungen eingesetzt. Was in dieser Sichtweise jedoch zum Ausdruck kommt, ist eine Problem-
anzeige unserer Zeit: ungerechte soziale Verhältnisse und die Zerstörung der
Umwelt können als dermaßen dominant und übermächtig erfahren werden, dass
sie – wenn sie einmal lang genug bestehen – zu Hoffnungslosigkeit und Resignation bei den Betroffenen führen und schließlich sogar menschlichen Gestaltungsmöglichkeiten und darüber hinaus den Gestaltungswillen massiv einschränken.
Für jemanden, der in einem Slum geboren worden ist, der keinen Zugang zu fun-
damentalen Bildungseinrichtungen hat und der tagtäglich mit dem Kampf ums
Überleben konfrontiert wird, mag eine Auseinandersetzung mit dem Sozialen an
sich oder mit der Klimaerwärmung als purer Luxus erscheinen.

2.3.2   Anwendungsebenen der Ethik

Dabei sind drei Anwendungsebenen der Ethik zu unterscheiden.[112] Die *analytische* oder *Metaethik* bezieht sich auf eine Analyse der moralischen Sprache selbst
und klärt die Bedeutung moralischer Wörter und Sätze sowie die logischen und
rhetorischen Regeln moralischer Sprechweisen, wobei der vorgegebene moralische Diskurs die Grundlage bildet. Hier geht es um die Frage, was die Kennzei-
chen und Parameter moralischer Kommunikation sind und welchen Geltungsan-
spruch moralische Urteile überhaupt haben. Der *Fundamentalethik* geht es um die
Grundlagenprobleme der Ethik, also die anthropologischen Voraussetzungen und
die allgemeinen Bedingungen moralischer Normativität, wie etwa der Begriff des
Gewissens oder die Frage der Willensfreiheit. Die *Normenethik* schließlich ist an-

---

[112] Anzenbacher Arno, Christliche Sozialethik. Einführung und Prinzipien, Paderborn 1997, S. 14 f.

gewandte Ethik und spitzt die ethischen Fragestellungen auf praxisrelevante Handlungsfelder zu. Aufgabe der Normenethik ist es, gesellschaftliche Normen kritisch zu reflektieren und Empfehlungen auszusprechen, wie diese zu verbessern sind. Sowohl die analytische als auf die Fundamentalethik sind Voraussetzung einer angewandten Ethik. Darüber hinaus muss die angewandte Ethik die erforderliche Sachkompetenz bezüglich des jeweiligen Handlungsbereiches gewährleisten, um den komplexen Handlungs- und Interaktionsbedingungen menschlichen Lebens gerecht zu werden. Angewandte Ethik wie etwa politische, Wirtschafts- oder Umweltethik verfehlt ihre Legitimität, wenn sie über diese Sachkompetenz nicht verfügt. Angewandte Ethik überschreitet damit ihre philosophisch-theologische Basis und tritt ein in den wissenschaftlichen Diskurs mit Teilbereichen gesellschaftlichen Zusammenlebens.

Ein Auseinanderhalten dieser drei Ebenen erweist sich als unabdingbar. Wenn wir normative Ansprüche an Menschen richten, die beispielsweise Menschenrechte verletzen oder die Umwelt zerstören, stoßen wir vor allem im interreligiösen und interkulturellen Dialog an den Punkt, wo wir Gründe für die allgemeine Verbindlichkeit dieser Normen benennen müssen. Im Falle umweltethischer Diskussionen besteht darüber hinaus das Problem, dass es nicht für jeden klar ist, ob es sich bei Fragen des Klimaschutzes oder der Artenvielfalt überhaupt um ethisch relevante Fragen handelt. Um hier einen substantiellen Beitrag leisten zu können, ist es erforderlich, die philosophischen Voraussetzungen moralischer Urteile kommunizieren zu können.[113]

2.3.3 Christliche Sozialverkündigung vor dem Hintergrund der ökologischen Krise

Die Auseinandersetzung mit der ökologischen Problematik stellt eine relativ neue Herausforderung für die christliche Sozialverkündigung dar und beinhaltet die Aufgabe, die folgenschweren menschlichen Eingriffe in das ökologische System zu analysieren, um Aufschluss über die weltweiten Konsequenzen zu erhalten. Ging es bei der Frage um das Soziale noch um Partizipations- und Verteilungsfragen menschlichen Lebens, eröffnet die „ökologische Frage" eine neue Problemkonstellation, welche „in ihren Herausforderungen und ihren Bewältigungsmöglichkeiten über die Soziale Frage hinausgeht bzw. diese umgreift".[114] Damit wird auch auf die Umkehrung der Problemlage aufmerksam gemacht, wonach nicht mehr nur der Mensch von der Natur bedroht ist, sondern auch die Natur durch den Menschen.

Eine explizit ökologische Ausrichtung der Sozialethik fand zu Beginn der 70er-Jahre des 20. Jahrhunderts statt. Beginnend mit *De iustitia in mundo* (1971) wurde

---

[113] Vgl. Düwell M., Umweltethik und normative Ethik, in: Eser U., Müller A. (Hrsg.), Umweltkonflikte verstehen und bewerten. Ethische Urteilsbildung im Natur- und Umweltschutz, München 2006, S. 165-176.

[114] Höhn H.-J., Ökologische Sozialethik. Grundlagen und Perspektiven, Paderborn 2001, S. 19.

die ökologische Krise in der kirchlichen Sozialverkündigung ein zentrales Thema, wobei im Folgend zu untersuchen sein wird, welche Anschlussstellen sich daraus in Bezug auf die Nachhaltigkeitsdebatte ergeben.

2.3.3.1 De iustitia in mundo (1971)

Im Rahmen der katholischen Sozialverkündigung erfuhr die ökologische Thematik erstmals in der Erklärung der Weltbischofssynode *De iustitia in mundo* (1971) eine ausführliche Berücksichtigung. Unter Verweis auf weltweite Solidarität werden dabei die wohlhabenden Länder der Erde für ihre ungezügelte Nachfrage nach Rohstoffen und Energie kritisiert und dafür verantwortlich gemacht, dass „wesentliche Voraussetzungen des Lebens auf der Erde wie Luft und Wasser unwiederherstellbar geschädigt würden, wenn diese Höhe des Verbrauchs, dieser Grad der Verschmutzung und diese Schnelligkeit des Wachstums bei der gesamten Menschheit Platz greifen würde" (IM 11). Eine „rein ökonomische Entwicklung" wird dabei als „Fehlschlag" bezeichnet und die Begrenztheit der materiellen Grundlagen der Biosphäre als ein Grund dafür beschrieben, dass sich „in der Welt von heute ganz neue Sichten für das Verständnis der Menschenwürde eröffnen" (IM 12). Dezidiert weist das Dokument auch auf eine „neue, die Welt in Atem haltende Angelegenheit" hin: Umwelt und Umweltschutz. „Unerfindlich ist, wie die reichen Völker es rechtfertigen wollen, ihren Zugriff auf die Güter der Erde noch weiter zu steigern, wenn das zur Folge hat, dass entweder die anderen Völker niemals über ihre elende Notlage hinauskommen oder gar die physischen Grundlagen des Lebens auf der Erde Gefahr laufen zerstört zu werden" (IM 64/7). Konkret werden die reichen Länder zu einem weniger aufwendigen und Ressourcen schonenderen Lebensstil aufgefordert „um nicht jenes Erbgut zu zerstören, in das sie sich mit der ganzen übrigen Menschheit nach strenger Gerechtigkeit zu teilen haben" (IM 64/7).

Das Dokument benennt erstmals in der römisch-katholischen Tradition explizit die ökologische Krise und stellt sie in einen engen Zusammenhang mit der sozialen Frage. Mehr noch: es macht deutlich, dass eine positive gesellschaftliche Entwicklung nicht ohne die Lösung dringlicher ökologischer Probleme erreicht werden kann. Ohne auf den Leitbegriff der nachhaltigen Entwicklung zurückgreifen zu können – diesen gab es zum Erscheinungszeitpunkt des Dokumentes noch gar nicht – werden damit zentrale Nachhaltigkeitsthemen behandelt.

Im Rückblick ist der visionäre Charakter von *De iustitia in mundo* hervorzuheben, erschien sie doch ein Jahr vor dem Buch *Die Grenzen des Wachstums*, welches der globalen Nachhaltigkeitsdebatte einen entscheidenden Anstoß gab .

2.3.3.2 Die Konferenz des Weltkirchenrates in Bukarest 1974

Innerhalb der sozialethischen Debatte war das Konzept der nachhaltigen Entwicklung schon länger bekannt.[115] Auf der Konferenz des Weltkirchenrates (WCC) zu

---

[115] Vgl. Reis O., Nachhaltigkeit – Ethik – Theologie. Eine theologische Beobachtung der Nachhaltigkeitsdebatte, Münster 2003, S. 376 f.

„Wissenschaft und Technik für eine humane Entwicklung" in Bukarest (1974) wurde erstmals von einer „nachhaltigen Gesellschaft" im Sinne einer ökologisch tragfähigen gesellschaftlichen Entwicklung gesprochen. Von da an bildete das Thema der nachhaltigen Gesellschaft gemeinsam mit den Anliegen um Gerechtigkeit und Partizipation ein Hauptthema des WCC, bis man in der sechsten WCC-Konferenz in Vancouver (1983) den Begriff der *„sustainable society"* aufgab und statt dessen den Begriff der *„integrity of creation"* (Bewahrung der Schöpfung) einführte. Erst 1997 kehrte der Nachhaltigkeitsbegriff wieder mit dem Wort des Rates der Evangelischen Kirche in Deutschland und der Deutschen Bischofskonferenz zur wirtschaftlichen und sozialen Lage in Deutschland *Für eine Zukunft in Solidarität und Gerechtigkeit* (1997) und der Schrift *Handeln für die Zukunft der Schöpfung* der Kommission für gesellschaftliche und soziale Fragen der Deutschen Bischofskonferenz (1988) wieder in die theologische Debatte zurück.

2.3.3.3 Friede in Gerechtigkeit: die erste Europäische Ökumenische Versammlung 1989 in Basel

Auf der im Jahr 1989 in Basel abgehaltenen ersten Europäischen Ökumenischen Versammlung der Konferenz Europäischer Kirchen und des Rates der Europäischen Bischofskonferenzen wurde auf die Verflochtenheit globaler Probleme in den Bereichen Frieden, Gerechtigkeit und Umwelt aufmerksam gemacht.[116] Inhaltlich wird dabei der Ansatz der nachhaltigen Entwicklung der Brundtland-Kommision für Umwelt und Entwicklung aus dem Jahr 1987 übernommen. „Das Nachhaltigkeitsprinzip lässt sich mehrdimensional entfalten und operationalisieren, nämlich friedens- und entwicklungspolitisch, in Bezug auf die Begrenzung des Umweltverbrauchs, sodann im Blick auf intragenerationelle Verteilungsgerechtigkeit sowie auf intergenerationelle, die Belange zukünftiger Generationen sichernde Gerechtigkeit".[117] Mit dem Maßstab der „Verträglichkeit" benennt das Dokument konkrete Forderungen zum Erhalt der Umwelt – so wird etwa von den Menschen in Europa ein ökologisches Umdenken in Bezug auf den Ressourcenverbrauch, den Treibhauseffekt, die Ozonschicht, den Abfall (insbesondere des Atommülls), die grenzüberschreitenden Emissionen, die Genforschung und -manipulation sowie den Schutz der Artenvielfalt gefordert. „Wir fordern alle Christen in Europa auf, ihren Kirchen und Regierungen bei der Durchführung dieser Maßnahmen zu helfen und sie darin zu bestärken. Alle fordern wir auf, einen neuen Lebensstil annehmen, der der Umwelt so wenig Schaden wie möglich zufügt. Das bedeutet: weniger Energie verbrauchen, öffentliche Verkehrsmittel benutzen und weniger Abfall erzeugen. Kommunalverwaltungen können eine ‚ökologische Buchführung' einführen. Wir müssen lernen, daß unser Glück und unsere Gesundheit weniger

---

[116] Europäische Ökumenische Versammlung, Frieden in Gerechtigkeit, Basel 15.-21. Mai 1989, Das Dokument, in: Arbeitshilfen 70, Sekretariat der Deutschen Bischofskonferenz, Bonn 1989, Nr. 8.

[117] Kreß H., Gemeinsame Erklärungen der katholischen und evangelischen Kirche zur Ethik, in: Zeitschrift für evangelische Ethik, Jahrgang 45, Gütersloh 2001, S. 120.

von materiellen Gütern abhängen als von den Gaben der Natur und von unseren Mitgeschöpfen, von menschlichen Beziehungen und von unserer Beziehung zu Gott" (87). Der Mensch wird dabei nicht mehr als Herrscher, sondern als Teil der Schöpfung verstanden, der die Interessen und Bedürfnisse der gesamten Schöpfung zu berücksichtigen hat, womit auch ein gemäßigter „Biozentrismus" zum Ausdruck kommt.[118]

Eine sicherlich herausragende Leistung des Dokuments liegt in der Verknüpfung und Entfaltung der Bereiche Frieden, Gerechtigkeit und Umwelt in einem schöpfungstheologischen Ansatz mit Schwerpunkt auf die Erhaltung des Lebens und der Vielfalt seiner Ausprägungen.

2.3.3.4 Verlautbarungen der Evangelischen Kirche Deutschlands und der Deutschen Bischofskonferenz

Für eine Zukunft in Solidarität und Gerechtigkeit[119] führt neben dem Doppelgebot der Gottes- und Nächstenliebe, der vorrangigen Option für die Armen, Schwachen und Benachteiligten, der Gerechtigkeit, der Solidarität und Subsidiarität die Nachhaltigkeit als grundlegende ethische Perspektive ein (122-125), wobei Nachhaltigkeit so verstanden wird, dass sie vor allem die Verantwortung für die Schöpfung beinhaltet (123). „Die christliche Soziallehre muß künftig mehr als bisher das Bewußtsein von der Vernetzung der sozialen, ökonomischen und ökologischen Problematik wecken. Sie muß den Grundgedanken der Bewahrung der Schöpfung mit dem einer Weltgestaltung verbinden, welche der Einbindung aller gesellschaftlichen Prozesse in das - allem menschlichen Tun vorgegebene - umgreifende Netzwerk der Natur Rechnung trägt. Nur so können die Menschen ihrer Verantwortung für die nachfolgenden Generationen gerecht werden. Eben dies will der Leitbegriff einer nachhaltigen, d. h. dauerhaft umweltgerechten Entwicklung zum Ausdruck bringen" (125).

Handeln für die Zukunft der Schöpfung[120] schließlich definiert nachhaltige Entwicklung als ethisch-politischen Leitbegriff. „Nachhaltige Entwicklung hat den Rang einer Forderung, deren umfassenden und unabdingbaren ethischen Anspruch niemand ernsthaft um anderer Ziele willen zur Disposition stellen kann. Im politischen, wirtschaftlichen, sozialen und kulturellen Bemühen um eine nachhaltige Entwicklung konkretisiert sich heute ganz wesentlich die Verantwortung für eine Bewahrung der bedrohten Bereiche der Schöpfung" (106). Dabei wird auch auf die Rückbindung der menschlichen Kulturwelt und Wirtschaftsdynamik an das sie

---

[118] Hengsbach F., Strukturentgiftung – kirchliche Soziallehre im Kontext von Arbeit, Umwelt, Weltwirtschaft, in: Arbeiterbewegung und Kirche, Bd. 10, Düsseldorf 1990, S. 110.

[119] Kirchenamt der Evangelischen Kirche in Deutschland, Sekretariat der Deutschen Bischofskonferenz (Hg.), Für eine Zukunft in Solidarität und Gerechtigkeit. Wort des Rates der Evangelischen Kirche in Deutschland und der Deutschen Bischofskonferenz zur wirtschaftlichen und sozialen Lage in Deutschland, Hannover/Bonn 1997.

[120] Sekretariat der Deutschen Bischofskonferenz (Hg.), Handeln für die Zukunft der Schöpfung. Erklärung der deutschen Bischöfe, Bonn 1998.

tragende Netzwerk ökologischer Regelkreise gefordert. „Diese Rückbindung ist so auszugestalten, daß die sozioökonomische Entwicklung die ökologischen Grundfunktionen nicht maßgeblich beeinträchtigt, daß der Natur also genügend Schutz, Raum und Zeit bleibt, Ressourcen zu regenerieren, Schadstoffe abzubauen, extreme Schwankungen auszugleichen und genetische Informationen zu erhalten. Die Forderung nach einer vorausschauenden Berücksichtigung dieser vielfältigen Beziehungs- und Vernetzungszusammenhänge ist der Kern einer am Leitbild nachhaltiger Entwicklung orientierten Umweltethik" (118). Das damit gemeinte Retinitätsprinzip wird im Folgenden ausgeführt (119-122) und als zusätzliches Grundprinzip christlicher Sozialethik eingebracht: „Um die ethische Problematik der Mensch-Natur-Beziehung in der technologischen Zivilisation zu kennzeichnen, bedarf es also eines offenen und zugleich umfassenden Leitbegriffs. Dazu ist es notwendig, die bisherigen, auf den zwischenmenschlichen und soziostrukturellen Bereich ausgerichteten Grundprinzipien der christlichen Sozialethik (Personalität, Gemeinwohl, Solidarität, Subsidiarität) um das Retinitätsprinzip zu ergänzen" (122).

2.3.3.5 Verlautbarungen von Johannes Paul II.

Bereits in seiner ersten Enzyklika *Redemptor hominis* (1979) nimmt Johannes Paul II. Bezug auf die Hintergründe der ökologischen Krise: „Wir scheinen uns heute wohl der Tatsache mehr bewußt zu sein, daß die Nutzung der Erde, jenes Planeten, auf dem wir leben, eine vernünftige und gerechte Planung erfordert. Gleichzeitig aber bewirken diese Nutzung zu wirtschaftlichen und sogar militärischen Zwecken, diese unkontrollierte Entwicklung der Technik, die nicht eingeordnet ist in einen Gesamtplan eines wirklich menschenwürdigen Fortschrittes, oft eine Bedrohung der natürlichen Umgebung des Menschen, sie entfremden ihn in seiner Beziehung zur Natur, sie trennen ihn von ihr ab. Der Mensch scheint oft keine andere Bedeutung seiner natürlichen Umwelt wahrzunehmen, als allein jene, die den Zwecken eines unmittelbaren Gebrauchs und Verbrauchs dient. Dagegen war es der Wille des Schöpfers, daß der Mensch der Natur als »Herr« und besonnener und weiser »Hüter« und nicht als »Ausbeuter«und skrupelloser »Zerstörer« gegenübertritt" (RH 15). Und weiter führt Johannes Paul II. aus: „Indem sie den Menschen selbstverursachten Spannungen aussetzen, in beschleunigtem Tempo die Reserven an Grundmaterien und Energie vergeuden und den geophysischen Lebensraum schädigen, bewirken sie, daß sich die Zonen des Elends mit ihrer Last an Angst, Enttäuschung und Bitterkeit unaufhörlich weiter ausdehnen" (RH 16). Damit bezieht sich der Papst explizit auf die enge Verbindung zwischen sozialen und ökologischen Problemen und sieht die Ursache in der ökologischen Krise in einem defizitären Naturverständnis.

In seiner Enzyklika *Sollicitudo rei socialis* (1987) geht er ein auf die „Sorge für die Umwelt" (SRS 26) und auf die Gefahren der Umweltverschmutzung (SRS 34).

Mit dem *Friedenswort* zum Jahr 1990[121] sieht der Papst den Weltfrieden „auch durch den Mangel an gebührender Rücksicht auf die Natur, durch das Plündern natürlicher Ressourcen und durch einen fortschreitenden Verlust an Lebensqualität" gefährdet. (Nr. 1). Dabei argumentiert der Papst in Hinblick auf die Schöpfungsverantwortung (Nr. 3-5) und beurteilt die ökologische Krise als ein moralisches Problem (Nr. 6-7), wobei er hierfür vor allem einen mangelnden Respekt vor dem Leben ins Treffen führt: „Die tiefsten und ernstesten Anzeichen der moralischen Implikationen des ökologischen Problems ist ein Mangel an Respekt vor dem Leben, der sich in vielen Mustern der Umweltverschmutzung zeigt. Oftmals siegen die Produktionsinteressen über die Sorge um die Würde der Arbeiter, während wirtschaftliche Interessen sich durchsetzen gegenüber dem Wohl des Einzelnen und sogar ganzer Völker. In diesen Fällen ist die Verschmutzung oder Zerstörung der Umwelt ein Ergebnis einer unnatürlichen und beschränkten Sichtweise, die bei Zeiten zu einer echten Menschenverachtung führt" (Nr. 7). Zur Lösung der Krise bedarf es einer neuen internationalen Solidarität (Nr. 10), die aber gleichzeitig die nationale Verantwortung nicht aufhebt und vor allem einer Änderung des Lebensstils moderner Gesellschaften erforderlich macht (Nr. 13).

In der Enzyklika *Centesimus annus* (1991) konstatiert Johannes Paul II. neben der sinnlosen Zerstörung der natürlichen Umwelt auch noch die schwerwiegendere Zerstörung der menschlichen Umwelt und fordert für die Wahrung der moralischen Bedingungen eine glaubwürdige Humanökologie (CA 38). Dem Staat spricht der Papst die entscheidende Verantwortung bei der Bewahrung der natürlichen und menschlichen Umwelt zu (CA 40), womit auch eine Begrenzung des Marktes einhergeht.

Johannes Paul II. spricht demnach deutlich die ökologische Krise an und verbindet sie inhaltlich mit gesellschaftlichen Entwicklungen. Als Ursache für die ökologische Krise benennt er ein defizitäres Naturverständnis, welches in einer Entfremdung des Menschen von der Natur gründet. Während er im *Friedenswort* vor allem individualethisch argumentiert und von einer moralischen Krise und einer notwendigen Begrenzung des Lebensstils in modernen Gesellschaften spricht, betont er in *Centesimus annus* die Rolle des Staates bei der Bewahrung der Umwelt. Johannes Paul II. argumentiert also sowohl individual- als auch sozialethisch und betont die Zielgerichtetheit ökonomischer Prozesse auf menschliche Bedürfnisse hin.

2.3.3.6 Das Österreichische Sozialwort

Das *Sozialwort* wurde nach vierjährigen Vorarbeiten und Konsultationen im Jahr 2003 der Öffentlichkeit vorgestellt.[122] Es beinhaltet eine gemeinsame Stellungnahme der 14 christlichen Kirchen in Österreich zu gesellschaftlichen Themen und

---

[121] Die ökologische Krise. Eine gemeinsame Verantwortung. Botschaft Seiner Heiligkeit Papst Johannes Paul II. zur Feier des Weltfriedenstages 1. Januar 1990.

[122] Ökumenischer Rat der Kirchen in Österreich (Hg.), Sozialwort des Ökumenischen Rates der Kirchen in Österreich, Wien 2003.

widmet sich im achten Kapitel unter dem Titel „Zukunftsfähigkeit: Verantwortung in der Schöpfung" dem Leitbild der Nachhaltigkeit. Nachhaltigkeit wird dabei vor allem als Gerechtigkeitsthema entfaltet, wobei die Verantwortung für die Schädigung der Lebensgrundlagen in erster Linie den Industrieländern zugerechnet wird (288). Als Prinzip soll Nachhaltigkeit dabei zu einer Neukonzeption des Wirtschaftens beitragen, welche der Lebensqualität einen Vorrang gegen über der Erhöhung der Produktion und des Konsums einräumt (289-290). Angesprochen werden dabei sowohl die Politik (291-294) als auch Unternehmen (295) und Konsumenten (296). Die Aufgabe für die Kirchen besteht dabei in der Pflege und Verankerung einer Spiritualität der Schöpfung (298) und der Vermittlung einer Schöpfungsverantwortung durch Bildung (299) ebenso wie in einem praktischen Engagement für eine nachhaltige Entwicklung (300-303). Auf gesellschaftlicher Ebene soll das Prinzip Nachhaltigkeit durch Politik, Unternehmen, gesellschaftliche Gruppierungen und Medien in Handlungsstrategien und Entscheidungsprozessen verankert werden (304-308).

Das *Sozialwort* rezipiert das Leitbild der Nachhaltigkeit als eigenständiges Prinzip einer umfassenden Schöpfungsverantwortung. Auch hier wird die Verwobenheit sozialer und ökologischer Problemstellungen erkannt. Die Ursachen der ökologischen Krise werden jedoch weniger in einer individualethischen, sondern mehr in einer sozialethischen Perspektive gesehen. Die menschliche Verantwortung gegenüber der Schöpfung bezieht sich auf die Gestaltung von Wirtschaft und Gesellschaft (286), Nachhaltigkeit bedeutet den „Einsatz für gerechte Lebensbedingungen und einen schonenden Umgang mit der Natur" (289).

2.3.3.7 Das Kompendium der Soziallehre der Kirche

Das im Jahr 2004 erschienene *Kompendium der Soziallehre der Kirche*[123] widmet sich im zehnten Kapitel unter dem Titel „Die Umwelt bewahren" der ökologischen Krise und kann als die derzeit aktuellste Stellungnahme des kirchlichen Lehramtes gelten. Insofern lohnt sich ein etwas ausführlicherer Blick auf die dabei vertretenen Positionen. Das Kapitel beginnt mit biblischen Aspekten: die Fundament des Gottesvolks ist die lebendige Erfahrung der Gegenwart Gottes in der Geschichte (451). Dabei werden Welt und Natur nicht als feindliches Umfeld oder Übel begriffen, sondern als Geschenk Gottes. Als prägend für die menschliche Identität ist dabei die Beziehung des Menschen zur Welt zu verstehen, die in der noch tieferen Beziehung des Menschen zu Gott grundgelegt ist (452). Auch das endgültige Heil der Menschheit vollzieht sich nicht außerhalb dieser Welt (453), wobei nicht nur das Innere des Menschen geheilt wird, sondern seine ganze Leiblichkeit ebenso von der Erlöserkraft Christi berührt wird wie die gesamte Schöpfung (455). Diese biblische Sichtweise ist letztlich auch die Hauptinspiration für Christen hinsichtlich ihrer Einstellung zur Nutzung der Erdegüter sowie zur Entwicklung von Wissenschaft und Technik (456). Die technischen Errungenschaften werden – auch in

---

[123] Päpstlicher Rat für Gerechtigkeit und Friede, Kompendium der Soziallehre der Kirche, Freiburg i. B. 2006.

ihrer Anwendung in Umwelt und Landwirtschaft – grundsätzlich positiv gewürdigt (457-458), wobei die Achtung vor dem Menschen der zentrale Bezugspunkt einer jeden wissenschaftlichen und technischen Anwendung ist, die mit einer Haltung gebührenden Respekts vor den anderen lebendigen Geschöpfen einhergehen muss (459).

Die ökologische Krise wird als eine Krise in der Beziehung zwischen Mensch und Umwelt begriffen. Neben der irrigen Annahme, dass Energie und natürliche Ressourcen in unbegrenztem Umfang verfügbar oder erneuerbar sind und dass die schädlichen Folgen ökologischer Eingriffe problemlos zu beheben seien, kritisiert das Dokument, dass sich eine defizitäre Sichtweise etabliert hat, welche die natürliche Welt durch eine mechanistische und die Entwicklung durch eine konsumistische Brille betrachtet und dem Tun und Haben ein Vorrang vor dem Sein eingeräumt wird (462). Der Hinweis, dass dies „schwere Formen menschlicher Entfremdung" zur Folge hat, wird als Kritik an einer szientistischen und technokratischen Ideologie entfaltet.

Natur darf dabei weder Objekt von Manipulation und Ausbeutung noch verabsolutiert und in ihrer Würde über die menschliche Person gestellt werden (463). Damit werden auch ökologische Bewegungen kritisiert, die einer „Vergöttlichung" der Natur oder der Erde ins Wort reden und dieser Auffassung ein international anerkanntes institutionelles Profil zu geben versuchen. Das Lehramt wendet sich gegen ein öko- und biozentrisches Umweltverständnis, welches die Aufhebung der Unterschiede zwischen Menschen und anderen Lebewesen aufhebt und die Biosphäre zu einer wertundifferenzierten biotischen Einheit macht. Dem gegenüber betont das Kompendium, dass dem Menschen die Verantwortung für die Bewahrung der Umwelt zukommt (465). Umweltschutz stellt schließlich eine Herausforderung für die gesamte Menschheit dar. Auf das gemeinschaftliche Gut zu achten stellt eine gemeinsame und allumfassende Pflicht dar, vor allem auch in Hinblick auf das Wohlergehen der künftigen Generationen (466). Diese Verpflichtung wird auch auf die kommenden Generationen ausgedehnt: „Es handelt sich um eine Verantwortung, die die gegenwärtigen und künftigen Generationen übernehmen müssen", wobei auch Staaten und internationale Organisationen eine Rolle zu spielen haben (467). Eine konkrete Ausgestaltung dieser Verantwortung hat dabei auf juristischer Basis zu erfolgen. Dabei sind von der internationalen Gemeinschaft einheitliche Regeln zu erarbeiten, wobei auch explizit die Sanktionierbarkeit dieser Regeln eingefordert wird (468). Für den Fall widersprüchlicher wissenschaftlicher Informationen zu umweltrelevanten Sachverhalten hat das „Prinzip der Vorsicht" zu gelten, nicht verstanden als Regel, sondern als Orientierung für Situationen der Unsicherheit (469). Eine auf diesem Prinzip aufbauende „Politik der Vorsicht" hat dabei die Risiken und Vorteile aller in Frage kommenden Alternativen zu prüfen, was auch beinhaltet, in speziellen Fällen gar keine Maßnahmen zu ergreifen.

Wirtschaftliche Aktivitäten müssen stets die „Unversehrtheit und die Rhythmen der Natur"[124] achten, wobei festgestellt wird, dass eine die Umwelt respektierende

---

[124] Vgl. SRS 26.

Wirtschaft „nicht ausschließlich das Ziel der Gewinnmaximierung verfolgen [kann, Anm. KG], denn der Umweltschutz kann nicht nur auf der Grundlage einer finanziellen Kostennutzenrechnung gewährleistet werden" (470).

Relativ breiten Raum innerhalb des Kapitels zur Krise in der Beziehung zwischen Mensch und Umwelt nehmen Fragen zur Nutzung der Biotechnologie ein (472-480). Dabei wird festgehalten, dass die christliche Sicht der Schöpfung ein positives Urteil bezüglich der Zulässigkeit menschlicher Eingriffe in die Natur einschließlich der anderen Lebewesen beinhaltet, gleichzeitig aber an das Verantwortungsgefühl appelliert (473). Darüber hinaus ist die Anwendung der Biotechnologie am Gemeinwohl auszurichten (478-479).

Eindringlich wird auch darauf hingewiesen, dass die Güter der Erde von Gott geschaffen sind und von allen mit Weisheit zu nutzen sind, was beinhaltet, dass diese Güter nach den Kriterien der Gerechtigkeit und der Liebe in angemessener Weise zu teilen sind (481). Dieses Prinzip der allgemeinen Bestimmung der Güter stellt demnach auch die moralische und kulturelle Grundlage zur Lösung der in der Verknüpfung von ökologischer Krise und Armut sichtbar werdenden Herausforderungen (482). Überwunden können die schwerwiegenden ökologischen Probleme letztlich nur mit einer wirkungsvollen Mentalitätsänderung, die zur Entwicklung von Lebensstilen führt, welche den Menschen von der Logik des reinen Konsums befreien und Wirtschaftsweisen fördern, die die Schöpfungsordnung respektieren und die vorrangigen Bedürfnisse aller befriedigen (486).

2.3.3.8 Zusammenfassung

Die Analyse kirchlicher Verlautbarungen im Kontext der ökologischen Herausforderungen zeigt vor allem zweierlei: erstens wurde erkannt, dass die Menschheit gesamt gesehen die ökologische Tragfähigkeit bereits überlastet und die Zukunftsfähigkeit menschlichen Lebens massiv bedroht. Auf globaler Ebene besteht sowohl hinsichtlich der Verteilung der Ressourcen als auch der Verteilung der ökologischen Lasten eine eklatante Asymmetrie auf Kosten der Mehrheit der Menschen in den armen Ländern der Erde. Dabei wird auch erkannt, dass eine ausschließliche Neuverteilung der Ressourcenaneignung keine Lösung darstellt, sondern ein generelles Umdenken zur Lösung dieser ökologischen Krise erforderlich ist. Dementsprechend spielt in den Dokumenten die Frage des Verzichts und der Selbstbegrenzung eine zentrale Rolle. Das betrifft sowohl die Änderung des individuellen Lebensstils und Konsumverhaltens als auch die Dynamik globaler politischer und wirtschaftlicher Prozesse.

Zweitens betonen die Dokumente die Verflechtung ökonomischer, ökologischer und sozialer Themenfelder. Eine isolierte Betrachtung der einzelnen Bereiche wird der Brisanz und Komplexität der globalen Herausforderungen nicht gerecht und greift auf jeden Fall zu kurz. Der Lebensstil und das Konsumverhalten eines Teiles der Menschheit hat Auswirkungen auf die ökologischen und sozialen Rahmenbedingungen des anderen Teils der Menschheit und verstärkt den Druck auf gemeinsame Besorgnis erregende Entwicklungen wie den Klimawandel oder globale Migrationsprozesse. Insofern verorten die kirchlichen Verlautbarungen singuläre

Krisenszenarien in globalen Zusammenhängen, gleichzeitig warnen sie aber auch vor einer einseitigen Überbetonung einzelner Interessen. Dass ökologische, ökonomische und soziale Interessen in Konflikt geraten und es letzten Endes auch zu Abwägungen und Prioritätsentscheidungen kommen muss, ist den Dokumenten nicht fremd. Oberstes Ziel ist deshalb die Achtung der menschlichen Würde und die Wahrung der Lebenschancen zukünftiger Generationen.

Umso mehr überrascht es, dass eine explizite Auseinandersetzung mit dem Nachhaltigkeitsdiskurs in den Dokumenten der kirchlichen Sozialverkündigung über weite Strecken nicht erfolgt. Während das Nachhaltigkeitsthema in *De iustitia in mundo* (1971) bereits ein Jahr vor dem Erscheinen des Buches Die *Grenzen des Wachstums* (1972) und vor dem die Nachhaltigkeitsdiskussion initiierenden Brundtlandbericht der Weltkommission für Umwelt und Entwicklung (1987) inhaltlich vorweggenommen wird und auf der Konferenz des Weltkirchenrates in Bukarest (1974) ebenso wie auf der ersten Ökumenischen Europäischen Versammlung in Basel (1989) die Anliegen einer nachhaltigen Entwicklung breit entfaltet werden, erfährt der Begriff der Nachhaltigkeit im Bereich der katholischen Lehrverkündigung in den darauf folgenden Jahren keine nennenswerte Erwähnung. Erst mit dem *Wort des Rates der Evangelischen Kirche in Deutschland und der Deutschen Bischofskonferenz zur wirtschaftlichen und sozialen Lage in Deutschland* (1997) und der Erklärung der deutschen Bischöfe *Handeln für die Zukunft der Schöpfung* (1998) wird Nachhaltigkeit als Leitbild im Rahmen der katholischen Sozialverkün- digung wieder aufgenommen. Darüber hinaus bleibt insgesamt gesehen Ökologie eher ein Randthema der kirchlichen Sozialverkündigung während die Frage des Sozialen demgegenüber eindeutig dominiert. Bezüglich der Ursachen dieser nachgeordneten Behandlung ökologischer Themen bedarf es weiterer Forschungsarbeit. Dennoch ergeben sich inhaltlich einige Anschlussstellen an den Nachhaltigkeitsdiskurs: die Überlastung der Biosphäre und die damit einhergehende Bedrohung für die Menschheit wird ebenso erkannt wie die ungleiche Verteilung der Ressourcen und Lebenschancen. Ein Gegensteuern wird sowohl auf der individuellen wie auch auf der institutionellen Ebene gefordert, zumal die Interdependenz zwischen ökologischen, ökonomischen und sozialen Fragestellungen betont wird und sich damit eine Anschlussstelle an das in der Nachhaltigkeitsdiskussion vorherrschende Drei-Säulen-Modell nahe legt. Auch in Hinblick auf Zielkonflikte zwischen diesen drei Themenfeldern betonen die kirchlichen Dokumente die Achtung der menschlichen Würde und die Wahrung der Lebenschancen für zukünftige Generationen als obersten Leitsatz. So kann das Leitbild der nachhaltigen Entwicklung durchaus als anschlussfähig an die christliche Sozialverkündigung bezeichnet werden, auch wenn der Terminus Nachhaltigkeit als solcher in der Sozialverkündigung nicht durchgängig verwendet wird.

2.3.4   Die Diskussion über Nachhaltigkeit in der Sozialethik

Ethik beschreibt eine „präskriptive Handlungslehre, deren Ziel es ist, moralische Forderungen an Personen oder Institutionen in methodischer Weise aufzustellen und zu begründen".[125] Bis weit in die 80er Jahre des 20. Jahrhunderts erfährt jedoch die Reflexion des Verhältnisses zwischen Natur und Gesellschaft auch in den Grundlagen- und Einführungstexten christlicher Sozialethik kaum Berücksichtigung. Diese weitgehende Ausblendung der Natur bei den Grundlegungs- und Selbstverständigungsversuchen christlicher Sozialethik erstaunt umso mehr, als „dieses Fach aufgrund seiner fundamentalethischen Naturrechtstradition zumindest über ein semantisches Feld verfügt, auf dem die Belange des ‚Naturalen' Berücksichtigung finden könnten".[126] Höhn vermutet gar, dass gerade die Obsoletheit des klassischen Naturrechtsdenkens angesichts moderner Metaphysikkritik jenen Autoren die Hinwendung zu umweltethischen Themen erschwert hat, die sich um ein an Gegenwartsfragen interessierte Sozialethik bemüht haben.[127]

Einen wesentlichen Beitrag zur Thematisierung des Mensch-Natur-Verhältnis im Rahmen der christlichen Sozialethik lieferte Alfons Auer. Als Ursache für die ökologische Krise benennt Auer die dualistische Gegenüberstellung von Mensch und Natur als Subjekt und Objekt, wobei er auch die Gefahr eines am ökonomischen Nutzen orientierten Naturverständnisses ins Bewusstsein rückt: „Wo sich Mensch als Subjekt und Natur als von ihm isoliertes Objekt gegenüberstehen, gewinnt der Weg der naturwissenschaftlichen Erkenntnis und der technischen Beherrschung der Natur ein immer stärkeres Gefälle auf weitest mögliche Nutzung der ökonomischen Rationalität".[128] Die Sonderstellung des Menschen in der Schöpfung verortet Auer im Verstehen, Bewahren und sinnvollen Weiterentwicklung allen Nicht-menschlich-Existierenden, welches als Geschaffenes über einen Eigenwert verfügt, der sich nicht in seinem Nutzen für den Menschen erschöpft.[129] Auer hält zwar am Verständnis einer Anthropozentrik der Welt fest, unterwirft es aber einer Revision dahingehend, dass „alles menschliche Handeln von Vernünftigkeit und Verantwortlichkeit geprägt sein muss und sich der Beliebigkeit willkürlicher Verfügung entzieht".[130] Von daher entwickelt er eine Mensch-Natur-Beziehung, in welcher sich der Mensch als Glied, Mitte und Herr der Natur findet, die jedoch nicht nur in der Freiheit zur Gestaltung und zum sinnvollen Gebrauch, sondern auch in der Freiheit zum Verzicht auf die Welt gründet.[131] „Ohne die Freiheit zum Verzicht kann der Mensch sich nicht von der Natur absetzen, um zum Eigentlichen seiner Selbst zu kommen ... Nur wer sich den Dingen gegenüber as-

---

[125] Heeg A., Ethische Verantwortung in der globalisierten Ökonomie, Frankfurt am Main 2002, S. 21.

[126] Höhn H.-J., Ökologische Sozialethik. Grundlagen und Perspektiven, Paderborn 2001, S. 21-22.

[127] Ebda., S. 22.

[128] Auer A. Umweltethik. Ein theologischer Beitrag zur ökologischen Diskussion, Düsseldorf 1984, S. 51.

[129] Ebda., S. 55; vgl. auch Vogt M., Das neue Sozialprinzip „Nachhaltigkeit" als Antwort auf die ökologische Herausforderung, in: Handbuch der Wirtschaftsethik, Bd. 1, Gütersloh 1999, S. 244 ff.

[130] Ebda., S. 56.

[131] Ebda., S. 56 ff.

ketisch zu verhalten vermag, kann als Person und als Glied der Gemeinschaft zu sinnvoller Entfaltung und Fruchtbarkeit kommen."[132] Die nichtmenschliche Schöpfung ist dem Menschen demnach nicht nur als Existenzgrundlage gegeben. Im Bewahren und kreativen Gestalten der nichtmenschlichen Schöpfung kommt dem Menschen als Sachwalter Gottes eine Verantwortung zu, die letztlich im Nachdenken über den individuellen Lebensstil und die gesellschaftlichen Prozesse ihre Entsprechung findet.

Damit wird auch klar, dass das Gelingen menschlichen Lebens in Gemeinschaft nicht nur vom Verhältnis zwischen Personen und Personengruppen, sondern auch vom Verhältnis zwischen Mensch und Natur abhängt. Mit seinem 1989 eingeführten Leitgedanken der „Retinität" beschreibt Wilhelm Korff die methodische Grundlage einer ökologischen Sozialethik, welche die soziale und ökonomische Entwicklung der menschlichen Zivilisation so ausgestaltet, „dass das Netzwerk der sie tragenden ökologischen Regelkreise erhalten bleibt".[133] Retinität bezieht sich auf die Vernetztheit (lat. *rete* = Netz) menschlicher Entwicklungsprozesse mit nicht nur ökonomischen und sozialen, sondern – und vor allem – auch mit ökologischen Prozessen.[134] Das Gelingen menschlichen Lebens in Gemeinschaft ist damit aufs Engste mit den Funktions- und Regelmechanismen natürlicher Prozesse verwoben. Ökonomische und soziale Prozesse wirken auf natürliche Kreisläufe ein und werden gleichzeitig von diesen getragen. Eine sich damit herausbildende Umweltethik versteht sich jedoch nicht als spezifische Bereichsethik neben Wirtschafts-, Gesellschafts- oder Technikethik, sondern erweist sich als eine eigenständige und den jeweiligen Bereichsethiken vorgängige Implikation. Übertragen auf die Sozialethik bedeutet das eine Integration ökologischer Fragestellungen in alle Bereiche gesellschaftlicher Gestaltungsprozesse.

In den letzten Jahren erfuhr die ökologische Frage eine zunehmende Berücksichtigung in der sozialethischen Debatte.[135] Auf der Theorieebene stellt sich eine so ergänzte ökologische Sozialethik der Frage nach der inhaltlichen Ausgestaltung und theoretischen Rückbindung der Sozialethik an ökologische Herausforderun-

---

[132] Ebda., S. 63.

[133] Vogt M., Natürliche Ressourcen und intergenerationelle Gerechtigkeit, in: Heimbach-Steins M. (Hg.), Christliche Sozialethik, Bd. 2, Regensburg 2005, S. 140 f.

[134] Vgl. Korff W., Leitideen verantworteter Technik, in: Stimmen der Zeit (1989), S. 253-266.

[135] Vgl. Münk H. J., Umweltverantwortung und christliche Theologie, in: Heimbach-Steins M. u.a. (Hg.), Brennpunkt Sozialethik, Freiburg i. B. 1995, S. 385-402; ders., Gottes Anspruch und die ökologische Verantwortung des Menschen. Gott, Mensch und Natur in neuen Beiträgen zum Schöpfungsverständnis und die Frage einer umweltgerechten Grundkonzeption, in: Arntz K., Schallenberg P. (Hg.), Ethik zwischen Anspruch und Zuspruch. Gottesfrage und Menschenbild in der katholischen Moraltheologie, Freiburg 1996; ders., Bewahrung der Schöpfung als Grundauftrag einer nachhaltigen Entwicklung, in: Hilpert K., Hasenhüttl G. (Hg.), Schöpfung und Selbstorganisation, Paderborn 1999, S. 226-242; Halter H., Lochbühler W. (Red.), Ökologische Theologie und Ethik I-II, Graz 1999; Vogt M., Das neue Sozialprinzip „Nachhaltigkeit" als Antwort auf die ökologische Herausforderung, in: Korff W. u. a. (Hg.), Handbuch der Wirtschaftsethik, Bd. 1, Gütersloh 1999, S. 237-257.

gen, während sie auf der praktischen Ebene den gesellschaftlichen Einfluss auf
Ökosysteme und den gesellschaftlichen Umgang mit ökologischen Phänomenen
behandelt. Dabei werden soziale und ökologische Themenbereiche als aufeinander bezogen verstanden, auch aus der Erkenntnis heraus, dass die Abkopplung
der sozial-ökonomischen Entwicklung von den sozial-ökologischen Entwicklungs-
bedingungen eine, wenn nicht *die* zentrale Ursache für die gegenwärtige ökologische Krise darstellt. Was heute als ökologische Krise wahrgenommen wird (Klimaerwärmung, Ressourcenschwund, Verringerung der Biodiversität ...) lässt sich
aus diesem Blickwinkel als die Folge einer gesellschaftlichen Entwicklung ausweisen, welche die Vernetztheit ökologischer, ökonomischer und sozialer Prozesse
nicht ausreichend berücksichtigt hat.

Insbesondere das Verhältnis zwischen Ökonomie einerseits und Ökologie und
Sozialem andererseits tritt dabei ins Blickfeld wirtschaftsethischer Untersuchungen. Dass ökonomische Prozesse keinen Selbstzweck darstellen, sondern das
Gelingen gesellschaftlichen Zusammenlebens zum Ziel haben müssen, ist eine
unhintergehbare Kernforderung christlicher Sozialethik. Ökonomischen Auswüch-
sen, welche Mensch und Natur gleichermaßen bedrohen, wird eine klare Absage
erteilt. Wirtschaftsethik bezeichnet die wissenschaftliche Reflexion des gesellschaftlichen Teilbereichs Wirtschaft und beschäftigt sich mit der Frage, welche
Form des Wirtschaftens dem Ziel der Ethik – also dem Menschen – entspricht. Die
Achtung und Förderung der menschlichen Würde wird damit zur zentralen Anfrage
an wirtschaftliche Vorgänge und Regelprozesse.[136] Im Rahmen der christlichen
Sozialethik bilden die Sozialprinzipien Personprinzip, Solidaritätsprinzip, Subsidiaritätsprinzip, Gemeinwohlprinzip – und neuerdings auch das Nachhaltigkeitsprinzip
– die Leitlinien einer am Menschen orientierte Wirtschaft. Dabei darf der Mensch
nicht zu einem Produktionsfaktor verkommen, da er ja im kantschen Sinne
schließlich nicht nur Mittel, sondern vor allem Zwecke des Wirtschaftens ist.[137]
Das bedeutet nicht nur, dass diejenigen Güter und Dienstleistungen von der Wirtschaft bereitzustellen sind, die dem Menschen ein würdevolles Überleben sichern
sollen, sondern auch, dass Wirtschaftsprozesse als solche der Würde des Menschen entsprechen müssen (Personprinzip). Eine am Menschen orientierte Wirtschaft verteilt auch die Früchte und Lasten wirtschaftlicher Kooperation auf gerechte Weise (Solidaritätsprinzip) und verhindert wirtschaftliche Machtkonzentrationen (Subsidiaritätsprinzip). Ziel menschenwürdigen Wirtschaftens ist letztlich das
Wohl aller Menschen (Gemeinwohlprinzip), was auch das Wohl der zukünftigen
Generationen und die Aufrechterhaltung ökologischer Ressourcen und Prozesse
beinhaltet (Nachhaltigkeitsprinzip).

Sowohl das Verhältnis zwischen Mensch und Natur als auch die enge Vernetztheit ökologischer, ökonomischer und sozialer Funktions- und Regelmechanismen erweisen sich somit als zentrale Herausforderungen für die Sozialethik.
Die prinzipielle Verfügbarkeit ökologischer Ressourcen bedarf dabei der Reflexion

---

[136] Vgl. GS 63.

[137] Kant I., Grundlegung zur Metaphysik der Sitten, Stuttgart 1998, S. 429.

in Hinblick auf die Zukunftsfähigkeit menschlichen Zusammenlebens. Für die Wirtschaftsethik als solche bedeutet das die Klärung des Verhältnisses zwischen Ökologie und Ökonomie.

2.4   Ökologie und Wirtschaft: zeitgenössische und philosophische Zugänge

Für die Wirtschaftsethik ist es nicht unerheblich, an wen die Forderungen gerechten Wirtschaftens adressiert werden. In der wissenschaftlichen Diskussion der
letzten Jahre haben sich dabei zwei Strömungen entwickelt, welche einerseits das
Individuum und andererseits die Institutionen in den Mittelpunkt ethischer Reflexion stellen. Dabei können entweder einzelne Handlungen dahingehend untersucht
werden, welchen Beitrag sie zu gerechten Wirtschaftsprozessen und -formen leisten oder Institutionen unter dem Blickwinkel der Voraussetzungen gelingenden
menschlichen Zusammenlebens analysiert werden. Diese als Individual- und Insti-
tutionenethik bezeichneten wirtschaftsethischen Ausrichtungen sind auch im Kontext nachhaltigen Wirtschaftens von zentraler Bedeutung und sollen im Folgenden
anhand der Positionen von Peter Ulrich und Karl Homann einer Bewertung unterzogen werden. Dabei muss aus Platzgründen auf eine umfassende Wiedergabe
der jeweiligen Ansätze verzichtet werden, es sollen hier lediglich die für die Fragestellung nach individualistischer oder institutioneller Verortung der Ethik zentralen
Aspekte erarbeitet werden.[138]

2.4.1   Integrative Wirtschaftsethik bei Peter Ulrich

Peter Ulrich orientiert sich am gegenwärtigen ökonomischen Mainstream und di-
agnostiziert in der Moderne einen ökonomischen Rationalisierungsprozess, in dem
die ethische Vernunft in Konflikt mit einer ökonomischen „Sachlogik" getreten ist.
Möglich ist das, weil sich die gegenwärtig vorherrschende ökonomische Funktionslogik auf eine wertfreie und reine – und nach Ulrich damit verkürzte – Wirtschaftstheorie beruft, die scheinbar ohne Ethik auskommen kann. Für die moderne Gesellschaft bedeutet dies die „Herausdifferenzierung eines relativ verselb-
ständigten ökonomischen Systems"[139] mit eigener Funktionslogik und -rationalität,
welche eine ökonomische Vernunft hervorbringt, die in besonderer Weise durch
die Ausgrenzung aller nicht rein funktionalen Rationalitätsaspekte – und hier eben
auch der Ethik – charakterisiert ist. Letztlich läuft das jedoch auf eine Trennung
zwischen „wertfreier Wirtschaftswissenschaft" und „(außerwissenschaftlicher?)

---

[138]   Sehr ausführlich beschreibt diese Ansätze Gerlach J., Ethik und Wirtschaftstheorie. Modelle
ökonomischer Wirtschaftsethik in theologischer Analyse, Gütersloh 2002.

[139]   Ulrich P., Wirtschaftsethik auf der Suche nach der verlorenen ökonomischen Vernunft, in: derselbe (Hg.), Auf der Suche nach einer modernen Wirtschaftsethik, St. Gallener Beiträge zur
Wirtschaftsethik, Bd. 4, Bern 1990, S. 179.

Ethik" hinaus.[140] Dass ethische Kriterien im Rahmen einer solchen marktwirt-schaftlichen Wettbewerbsordnung tatsächlich eine Rolle spielen können, wird von Ökonomen unter Hinweis auf die sich aus der Marktlogik ergebenden Zwänge mehrheitlich abgelehnt.

Dem gegenüber positioniert Ulrich seinen Ansatz einer integrativen Wirt-schaftsethik, welche eine „ethisch vernünftige Orientierung im politischen-ökonomischen Denken" ermöglicht.[141] Als integrativ versteht Ulrich seinen Ansatz deshalb, weil die Ethik der ökonomischen Sachlogik schon immer vorgängig und inhärent ist. Die Ökonomie ist demnach an die außerökonomischen Vorausset-zungen der Lebenswelt verwiesen, auf die sie gleichzeitig zurückwirkt.[142] Das Ziel der integrativen Wirtschaftsethik ist es, diesen Sachverhalt sichtbar zu machen, damit Wirtschaft wieder ihrem Ziel der Lebensdienlichkeit entspricht.[143] Für Ulrich ist damit auch ein Vorrang der Ethik gegeben: *„Die Normativität ist in der ökono-mischen Sachlogik immer schon drin – es gilt sie daher im ökonomischen Denken aufzudecken und im Lichte ethischer Vernunft zu reflektieren."*[144] Ulrich hinterfragt den ökonomischen Determinismus dahingehend, ob dieser tatsächlich einen Sachzwang oder nur einen Denkzwang beinhaltet. Er bezweifelt nicht, dass es Sachzwänge des Wettbewerbs gibt, sieht diese jedoch im individuellen Einkom-mens- und Gewinninteresse grundgelegt.[145] „Es herrscht also im Markt weniger ein objektiver Zwang *zur* Gewinnmaximierung als vielmehr der *wechselseitige* Zwang der Wirtschaftssubjekte *durch* ihr je privates Einkommens- oder Ge-winnstreben. Erst unter der ideologisch vorausgesetzten *Norm* der strikten Ein-kommens- und Gewinn*maximierung* wird es für die Wirtschaftssubjekte gänzlich ‚unmöglich', auf *andere* normative Gesichtspunkte, etwa solche der Human-, So-zial- und Umweltverträglichkeit ihres Handelns, Rücksicht zu nehmen."[146] Ethisch relevant werden diese Einkommens- und Gewinninteressen, wenn sie mit den mo-ralischen Rechten anderer kollidieren.

Für Ulrich obliegt es demnach den Individuen – also uns – Einkommens- und Gewinninteressen nur bis zu jenem Punkt zu maximieren, der die Lebensbedin-gungen und -chancen anderer Menschen nicht in einer Weise beeinträchtigt, dass für diese ein erfülltes Leben in Würde unmöglich wird. Dies leuchtet ein am Bei-spiel eines Kaufmannes, allerdings sind moderne Wirtschaftstrukturen ungleich komplexer. Aber auch beim Manager eines Großkonzerns verhält es sich ähnlich,

---

[140] Heeg A., Ethische Verantwortung in der globalisierten Ökonomie, Frankfurt am Main 2002, S. 76.

[141] Ulrich P., Integrative Wirtschaftsethik, S. 13.

[142] Ulrich bezieht sich hier auf die Diskursethik im Sinne Habermas'.

[143] Ebda.

[144] Ulrich P., Integrative Wirtschaftsethik. Grundlagen einer lebensdienlichen Ökonomie, Bern 1997, S. 13 (Kursivsetzungen im Original).

[145] Ulrich P., Der entzauberte Markt. Eine wirtschaftsethische Orientierung, Freiburg 2002, S. 37-39.

[146] Ebda., S. 37.

da er ja seinen Preis als Manager – und damit sein Einkommen – dadurch in die
Höhe treibt, dass er den Gewinn des Unternehmens maximiert. Zudem sind die
Gehälter von Top-Managern zunehmend an die Aktienkursentwicklung des Unternehmens gekoppelt, was diese Verhaltensweise verstärkt. Auch Investoren versuchen ihren Gewinn dadurch zu maximieren, dass sie in Unternehmen investieren,
welche besonders hohe Gewinne versprechen – auch wenn diese Gewinne mit
Produkten und Methoden erzielt werde, die sozial schädlich und Umwelt zerstö-
rend sind. Nicht ein vom „Markt" verursachter Zwang zur Gewinnmaximierung ist
demnach das zentrale Problem, tatsächlich handelt es sich nach Ulrich dabei um
die Frage der Zumutbarkeit individueller Selbstbeschränkung. „Das vermeintlich
empirische Problem der Unmöglichkeit moralischen Handelns unter Wettbewerbsbedingungen entpuppt sich so als das normative Problem der situativen *Zumutbarkeit* moralisch begründeten Gewinn- oder Einkommensverzichts …".[147] Ein so
angesprochener Verzicht von Seiten der Wirtschaftsakteure widerspricht jedoch
nicht automatisch den berechtigten Ansprüchen Dritter (Mitarbeiter, Kunden …),
da jeder Akteur auch einen berechtigten Anspruch auf Selbstbehauptung im Wettbewerb hat. Allerdings kommt es dabei wesentlich auf die „… wechselseitige Achtung der moralischen Rechte von Akteuren und Betroffenen und die Bereitschaft
zur entsprechenden Selbstbegrenzung der eigenen Ansprüche an".[148] Für Ulrich
hat diese moralische Selbstbegrenzung eine wichtige ordnungspolitische Dimension, wonach die Deregulierung der Märkte und die Intensivierung des Wettbewerbs die Selbstbehauptung der Akteure forciert und ihre Fähigkeit und Bereitschaft zur individuellen Selbstbegrenzung zunehmend untergräbt. Damit kritisiert
Ulrich die neoliberale Forderung nach mehr Markt, welche durch Marktderegulie-
rung und Wettbewerbsintensivierung die Bürger nicht etwa von Sachzwängen befreit, sondern sie vielmehr diesen unterwirft.[149]

Eine Grundaufgabe integrativer Wirtschaftsethik ist deshalb auch die gesellschaftliche Verortung einer Moral des Wirtschaftens.[150] Hier unterscheidet Ulrich
als erstes die Ebene der Wirtschaftsbürger. Diese sollen als politische, wirtschaftliche und private Akteure ihr Handeln an moralischen Gesichtspunkten ausrichten.
Ihr Handeln, aber auch ihre Fähigkeit, wirtschaftliche Prozesse mitzugestalten unterliegt demnach moralischen Ansprüchen. Als zweite Ebene nennt der eine im
nationalen und internationalen Kontext verankerte Rahmenordnung, welche den
„Primat der Politik vor der Logik des Marktes" durchsetzen soll.[151]

Für Ulrich ist klar, dass es ergänzend zur individuellen Moral einer das Wirt-
schaftswesen regulierenden Ordnung bedarf, welche sich am Gemeinwohl orientiert und auch in der Lage ist, Verstöße gegen diese Ordnung zu sanktionieren.

---

[147]   Ebda., S. 37-38.

[148]   Ebda., S. 38.

[149]   Ebda., S. 39.

[150]   Gerlach J., Ethik und Wirtschaftstheorie, Modelle ökonomischer Wirtschaftsethik in theologi-
        scher Analyse, Gütersloh 2002, S. 189.

[151]   Ulrich P., Integrative Wirtschaftsethik, S. 334.

Schließlich bezieht sich die dritte Ebene auf eine Unternehmensordnung, welche das Gewinnprinzip anerkennt, aber dem öffentlichen Interesse unterstellt ist. Adressaten dieser Unternehmensordnung sind die Unternehmen selbst, die damit als gesellschaftliche Akteure anerkannt und in die Pflicht genommen werden. Ulrich betont die Komplexität gesellschaftlicher, ökologischer, politischer und wirtschaftlicher Prozesse. Moral kann deshalb weder ausschließlich individuell noch ausschließlich institutionell verortet sein.

2.4.2 Ökonomik als Ethik mit anderen Mitteln bei Karl Homann

Für Karl Homann muss eine moderne und zeitgemäße Wirtschaftsethik einen Beitrag für die Bewältigung der Herausforderungen gesellschaftlichen Zusammenlebens leisten. Die traditionelle Ethik ist dazu nicht mehr in der Lage. In Anlehnung an Niklas Luhmanns Systemtheorie erkennt er in den gesellschaftlichen Subsystemen eine historische Entwicklung der funktionalen Ausdifferenzierung gesellschaftlicher Teilbereiche zur effizienten Bearbeitung spezifischer Probleme. Die moralischen Normen einzelner Akteure kollidieren dabei mit den Funktions- und Regellogiken der Subsysteme und sind ungeeignet, wenn es darum geht, komplexe gesellschaftliche Problemstellungen zu lösen.

Die traditionelle Ethik lehnt Homann konsequent ab, weil sie individualethisch konzipiert ist und auf die Beeinflussung der Motivation der Akteure abzielt. In modernen Gesellschaften zeigt dies jedoch keine Wirkung mehr, da die jeweiligen Subsysteme auf spezifischen Funktionslogiken basieren, in denen moralische Appelle wirkungslos bleiben. Bezogen auf das Subsystem Wirtschaft bedeutet das für Homann: „Moral kann nicht gegen die Wirtschaft, sondern nur in ihr und durch sie geltend gemacht werden".[152] Insofern übernimmt also die Ökonomik die Aufgaben der Ethik, da Handlungen von Akteuren in komplexen Systemen nicht mehr durch die unmittelbare Beeinflussung und Motivierung gesteuert werden können, sondern nur noch durch Regeln, insbesondere durch Anreize. Nach Homann muss deshalb die Wirtschaftsethik bei der Beschreibung und Lösung moralischer Konflikte die ökonomische Methode übernehmen.[153] Ökonomik ist demnach „Ethik mit anderen Mitteln".[154]

Für die Ökonomik als Ethik ist dabei kennzeichnend, dass die Gültigkeit moralischer Normen nicht durch deren Begründbarkeit, sondern durch ihre Durchsetzbarkeit erfolgt.[155] „In der Wirtschaftsethik geht es dann *nicht mehr* um die *nach-*

---

[152] Homann K., Bloom-Drees F., Wirtschaftsethik und Unternehmensethik, Göttingen 1992, S. 19.

[153] Homann K., Sinn und Grenze der ökonomischen Methode in der Wirtschaftsethik, in: Aufderheide D., Dabrowski M. (Hg.), Wirtschaftsethik und Moralökonomik. Normen, soziale Ordnung und der Beitrag der Ökonomik, Berlin 1997, S. 81.

[154] Homann K., Ethik und Ökonomik. Zur Theoriestrategie der Wirtschaftsethik, in: ders. (Hg.), Wirtschaftsethische Perspektiven I, Berlin 1994, S. 13 ff.

[155] Homann K., Wirtschaftsethik. Die Funktion der Moral in der modernen Wirtschaft, in: Wieland J. (Hg.), Wirtschaftsethik und Theorie der Gesellschaft, Frankfurt 1993, S. 37.

trägliche Durchsetzung des vorher als ethisch richtig Erkannten durch Recht und Ordnungspolitik. Es geht vielmehr um die Frage, ob sich ein allseits gewünschtes Regelsystem *in einem Ausmaß institutionell stabilisieren lässt, dass es normativ in Geltung gesetzt werden kann.*"[156] Diese Durchsetzbarkeit der Normen ergibt sich für Homann durch strukturelle Anreize, die Akteure dazu veranlassen, aus Interesse und Vorteilsüberlegungen zu handeln und eben nicht auf der Basis moralischer Intentionen. Ethik wird dabei im Wesentlichen zu einer Anreizethik, welche die Intentionen der Moral aufnimmt und sie in Vor- und Nachteilskalküle sowie Anreizstrukturen „übersetzt".[157] Die Verortung der Moral in der Wirtschaft erfolgt für Homann demnach in der rechtlichen Rahmenordnung. Ethik ist in diesem Sinne wesentlich Ordnungsethik. Homann verdeutlicht das an der Unterscheidung von Spielregeln und Spielzügen: das Handeln von Akteuren in komplexen und anonymen großgesellschaftlichen Strukturen kann nicht dadurch beeinflusst werden, dass man an die Akteure appelliert, ihre Spielzüge (Handlungen) zu verändern, sondern nur durch die Vorgabe klarer Spielregeln (Restriktionen).

Homann ist einer der prominentesten zeitgenössischen Vertreter einer ökonomischen Theorie der Moral, wonach moralische Normen als „Kurzfassungen langer ökonomischer Kalkulationen"[158] zu interpretieren sind. Zentrale Bedeutung hat dabei das Verhaltensmodell des *homo oeconomicus*, des sich „perfekt ökonomisch-zweckrational verhaltenden Menschen".[159] Für Homann wird damit erst die „Erklärung und Gestaltung von Interaktionen in Dilemmastrukturen"[160] möglich, wonach jeder Akteur in Entscheidungssituationen seinen erwarteten Nutzen unter Restriktionen maximiert. „Unbändiges Vorteilstreben bildet den Kern aller Moral – und sogar des christlichen Liebesgebotes".[161] Der *homo oeconomicus* stellt für ihn ein „problemorientiertes Konstrukt zu Zwecken positiver Theoriebildung dar", wofür Homann auch eine gewisse Realitätsnähe beansprucht, die sich jedoch nicht auf die (sozial-) psychologische Ausstattung des Menschen, sondern vielmehr auf die Situation, in der die Menschen agieren, und die von dieser Situation ausgehenden Handlungsanreize bezieht. Homann führt auch explizit aus, dass sich Menschen nicht *ausschließlich* vorteilsorientiert verhalten, sondern lediglich in Dilemmasitua-

---

[156]   Homann K., Sinn und Grenze der ökonomischen Methode in der Wirtschaftsethik, in: Aufderheide D., Dabrowski M. (Hg.), Wirtschaftsethik und Moralökonomik. Normen, soziale Ordnung und der Beitrag der Ökonomik, Berlin 1997, S. 16.

[157]   Gerlach J., Ethik und Wirtschaftstheorie, Modelle ökonomischer Wirtschaftsethik in theologischer Analyse, Gütersloh 2002, S. 223.

[158]   Homann K., Sinn und Grenze der ökonomischen Methode in der Wirtschaftsethik, in: Aufderheide D., Dabrowski M. (Hg.), Wirtschaftsethik und Moralökonomik. Normen, soziale Ordnung und der Beitrag der Ökonomik, Berlin 1997, S. 34.

[159]   Anzenbacher A., Christliche Sozialethik. Einführung und Prinzipien, Paderborn 1998, S. 38.

[160]   Homann K., Sinn und Grenze der ökonomischen Methode in der Wirtschaftsethik, in: Aufderheide D., Dabrowski M. (Hg.), Wirtschaftsethik und Moralökonomik. Normen, soziale Ordnung und der Beitrag der Ökonomik, Berlin 1997, S. 22.

[161]   Ebda. S. 37.

tionen vorteilsorientiert handeln, weil sie sonst befürchten müssen, von anderen Akteuren übervorteilt zu werden.[162]

Besonders am Verständnis des *homo oeconomicus* lässt sich aber auch die Problematik des homannschen Ansatzes verdeutlichen. Als rein methodische Annahme ist der Hinweis, dass der Mensch nur aus Vorteilskalkül handelt, durchaus heuristisch wichtig zur Analyse institutioneller Arrangements.[163] Da Homann damit aber letztlich auch das tatsächliche Verhalten von Menschen in gesellschaftlichen Prozessen beschreibt, setzt er eine empirische Annahme voraus, die zumindest fragwürdig ist.[164] Auch wenn Homann mit dem *homo oeconomicus* kein explizites Menschenbild vorgeben will[165] – faktisch setzt er damit eines. Der Mensch handelt nun einmal nicht nur aus Vorteilskalkül, sondern kennt auch andere Antriebsstrukturen wie Liebe oder Mitleid. Natürlich kann auch altruistisches Handeln im Kontext eines generellen Nutzenkalküls verortet sein – beispielsweise weil man sich nach einer guten Tat wohl fühlt – aber damit ist noch lange nicht das gesamte Spektrum menschlicher Antriebsstrukturen vollständig beschrieben. Auch wenn Menschen nutzenorientiert handeln, heißt das noch lange nicht, dass damit ausschließlich der *Eigen*nutzen gemeint ist. Welcher Nutzen konkret mit menschlichem Handeln erreicht werden soll, hängt von den Zielen der Akteure ab, die wiederum aufgrund höherer Ziele gewählt werden können, die schließlich in letzten und höchsten Zielen münden. Diese Letztziele sind Ausdruck weltanschaulicher und damit auch religiöser Grundorientierungen, welche das Handeln von Menschen und darüber hinaus ihren gesamten Lebensvollzug maßgeblich prägen. Da Homann diese Fragen unberücksichtigt lässt und damit die Grenzen seines Modell nicht eindeutig benennt, unterliegt er einem „Kurzschluß vom Modell auf die Wirklichkeit, das heißt der direkten Identifikation von methodischen und empirischen Annahmen".[166] Diesem Kurzschluss unterliegt auch die Annahme Homanns, dass – die von ihm übrigens als Individualethik nur unzureichend beschriebene – traditionelle Ethik ihr Ablaufdatum erreicht hat und deshalb eine Neubestimmung des Verhältnisses von Ethik und Wirtschaft in der Weise vorzunehmen ist, dass Ethik sich nur im Rahmen der Ökonomik durchsetzen lässt. Für Homann gibt es keine von der Ökonomik unterscheidbare moderne Ethik, sie wird von der Ökonomik „assimiliert" und die Ökonomik übernimmt alle Aufgaben der Ethik.[167] Eine eigenständige Ethik als ein Gegenüber der Ökonomik gibt es bei Homann nicht.

---

[162] Ebda. S. 18.

[163] Gerlach J., Das Zuordnungsverhältnis von Ethik und Ökonomik als Grundproblem der Wirtschaftsethik, in: Handbuch der Wirtschaftsethik, Band 1, Gütersloh 1999, S. 846.

[164] Ebda.

[165] Homann K., Bloom-Drees F., Wirtschaftsethik und Unternehmensethik, Göttingen 1992, S. 92.

[166] Gerlach J., Ethik und Wirtschaftstheorie, Modelle ökonomischer Wirtschaftsethik in theologischer Analyse, Gütersloh 2002, S. 248.

[167] Gerlach J., Das Zuordnungsverhältnis von Ethik und Ökonomik als Grundproblem der Wirtschaftsethik, in: Handbuch der Wirtschaftsethik, Band 1, Gütersloh 1999, S. 848.

2.4.3 Die Auswirkung des jeweiligen Verständnisse auf das Leitbild nachhaltiger Entwicklung

Die Ansätze von Peter Ulrich und Karl Homann zeichnen ein Bild von der Breite wirtschaftsethischer Ansätze. Zwar nehmen beide Autoren den ökonomischen Mainstream als Ausgangspunkt ihrer Analyse, wobei Homann in der neuen Institutionenökonomik Buchanan'scher Prägung den entscheidenden Referenzrahmen seiner Überlegungen sieht und Ulrichs Auseinandersetzung mit der Ökonomik sich vor allem auf die Klassik und Neoklassik bezieht. Demnach sind es bei Homann in erster Linie *Kooperations*probleme, mit denen sich die Ökonomie zu beschäftigen hat, während Ökonomie für Ulrich in erster Linie Schauplatz der Allokation knapper Güter und Ressourcen ist, wobei vor allem *Koordinations*probleme und damit die Frage der Abstimmung unzähliger Produktions- und Tauschprozesse im Rahmen einer arbeitsteiligen Wirtschaft mit dem Ziel effizienter Resultate im Mittelpunkt stehen.

Diese unterschiedliche Sichtweise von Ökonomie hat in Hinblick auf die Beurteilung des Verhältnisses von Ethik und Ökonomik eine signifikante Auswirkung: während für Homann die Ökonomie einen ausdifferenzierten gesellschaftlichen Funktionsbereich mit eigenen Gesetzen und Regellogiken darstellt und Ethik deshalb nur in die Sprache der Ökonomik übersetzt durchsetzbar ist – was aber letztlich die Ethik der ökonomischen Logik unterordnet –, herrscht bei Ulrich das Bild einer in die außerökonomischen und lebensweltlichen Voraussetzungen „eingebetteten" Ökonomie vor, die immer schon dem Primat der Ethik unterliegt. Während also Homann eine Ethik mit anderen – nämlich wirtschaftswissenschaftlichen – Mitteln im Blick hat, geht es Ulrich in seiner Wirtschaftsethik um die Kritik der „reinen" ökonomischen Vernunft und um die Orientierung an einer Idee des *„vernünftigen Wirtschaftens aus lebenspraktischer Sicht"*.[168] Während Wirtschaftsethik bei Karl Homann damit zutreffend als „Moralökonomik" bezeichnet werden kann, innerhalb derer die Wirtschaftstheorie die methodologische Basis der Wirtschaftsethik bietet, vertritt Peter Ulrich das Konzept einer Integration der Wirtschaftstheorie *in* die Ethik.

Für die am Leitbild einer nachhaltigen Entwicklung orientierte Fragestellung dieser Arbeit lassen sich aus diesen beiden Ansätzen vor allem zwei zentrale Unterscheidungen herausarbeiten. Zum ersten gibt es zwei sehr unterschiedliche Verstehensweisen des Verhältnisses von Ethik und Ökonomik. Homann lehnt einen Vorrang der Ethik ab, Ulrich fordert diesen konsequent ein. Während Homann ethische Zielsetzungen am besten innerhalb der ökonomischen Funktionslogik für durchsetzbar hält, fordert Ulrich eine Revision der Marktlogik im Lichte einer am gelingenden Leben orientierten Ethik. Übertragen auf die Nachhaltigkeitsdebatte würde das homannsche Konzept die Durchsetzbarkeit des Leitbildes der nachhaltigen Entwicklung von der Funktionslogik des Marktes abhängig machen. Nachhaltigkeit müsste demnach vor allem einen Nutzen abwerfen, andererseits würde sie sich nicht durchsetzen können. Umgekehrt würde das bedeuten, dass sich alle

---

[168] Ulrich P., Der entzauberte Markt. Eine wirtschaftsethische Orientierung, Freiburg 2002, S. 27.

Nachhaltigkeitspostulate, die auch gleichzeitig einen Verzicht oder zumindest eine Selbstbeschränkung implizieren, keine Chance auf Durchsetzung haben. Im Sinne des Ansatzes von Ulrich hingegen würden die Funktionslogiken des Marktes dahin gehend korrigiert, dass sie die Umsetzung des Leitbildes der Nachhaltigkeit unterstützen. Eine am Leitbild gelingenden gegenwärtigen wie zukünftigen Lebens orientierte Ethik würde demnach die wirtschaftliche Ordnung und Regellogik unter dem Aspekt nachhaltiger Wirtschaftsweisen reorganisieren und damit die Ökonomik neu ausrichten.

Eine zweite Unterscheidung lässt sich festmachen: zwar lassen beide Konzepte sowohl individualethische als auch institutionenethische Aspekte erkennen, aber das Homannsche Konzept ist im Wesentlichen institutionsethisch geprägt, wo hingegen das Konzept von Ulrich stark individualethische Züge aufweist. Der Ort der Moral in der Wirtschaft ist bei Homann die am Akteursnutzen ausgerichtete Rahmenordnung, während es bei Ulrich neben einer dem Primat der Ethik unterstellten Rahmenordnung und einer am Gemeinwohl orientierten Unternehmensethik vor allem der an moralischen Gesichtspunkten ausgerichtete Wirtschaftsbürger ist, der mit Selbstbegrenzung unter dem Anspruch eines gelingenden Lebens politisch, wirtschaftlich und privat agiert. Die Position Ulrichs kommt dem Leitbild nachhaltiger Entwicklung – und damit der Möglichkeit, Nachhaltigkeit in ökonomische Prozesse zu integrieren – dabei wesentlich näher, da vor allem eine mit Nachhaltigkeitsaspekten ausgestattete Ordnungspolitik auf die prinzipielle Zustimmung und Akzeptanz der wirtschaftlichen Akteure angewiesen ist. Eine am Leitbild der Nachhaltigkeit orientierte Rahmenordnung wäre im Homannschen Sinne nur schwer vorstellbar, da diese mit der Selbstbegrenzung und damit mit einem Nutzenverzicht der Akteure einhergehen würde und Homann dies mit Hinweis auf die Schädlichkeit nicht-nutzenorientierten und moralisch motivierten Handelns der Akteure ablehnt. Mehr noch: langfristige Gewinnmaximierung gilt bei Homann nicht nur als Privileg, sondern als „sittliche Pflicht"[169] und moralische Intentionen werden nur dadurch erreicht, indem das durch den Wettbewerb initiierte Gewinnstreben der Solidarität aller dient.[170] Einseitige moralisch motivierte „Sonderleistungen" einzelner Akteure können ruinöse Folgen haben und es wäre höchst fraglich, wie unter diesen Umständen der „reinen und durchgängigen theoretischen wie faktischen Annahme des Eigeninteresses" eine normative Gestaltung der Ordnungsebene gelingen kann.[171]

Für die Sozialethik ergeben sich daraus interessante Bezugspunkte. Auch in der kirchlichen Sozialverkündigung werden sowohl die Menschen als einzelne als auch die gesellschaftliche Institutionen mit der Forderung nach einer Umsetzung menschenwürdiger Wirtschaftsweisen konfrontiert. Einerseits ist das Individuum

---

[169] Homann K., Ethik und Ökonomik. Zur Theoriestrategie der Wirtschaftsethik, in: ders. (Hg.), Wirtschaftsethische Perspektiven I, Berlin 1994, S. 14.

[170] Gerlach J., Ethik und Wirtschaftstheorie, Modelle ökonomischer Wirtschaftsethik in theologischer Analyse, Gütersloh 2002, S. 224.

[171] Ebda. S. 249.

aufgerufen, seinen eigenen Lebensstil und seine Konsumgewohnheiten zu über-
denken, andererseits sind gesellschaftliche Institutionen wie Politik und Wirtschaft
angehalten, ökonomische Prozesse am Gelingen menschlichen Lebens zu orientieren. Für eine christliche Sozialethik gilt daher das bereits eingangs erwähnte:
Individual- und Sozialethik sind eng aufeinander bezogen und eine einseitige Ver-
kürzung verkennt die Komplexität ökologischer, ökonomischer und sozialer Prozesse (vgl. 2.3.1.). So wie Rahmenordnungen und gesetzliche Regelungen auf
ihre demokratische Legitimierung – und damit auf die Zustimmung der Individuen
– angewiesen sind, sind individuelle Entscheidungen und Handlungen immer im
Kontext gesellschaftlicher Arrangements verortet. Diese gegenseitige Verwiesen-
heit kommt auch bei Peter Ulrich klar zum Ausdruck. Während für Karl Homann
der systematische Ort der Moral in der Marktwirtschaft allein die Rahmenordnung
ist und sich Moral und Wettbewerb paradigmatisch in direktem Widerspruch gegenüberstehen,[172] verweist Peter Ulrich auf drei Ebenen der Verortung von Moral:
die Ebene des Wirtschaftsbürgers, die Ebene des Unternehmens und die Ebene
der Rahmenordnung. Dies entspricht auch den Vorstellungen der christlichen Sozialethik, die moralisches Handeln auf allen gesellschaftlichen Ebenen fordert und
die Verantwortung des Menschen für das Gelingen menschlichen Zusammenlebens nicht in gesellschaftliche Teilbereiche auslagert.

---

[172] Homann K., Marktwirtschaft und Unternehmensethik, in: Forum für Philosophie Bad Homburg
       (Hg.), Markt und Moral. Die Diskussion um die Unternehmensethik, Bern 1994, S. 111.

3   Wirtschaft gestalten

Die Menschheit – als Gesamtheit betrachtet – lebt auf zu „großem Fuß". Der Öko-logische Fußabdruck zeigt, dass wir seit Jahrzehnten mehr an ökologischen Res-sourcen verbrauchen, als das Ökosystem in der Lage ist zu reproduzieren.[173] Der-zeit beträgt dieser Faktor 1,2. Mit anderen Worten: für die Menge an Ressourcen, die wir pro Jahr weltweit verbrauchen, benötigt das Ökosystem zur Regenerierung 1,2 Jahre. Durchschnittlich werden weltweit pro Person 2,2 Hektar zur Aufrechter-haltung des gegenwärtigen Lebensstandards benötigt, die verfügbare Biokapazität beträgt jedoch nur 1,8 Hektar pro Person. Eine detaillierte Analyse nationaler öko-logischer Fußabdrücke indes belegt, dass der übermäßige Ressourcenverbrauch vor allem in den Industrieländern erfolgt: während die USA 9,6 Hektar (Biokapazi-tät: 4,7 Hektar), Deutschland 4,4 Hektar (Biokapazität 1,8 Hektar) sowie Öster-reich 4,7 Hektar (Biokapazität 3,5 Hektar) benötigen, sind es in Bangladesh ledig-lich 0,5 Hektar (Biokapazität 0,3 Hektar) und in Somalia gar nur 0,2 Hektar (Bioka-pazität 0,7 Hektar). Unser Wohlstand basiert demnach auf einem übermäßigen und unverhältnismäßigen Ressourcenverbrauch, der vor allem zu Lasten der är-meren Länder erfolgt.

Die Überlastung der Tragfähigkeit des Ökosystems basiert dabei vor allem auf dem in den Industrieländern vorherrschenden Lebensstil und auf den Auswirkun-gen globaler Wirtschaftsprozesse. Dazu kommt, dass die Industrieländer nicht nur die Ressourcen und Waren vornehmlich von den ärmeren Ländern importieren, sondern dass sie veredelte Güter in alle Welt exportieren und damit sowohl einen Großteil der Wertschöpfung einbehalten als auch die ärmeren Ländern ökologisch mehr belasten.[174]

3.1   Initiativen zur Förderung nachhaltigen Wirtschaftens

Um diesen Trend entgegenzuwirken, ist eine grundsätzliche Revision unseres Le-bensstils und weltweiter Wirtschaftsprozesse erforderlich. Eine Umverteilung der ökologischen Ressourcen erweist sich dabei als zu kurz gegriffen: um die Tragfä-higkeit des Ökosystems in Zukunft zu sichern, bedarf es einer Gesamtreduktion des Ressourcenverbrauchs. Gleichzeitig muss den ärmeren Ländern der Welt je-doch die Chance eingeräumt werden, ihren Lebensstandard zu verbessern. Die Menschheit muss ihre Zukunft also so gestalten, dass die Bedürfnisse der gesam-ten Weltbevölkerung jetzt und auch in Zukunft auf eine Weise befriedigt werden, welche die Tragfähigkeit des Ökosystems nicht überlastet und darüber hinaus ge-

---

[173] Vgl. http://www.footprintnetwork.org/gfn_sub.php?content=footprint_overview (Abfrage am 4.10.2006).

[174] Wuppertal Institut für Klima, Umwelt, Energie (Hg.), Fair Future. Begrenzte Ressourcen und globale Gerechtigkeit, München 2005, S. 71.

genwärtig benachteiligten Bevölkerungsgruppen die Möglichkeit einräumt, ihre Lebenssituation zu verbessern. Mit dem Leitbild der nachhaltigen Entwicklung bietet sich ein so verstandenes Zukunftskonzept an. Es bedarf einer Ausrichtung unseres Lebensstil und unserer Wirtschaftsweise am Leitbild der Nachhaltigkeit, um Zukunft zu sichern. Das erfordert eine Veränderung und Gestaltung der Wirtschaft in Bezug auf ihre ökologischen und sozialen Auswirkungen.

In der wirtschaftsethischen Diskussion gibt es dafür unterschiedliche Ansätze. Während Karl Homann vor allem institutionenethisch argumentiert und den Ort der Moral in der Wirtschaft in der am Akteursnutzen ausgerichteten Rahmenordnung erkennt, unterscheidet Peter Ulrich die drei Ebenen der Rahmenordnung, der Unternehmen und der Wirtschaftsbürger. Ein rein institutionenethischer, die individualethische Ebene ausblendender Ansatz bleibt dabei unzureichend, vielmehr bedarf es im Interesse einer der Humanität dienenden Wirtschaft sowohl der Individual- als auch der Institutionenmoral.[175] Die Individualmoral ist nicht nur unverzichtbar, weil eine jeweilige Rahmenordnung ebenfalls Gegenstand der moralischen Beurteilung ist und damit der Zustimmung der Bürger bedarf. Darüber hinaus lehrt die Erfahrung, dass jede Rahmenordnung Lücken hat, die von einzelnen Akteuren auch ausgenützt werden, vor allem, wenn sie keine Sanktionen zu befürchten haben. Damit ist auch klar, dass „jede Ordnung zu ihrem Funktionieren vom sittlichen Bewusstsein der betroffenen Menschen im Prinzip bejaht und getragen sein muss. Vor allem muss das in der Rahmenordnung enthaltene moralisch Richtige von den Einzelnen *praktiziert* werden."[176] So erweist sich die Individualmoral zwar als unverzichtbar, aber auch an Grenzen stoßend. Aus der eigenen Erfahrung wissen wir um den Druck der vorherrschenden Meinung, gegen welche die eigene Überzeugung nur schwer durchzuhalten ist und es wäre auch realitätsfremd anzunehmen, dass moralische Argumente im wirtschaftlichen Alltag immer überzeugender sind als materielle Anreize. Darüber hinaus belohnt der „Markt" nicht diejenigen Akteure, die nachhaltig wirtschaften, sondern verdrängt sie. Nachhaltiges Wirtschaften gilt im gegenwärtigen Wirtschaftssystem eher als Wettbewerbsnachteil und nicht als Wettbewerbsvorteil.[177] Wem es gelingt, mehr Kosten zu externalisieren als seine – vielleicht nachhaltiger produzierenden – Mitbewerber, kann seine Produkte oder Dienstleistungen zu niedrigeren Preisen anbieten und damit seinen Marktanteil erhöhen. Die externalisierten Kosten hingegen (Emissionen, Sozialdumping, nichtnachhaltiger Ressourceneinsatz ...) werden der Allgemeinheit oder den jeweils Schwächeren aufgebürdet. Dabei erhöht sich der CO_2-Ausstoß weiter, natürliche Ressourcen werden zu Lasten künftiger Generationen verbraucht und niedrigere Sozialstandards in Entwicklungs- und Schwellenländern ausgenutzt. Dass die derzeitige Entwicklung keine zukunftsfähige ist, liegt auf der Hand.

---

[175] Zsifkovits V., Ethisch richtig denken und handeln, Wien 2005, S. 105-107.

[176] Ebda., S. 106.

[177] Scherhorn G., Markt und Wettbewerb unter dem Nachhaltigkeitsziel, in: Zeitschrift für Umweltpolitik und Umweltrecht, 2/2005, S. 135-154.

Mit der wirtschaftlichen Globalisierung gegen Ende des 20. Jahrhunderts änderten sich die gesellschaftlichen Rahmenbedingungen maßgeblich. Das Modell der Nationalökonomie, in welchem soziale und ökologische Konflikte innerhalb eines klar abgesteckten Ordnungsrahmens und auf der Basis des politischen Konsens abgehandelt wurden, büßt angesichts der grenzüberschreitenden Umweltszenarien und Sozialzusammenhänge viel von seiner Gestaltungskraft ein. Die zunehmende Komplexität wirtschaftlicher, sozialer, ökologischer und politischer Kooperationen überfordert die Staaten in ihrer Anpassungsfähigkeit gegenüber den neuen Verhältnissen und Gleichgewichten. Die globale ökonomische Verflechtung erzeugt zunehmend Interdependenzen, die Störanfälligkeit gesellschaftlicher und ökologischer Systeme nimmt dabei deutlich zu. Sowohl das Wirtschafts- als auch das Bevölkerungswachstum überspannen bereits die Tragfähigkeit des Ökosystems. Die weiter wachsende Weltbevölkerung beansprucht einen ebenfalls steigenden Lebensstandard, welche auf der Basis des traditionellen Wirtschaftswachstums und der in den Industrieländern vorherrschenden Konsummuster zwangsläufig auf einen steigenden Ressourcenverbrauch hinausläuft. Der Kampf um den Zugang und das Recht auf die Nutzung knapper werdenden natürlichen Ressourcen scheint in diesem Szenario eine logische Konsequenz zu sein. Die derzeit zu beobachtende Tendenz, einer sich ankündigenden Energieverknappung durch gigantische Staudammprojekte und einen Ausbaues der Kernenergie zu begegnen, erhöht die Wahrscheinlichkeit und Brisanz grenzüberschreitender Störungen und Konflikte.

Vor diesem Hintergrund stoßen nationalstaatliche Regulierungs- und Steuerungsprozesse an ihre Grenzen. Die dynamische und globale Entwicklung von Gesellschaft, Ökologie und Ökonomie bringt immer neue Konflikte und komplexe Wechselwirkungen mit sich, wodurch sich isoliertes nationalstaatliches Agieren und Reagieren zunehmend als unmöglich erweist, zumal der Umsatz multinationaler Unternehmen wie Exxon Mobile oder General Motors das Bruttosozialprodukt der meisten Staaten übersteigt. Mit den weit reichenden Devisen- und Handelsliberalisierungen der 90er-Jahre des 20. Jahrhunderts sind multinationale Unternehmen zu mächtigen Akteuren geworden, ihr Einfluss auf ökologische und soziale Prozesse übersteigt mittlerweile vielfach die Regulierungsfähigkeit nationaler und internationaler Institutionen.

Die voranschreitende Vernetzung und gleichzeitige Fragmentierung der Welt hat auch das Herausbilden neuer Akteure zur Folge. Dass sich die soziale Verantwortung der Wirtschaft nicht auf die Erhöhung des Profits beschränkt,[178] sondern die Wirtschaft einen Teilbereich des gesellschaftlichen Miteinanders bildet und dabei durchaus soziale und ökologische Implikationen zum Tragen kommen, ist eine Erkenntnis, die sich besonders zivilgesellschaftlichen Akteuren – insbesondere den Kirchen und den Nichtregierungsorganisationen (NGO's) – verdankt.

---

[178] „The social responsibility of business is to increase its profits" – vgl. den gleichnamigen Artikel von Ökonomie-Nobelpreisträger Milton Friedman im New York Times Magazin vom 13. September 1970.

Vor allem durch ihre verstärkte Einbindung in internationale Prozesse und Konferenzen (Rio 1992, Johannesburg 2002) wurde ein erhöhtes Problembewusstsein geschaffen und eine politische Debatte initiiert. NGO's übernehmen nicht mehr nur Kontroll- und Warnaufgaben, sondern werden zunehmend gestalterisch aktiv, indem sie Kampagnen und Initiativen umsetzen sowie politische und wirtschaftliche Akteure beraten. Sie vernetzen sich und gehen zu bestimmten Themenbereichen Koalitionen ein, um ihre Schlagkraft zu erhöhen.[179] NGO's verfügen dabei über den Vorteil, dass sie territorial nicht gebunden sind und ihre Aktionen durch den Einsatz moderner Kommunikationstechnologie – wie das Internet – gut koordinieren und kommunizieren können.

Der abnehmende Einfluss staatlicher Ordnungspolitik macht neue Formen der Gestaltung und Steuerung von Wirtschaft erforderlich. Möglichkeiten einer solchen Gestaltung und Steuerung wirtschaftlicher Vorgängen gibt es sowohl auf institutioneller als auch auf individueller Ebene.

3.1.1 Die Förderung verantwortlicher Wirtschaftsweisen auf institutioneller Ebene

Wirtschaftliche Akteure prägen zunehmend gesellschaftliche und ökologische Prozesse. Die Art und Weise, wie und mit welchen Mitteln Güter und Dienstleistungen produziert und in Umlauf gebracht werden, hat einen unmittelbaren Einfluss auf Gesellschaft und Umwelt. Die Wirtschaftsakteure selbst erweisen sich dabei im Allgemeinen nicht als Vorreiter eines sozial und ökologisch verantwortlichen Handelns, wenngleich sich mit dem Begriff der Corporate Social Responsibility (CSR) in den letzten Jahren ein Aktionsfeld etabliert hat, welches die Verantwortung von Unternehmen gegenüber Gesellschaft und Umwelt beschreibt.[180] Dabei werden die Unternehmen als „Corporate Citizens" verstanden, die „freiwillig nachhaltige soziale und ökologische Aktivitäten durchführen, die über das eigentliche betriebswirtschaftliche Handeln hinausgehen, um sich damit eine Daseinsberechtigung von der Gesellschaft zu verdienen."[181] Mit dem im Jahr 1999 vom UN-Generalsekretär Kofi Annan vorgestellten *Global Compact* wurde ein Projekt gestartet, welches Unternehmen und Institutionen zur Übernahme ökologischer und sozialer Prinzipien motivieren soll.[182] Die Unternehmen, die den Global Compact unterzeichnen, bekunden darin ihren Willen, bestimmte ökologische und soziale Mindeststandards einzuhalten. Konkret handelt es sich dabei um 10 Prinzipien,

---

[179] So zum Beispiel beim Protest gegen das Multilateral Agreement on Investment oder beim WTO-Gipfel in Seattle Ende 1999.

[180] Fetzer J., Die Verantwortung der Unternehmung. Eine wirtschaftsethische Rekonstruktion, Gütersloh 2004.

[181] Wieser C., „Corporate Social Responsibility" – Ethik, Kosmetik oder Strategie. Über die Relevanz der sozialen Verantwortung in der Strategischen Unternehmensführung, Wien 2005, S. 97.

[182] http://www.unglobalcompact.org.

welche die Bereiche Menschenrechte, Arbeitsstandards, Umwelt und Korruption umfassen.[183] Die Unternehmen sollen die Menschenrechte einhalten und im Rahmen ihrer Einflussmöglichkeiten fördern, sowie sicherstellen, nicht in Menschenrechtsverletzungen involviert zu sein. In Bezug auf Arbeitsstandards werden die Unternehmen aufgerufen, gewerkschaftliche Tätigkeiten anzuerkennen, Zwangsarbeit auszuschließen, an Bemühungen zur Abschaffung der Kinderarbeit beizutragen und Diskriminierungen zu vermeiden. Daneben sollen die unterzeichnenden Unternehmen gegenüber ökologischen Risiken eine vorsorgende Haltung einnehmen, sich für ein größeres Umweltbewusstsein engagieren und zur Entwicklung und Verbreitung umweltfreundlicher Technologien ermutigen. Mit dem letzten Prinzip schließlich bekunden die Unternehmen ihren Willen, sämtlichen Formen von Korruption – inklusive Erpressung und Bestechung – den Kampf anzusagen.

3451 Unterschriften wurden bis Ende des Jahres 2005 geleistet, ca. 2500 Unterschriften davon von Wirtschaftsunternehmen – darunter 47 Unternehmen aus Deutschland, 16 aus der Schweiz und fünf aus Österreich. Der *Global Compact* trägt sicherlich dazu bei, Unternehmen für ökologische und soziale Anliegen zu sensibilisieren, andererseits stößt er auf heftige Kritik, vor allem von Seiten der Nicht-Regierungsorganisationen, die darin den Versuch einer Umgehung von Zertifizierungen zur ökologischen und sozialen Verantwortlichkeit von Unternehmen sehen. So fällt beispielsweise auf, dass es sich bei den zehn Prinzipien um Themenbereiche handelt, die in den meisten Ländern der Erde ohnehin rechtlich verbindlich sind. Ein Zuwiderhandeln gegen die zehn Prinzipien käme demnach einer Gesetzesverletzung gleich. Darüber hinaus kann im Rahmen des *Global Compact* die Einhaltung der freiwilligen Selbstverpflichtung nicht überprüft werden. Die Unterzeichner sind zwar angehalten, einen jährlichen Bericht zu erstellen, dieser ist jedoch meist unverbindlich und bleibt manchmal sogar aus. Wie ernst es den Unternehmen hinsichtlich ihrer CSR-Aktivitäten tatsächlich ist, bleibt allgemein fraglich – die Unternehmen haben vor dem Hintergrund des teilweisen Auseinanderklaffens von CSR-Zusagen und tatsächlicher Wirtschaftspraxis auf jeden Fall mit einem Glaubwürdigkeitsproblem zu kämpfen. Trotz der zahlreichen, engagierten und ernst zu nehmenden unternehmerischen Ansätzen zur Förderung der CSR stellt sich für Kritiker die Frage, ob CSR nicht ein neues Marketinginstrument darstellt und Moral für ökonomische Zwecke instrumentalisiert wird.[184] Dass etwa die Deutsche Bank im Jahr 2004 über 70 Millionen Euro für Bildungs-, Sozial- und Kunstprojekte ausgegeben hat und im Jahr 2005 trotz Rekordgewinnes einen drastischen Stellenabbau verkündet hat, zeigt, dass unterschiedliche Vorstellungen von CSR im Raum stehen, deren Klärung bzw. Vermittlung dringend notwendig ist.

---

[183] Ursprünglich handelte es sich nur um 9 Prinzipien. Im Juni 2004 wurde der Global Compact um ein zehntes Prinzip, nämlich Antikorruptionsmaßnahmen, ergänzt.

[184] TAZ vom 27.4.2005, S. 13.

Dennoch: CSR stellt einen wichtigen Beitrag zur globalen Ausrichtung des Wirtschaftssystems am Leitbild der nachhaltigen Entwicklung dar, auch wenn von vielen Seiten Kritik am CSR-Konzept geübt wird. Wirtschaftsverbände betonen, dass Sozial- und Umweltbelange ohnehin ausreichenden gesetzlichen Regelungen unterworfen sind und CSR-Maßnahmen auf freiwilliger Basis zu erfolgen haben. Demgegenüber kritisieren NGO's, Gewerkschaften und Umweltverbände, dass die auf Freiwilligkeit und Unverbindlichkeit basierenden CSR-Maßnahmen im Konfliktfall einfach nicht eingehalten werden und es keine Sanktionsmöglichkeiten gibt.[185] Dass Unternehmen sich dabei strategisch verhalten und hinter ihren Bemühungen um ökologische und soziale Verantwortlichkeit eher Marketingkalkül als das Interesse an der Zukunft der Menschheit zu vermuten ist, kann nicht ausgeschlossen werden. Sachzwänge, Shareholder-Value und Wettbewerbsgründe werden oft angeführt, wenn es darum geht, nicht-nachhaltige Unternehmensstrategien zu rechtfertigen. Solange keine globale Wirtschaftsordnung in Aussicht ist, die wirtschaftliche Prozesse verbindlich und sanktionsfähig am Leitbild der nachhaltige Entwicklung festzumachen in der Lage ist, bedeutet das Einbinden von Unternehmen in globale Maßnahmen zur Förderung unternehmerischer Verantwortung – wie zum Beispiel der *Global Compact* dies tut – einen notwendigen Versuch zur Gestaltung von Wirtschaft auf globaler und politischer Ebene.

Dass es – besser früher als später – zu einer nachhaltigen Weltwirtschaftsordnung kommen muss, steht außer Zweifel. Derzeit scheitern solche Bemühungen jedoch vor allem am Widerstand multinationaler Unternehmen und nationaler Regierungen. Eine Veränderung der Weltwirtschaftsordnung wird zwar sowohl von den Industriestaaten als auch von den Schwellen- und Entwicklungsländern sowie von Unternehmensseite gefordert, jedoch mit je unterschiedlichen Zielrichtungen. Während vor allem von Seiten der Industrieländer und der Wirtschaft weit reichende Liberalisierungen der Handelsbeschränkungen für Exporte gefordert werden, sind protektionistische Maßnahmen zum Schutz nationaler Volkswirtschaften durchaus üblich. Schwellen- und Entwicklungsländer drängen auf den Abbau von Zöllen und Handelsbeschränkungen, lehnen aber nachhaltige Wirtschaftsweisen mit dem Hinweis auf ihre erst im Aufbau befindlichen Volkswirtschaften ab. „Das globale Kooperations- und Koordinierungsdilemma verstärkt die Logik der Macht-Konkurrenz: ‚geo-politisch' durch die Konfrontation der ‚großen Mächte' und den Zusammenbruch des staatlichen Gewaltmonopols in weiten Teilen der Welt zugunsten privatisierter, kommerzialisierter und ungesetzlicher Gewalt; ‚geo-ökonomisch' durch Handelskriege und soziale Unruhen aufgrund des Reich-Arm-Gefälles; ‚geo-ökologisch' durch den Kampf um die letzten Ressourcen aufgrund der Übernutzung der Gemein-Güter; ‚geo-kulturell' durch wachsenden Terror, der vielfach Kultur und Religion instrumentalisiert …".[186] Die Situation scheint verfah-

---

[185] Ankele K., Verantwortung als harter Wirtschaftsfaktor, in: Politische Ökologie 94, Werte schöpfen. Ideen für nachhaltiges Konsumieren und Produzieren, München 2005, S. 50-52.

[186] Kitzmüller E., Büchele H., Das Geld als Zauberstab und die Macht der internationalen Finanzmärkte, Wien 2004, S. 426.

ren und der Ruf nach einer supranationalen Ordnungsinstanz wird immer lauter. Gegenwärtig ist eine solche nicht in Sicht, doch die Förderung nachhaltiger Wirtschaftsweisen ist nicht nur von „oben", sondern auch von „unten" möglich.

3.1.2 Die Förderung verantwortlicher Wirtschaftsweisen auf individueller Ebene

Eine nachhaltige Weltwirtschaftsordnung ist längst überfällig, kommt aber derzeit über den Status eines engagierten Fachdiskurses nicht hinaus. Vor allem liegt das daran, dass ein globaler politischer Konsens in dieser Frage nicht in Sicht ist. Ordnungspolitische Maßnahmen sind aber nicht die einzige Möglichkeit, wirtschaftliche Prozesse zu beeinflussen. Auch Konsumenten können über ihr Nachfrageverhalten das Angebot steuern: sobald die Nachfrage nach einem bestimmten Produkt nachlässt, bemühen sich die Produzenten, das Produkt entweder an die Kundenwünsche anzupassen oder das Produkt überhaupt durch eines zu ersetzen, das den Bedürfnissen der Kunden mehr entspricht. Die Konsumenten verfügen damit über eine Möglichkeit zur Steuerung des Angebotes. Von einer Konsumentensouveränität ist dabei noch nicht die Rede, wohl aber von einer Konsumentenautorität, die sich von der Nachfragemacht der Konsumenten ableitet.[187] Egal, ob es sich um modische Accessoires oder Dinge des täglichen Gebrauchs handelt – sobald sich ein Produkt nicht mehr gut verkaufen lässt, analysieren die Produzenten die Ursachen für das gesunkene Kaufinteresse und reagieren darauf.

Für die so induzierte Steuerung des Angebots über die Nachfrage ist es dabei unerheblich, ob sich die Konsumentenwünsche aufgrund modischer, technischer oder sonstiger Prioritäten ändern. Insofern können es auch Gründe der Nachhaltigkeit sein, die das Konsumenteninteresse leiten. Die Nachfrage nach nachhaltig erzeugten oder Nachhaltigkeit fördernden Produkten bewirkt ein entsprechendes Angebot. Für ein Konzept des nachhaltigen Konsums lassen sich zumindest vier Voraussetzungen für eine erfolgreiche Umsetzung festhalten.[188] Zunächst ist die *kooperative Zusammenarbeit* der beteiligten Akteure (Wissenschaftler, Praktiker, Verbrauchervertreter, Unternehmen, Konsumenten) anzuführen, wobei die Akteure bemüht sein müssen, bestehende Gegensätze abzubauen und ihre Ziele durch das Verfolgen von win-win-Strategien zu erreichen. Daneben bedarf es für einen nachhaltigen Konsum eines *interdisziplinären Rahmens*, um der Komplexität sozialer, ökologischer und ökonomischer Prozesse gerecht zu werden. Die Überschneidung ökologischer, ökonomischer und sozialer Anliegen und Herausforderungen erfordert das Zusammenspiel gleich mehrerer Disziplinen und Fachrichtungen.

---

[187] Hansen U., Schrader U., Nachhaltiger Konsum – Leerformel oder Leitprinzip, in: dieselben (Hg.), Nachhaltiger Konsum. Forschung und Praxis im Dialog, Frankfurt/Main 2001, S. 17-45, hier: S. 20-21.

[188] Ebda., S. 38-42.

Darüber hinaus hat es sich in nachhaltigkeitsorientierten Forschungs- und Praxisprojekten als Ziel führend erwiesen, die Anschlussfähigkeit von Nachhaltigkeitskonzepten an die *Lebenswirklichkeit der Konsumenten* ernst zu nehmen. Ein von außen diktierter nachhaltiger Konsum, der die recht unterschiedlichen Lebensumstände der Konsumenten unberücksichtigt lässt, hat keine Erfolgschancen. Demgegenüber ist es erforderlich, die spezifischen Lebensumstände und sozialen Umfelder der Konsumenten zu analysieren und zu berücksichtigen. Schließlich bedarf das Konzept eines nachhaltigen Konsums der *Integration aller Nachhaltigkeitsdimensionen*, also der Einbeziehung sozialer, ökologischer und ökonomischer Aspekte nicht nur der am Prozess beteiligten Akteure, sondern auch der gegenwärtigen und zukünftigen Generationen.

Nachhaltiger Konsum ist längst keine Leerformel mehr, zumal mittlerweile auch erkannt wurde, dass „Konsumenten als Verursacher und Problemlöser gleichermaßen in der Verantwortung stehen".[189] Die Lebensstile in den Industrienationen verursachen nicht nur eine Verzerrung in der Nutzung natürlicher Ressourcen, sondern können auch bei entsprechenden Veränderung der Konsumgewohnheiten dazu beitragen, nachhaltige Konsumweisen und damit eine am Leitbild der Nachhaltigkeit orientierte Wirtschaftsweise bewirken. Nicht nur der anhaltende Trend zu Bioprodukten bestätigt dies, sondern auch zahlreiche Initiativen im Bereich des Boykotts von Produkten und Dienstleistungen. Auch hier haben NGO's eine bedeutsame Funktion inne und auch hier sind NGO's längst nicht nur die Aufdecker und Kommunikatoren nicht nachhaltiger Wirtschaftsaktivitäten, sondern auch die Gestalter nachhaltiger Wirtschaftsweisen.[190] Die Clean-Cloth-Campaign (CCC) bildet einen Zusammenschluss von über 300 NGO's, kirchlichen Einrichtungen, Gewerkschaften, Verbraucherschutzverbänden und vielen weiteren Akteuren, welche über enge Verbindungen zu Partnerorganisationen in Entwicklungs- und Schwellenländern verfügen. Als Reaktion auf die menschenunwürdigen Arbeitsbedingungen von Zulieferbetrieben der Textilhandelskette C&A 1990 in den Niederlanden gegründet, betreibt das Netzwerk heute in 12 europäischen Ländern zahlreiche Kampagnen und Boykottaufrufe. Die nationalen Plattformen agieren dabei unabhängig und koordinieren sich über das CCC-Sekretariat in Amsterdam. Ziel der Kampagne ist die Verbesserung der Arbeitsbedingungen der weltweit in der Bekleidungs- und Sportartikelindustrie beschäftigten Menschen. Zur Erreichung dieses Ziels werden Missstände aufgezeigt und Konsumenten informiert, aber auch Verhandlungen mit Unternehmen bezüglich der Verbesserung der Arbeitssituation geführt und die Vernetzung und Organisation der betroffenen Menschen in der Textilindustrie unterstützt. Konsumenten haben die Möglichkeit, sich an diesen Kampagnen zu beteiligen, entweder durch die Teilnahme an Protestaktionen oder durch bewusste und verantwortliche Konsumentscheidungen.

---

[189] Neuner M., Verantwortliches Konsumverhalten. Individuum und Institution, Berlin 2001, S. 548.

[190] Mach A., Macht der NGO über die Unternehmen: Druck, Partnerschaft, Evaluation, Genf 2002 (http://docs.kampagnenforum.ch/Akteure/NGO_NPO/Mach_Macht_NGO_Unternehmen.pdf, Abfrage am 05.11.2006).

Nachhaltiger Konsum kann eine Beeinflussung des Angebots jedoch nur erreichen, wenn die Anzahl nachhaltig agierender Konsumenten eine entsprechende „kritische Masse" erreicht. „Die relevanten Akteure sind letztlich wir selbst – als Konsumenten, als Geldanleger sowie als Berufstätige in Unternehmen, staatlichen, wissenschaftlichen oder sonstigen Institutionen, aber auch als Bürger und Wähler in einer Demokratie".[191]

Individuelles nachhaltiges Handeln umfasst eine ganze Reihe von Möglichkeiten, welche in Summe einen nachhaltigen Lebensstil beschreiben. Eine mit dem nachhaltigen Konsum verwandte Möglichkeit der Steuerung und Gestaltung wirtschaftlicher Prozesse ist die ethische oder nachhaltige Geldanlage – auch hier ist es das Ziel, durch eine Nachfrageverschiebung die Veränderung wirtschaftlicher Prozesse zu erreichen.

3.2 Die „nachhaltige Geldanlage" als Aktionsfeld ethischen Handelns

Das Spezifische bei der nachhaltigen Geldanlage ist die Berücksichtigung sozialer und ökologischer Kriterien bei der Auswahl und Erstellung von Geldanlageprodukten. Diese Kriterien beziehen sich auf die Art der hergestellten Produkte und angebotenen Dienstleistungen ebenso wie auf jene der mit der Güterproduktion oder mit der Dienstleistung einhergehenden Wirtschafts- und Produktionsformen. Damit wird auf die Tatsache Bezug genommen, dass die Veranlagung von Geldern nicht ethisch-neutral, sondern vielmehr ethisch höchst bedeutsam ist, da sie starken Einfluss auf die globalen Lebensbedingungen und Wirtschaftsweisen hat. Zwei Ausrichtungen der nachhaltigen Geldanlage sind dabei zu unterscheiden: einerseits geht es um die *Vermeidung* von sozial und ökologisch schädlichen Produkten und Wirtschaftsweisen, andererseits um die *Förderung* von Produkten und Wirtschaftsweisen, die sozial und ökologisch verträglich sind.

In diesem folgenden Abschnitt gilt es aufzuzeigen, welche Möglichkeiten es gibt, Nachhaltigkeit in die Vermögensanlage zu implementieren. Danach werde ich kurz beschreiben, wie die ethische bzw. nachhaltige Geldanlage ihren Anfang nahm und sich entwickelt hat sowie Gestaltungs- und Steuerungsmöglichkeiten der nachhaltigen Geldanlage aufzeigen. Zuerst möchte ich aber auf die begriffliche Problematik der „nachhaltigen Geldanlage" eingehen.

---

[191] Hansen U., Schrader U., Nachhaltiger Konsum – Leerformel oder Leitprinzip, in: dieselben (Hg.), Nachhaltiger Konsum. Forschung und Praxis im Dialog, Frankfurt/Main 2001, S. 17-45, hier: S. 42.

3.2.1   Begriffsklärung: ethische und nachhaltige Geldanlage

In der Praxis der Geldanlage erlangen alternative Formen der Geldanlage eine immer größere Bedeutung. Während bei der herkömmlichen Geldanlage Rendite, Liquidität und Sicherheit die alleinigen Anlagekriterien sind, geht es alternativen Formen der Geldanlage um die zusätzliche Berücksichtigung weiterer, vor allem sozialer und ökologischer Kriterien.[192] Eine klare inhaltliche Trennung zwischen ethischer, ökologischer, sozialverantwortlicher oder nachhaltiger Geldanlage – um nur einige gängige Bezeichnungen zu nennen – ist dabei nicht immer möglich. Zwar gibt es einerseits Investmentmöglichkeiten, die nur ökologische oder nur soziale Kriterien berücksichtigen, andererseits sind die unter den unterschiedlichen Bezeichnungen geführten Geldanlagen hinsichtlich der verwendeten Kriterien oft deckungsgleich und unterscheiden sich – nicht nur gegenüber, sondern auch innerhalb der jeweiligen Zuordnungen – lediglich in Hinblick auf ihre unterschiedlichen Schwerpunktsetzungen in ökologischen und sozialen Bereichen. Mitunter wird auch ein Unterschied bezüglich der ökonomischen Komponente betont, dass diese etwa in der Bezeichnung „ethisch-nachhaltig" immer, in der Bezeichnung „ethisch-ökologisch" jedoch nicht immer enthalten sei.[193] Derartige Abgrenzungen und Zuweisungen erweisen sich in der Praxis jedoch als unzureichend, darüber hinaus dürfte durch die zusätzliche Charakterisierung als „Geldanlage" jede dieser Formen als ertragsorientiert zu erkennen sein. Davon abzugrenzende, nicht-ökonomische Formen ließen sich besser als „Engagement", „Aktionismus" oder „Shareholder Advocacy" beschreiben.

Die Bemühungen, die in diesem Bereich verwendeten Begriffe und Bezeichnungen zu differenzieren und zu definieren, sind zahlreich, bleiben aber meist unbestimmt. Eine Begriffserläuterung kann dann schon mal recht „erläuterungsbedürftig" ausfallen, wenn etwa Ethikfonds „Fonds [sind], die alleinig oder vorwiegend ethisch motivierte Ausschlusskriterien verwenden. Der Begriff hat seine Wurzel im anglo-amerikanischen Bereich. In Österreich werden Ethikfonds oft verstanden als Nachhaltigkeitsfonds, die neben ökologischen und sozialen Positivkriterien auch ethisch motivierte Ausschlusskriterien verwenden."[194] Was sind Ethikfonds demnach wirklich? Sind Ethikfonds nun in Österreich etwas anderes als in Deutschland? Und wenn nachhaltige Investments als Geldanlagen bezeichnet werden, die „über ökonomische Faktoren hinaus auch soziale und ökologische Kriterien berücksichtigen"[195], stellt sich unweigerlich die Frage nach dem Verhält-

---

[192]   Auch die Bezeichnung „alternative Geldanlagen" kann missverständlich sein: vor allem in der ökonomischen Fachliteratur bezeichnen alternative Geldanlagen oft derivative Geldanlageprodukte oder Hedgefonds. Diese sind im hier behandelten Kontext freilich nicht gemeint.

[193]   Pinner W., Ethische Investments. Rendite mit „sauberen" Fonds, Wiesbaden 2003, S. 20.

[194]   Vgl. Forum nachhaltige Geldanlagen (Hg.), Begriffserläuterung im Bereich Nachhaltiger Geldanlage, Berlin 2006: http://www.forum-ng.de/upload/Mitglieder-log-in/Definitionenfinal05-10-28.pdf (Zugriff am 28.8.2006).

[195]   Ebda.; vgl. auch Döpfner C., Kunst und Kultur – voll im Geschäft? Kulturverträgliches Kunstsponsoring, Frankfurt am Main 2004.

nis zwischen sozialen bzw. ökologischen *Kriterien* und ökonomischen *Faktoren*. Ob die Kriterien nun den Faktoren nachgeordnet oder vorgeordnet sind, geht aus dieser Definition nicht hervor. Demnach wäre ein nachhaltiges Investment auch ein ganz normaler Aktienfonds, der lediglich einige wenige soziale und ökologische Kriterien berücksichtigt und damit das wesentlich breitere Spektrum des Leitbildes nachhaltiger Entwicklung unberücksichtigt lässt.

Dazu kommt, dass häufig darauf vergessen wird zu klären, was mit Ethik und Nachhaltigkeit nun eigentlich gemeint ist. Ethikfonds werden so unzureichend bezeichnet als Veranlagungsmöglichkeiten, denen es „um die Einhaltung von kulturell oder subkulturell geprägten, in einer pluralistischen Gesellschaft nicht verallgemeinerbaren Werten" geht, was letztlich auf die Berücksichtigung einiger weniger Ausschlusskriterien hinauslaufe.[196] Auch wenn diese Zuschreibungen vor allem auf die in den USA vorfindlichen Ethikfonds teilweise zutreffen, ist damit noch lange nicht die gesamte Bandbreite einer ethischen Geldanlage ausgeleuchtet.

Die hier zitierten Beispiele beschreiben die ethische Geldanlage und ihr Verhältnis zur nachhaltigen Geldanlage nur unzureichend. Eine ethisch motivierte Geldanlage beinhaltet immer eine ethisch-soziale und eine ethisch-ökologische Dimension. Auch wenn die ersten Beispiele ethischer Geldanlage in den USA zu Beginn des 20. Jahrhunderts ausschließlich mit moralischen Argumenten operierten – etwa durch die Bestimmung von Ausschlusskriterien wie Alkohol, Tabak oder Glücksspiel – beziehen sich heutige Formen der ethischen Geldanlage auf die umfassenderen Bereiche der Ökologie- und Sozialverträglichkeit. Aus der bereits aufgezeigten inhaltlichen Bestimmung von Ethik als Reflexionswissenschaft über die Bedingungen der Zukunftsfähigkeit menschlichen Zusammenlebens (vgl. Kapitel 2.3.4) ergibt sich für die ethische Geldanlage die Konsequenz der Einbeziehung ökologischer und sozialer Fragestellungen. Nachhaltige Geldanlagen werden demgegenüber allgemein im Sinne des Drei-Säulen-Modells verstanden und umschließen dabei den ökonomischen, den ökologischen sowie den sozialen Bereich. Als sozial- und ökologieverträgliche Geldanlagen berücksichtigen sie damit auch wirtschaftsethische, umweltethische und sozialethische Aspekte gleichermaßen. Geldanlagen, die lediglich Teilbereiche von Ethik bzw. Nachhaltigkeit berücksichtigen, vernachlässigen die Wechselwirkung von und zwischen ökologischen und sozialen Themenfeldern und decken damit Ethik und Nachhaltigkeit nur unzureichend ab. In ihrem umfassenden Sinne erweisen sich jedoch die ethische und die nachhaltige Geldanlage hinsichtlich ihrer inhaltlichen Ausrichtung als weitgehend deckungsgleich. Sowohl in der öffentlichen Debatte als auch in der Fachliteratur hat sich die Bezeichnung *nachhaltige Geldanlagen* hingegen stärker durchsetzen können, weshalb ich mich entschlossen habe, diese Bezeichnung für die folgenden Ausführungen zu übernehmen. Nachhaltige Geldanlagen beinhalten für mich demnach sowohl eine wirtschaftsethische, als auch eine umwelt- und sozial-

---

[196] Germanwatch e.V. (Hg.), Wege zu mehr Nachhaltigkeit im Finanzsektor. Nachhaltig investieren, Berlin 2004, S. 3.

ethische Dimension, wobei die ökonomische Dimension stets auf die Ökologie-
und Sozialverträglichkeit rückgebunden bleibt.

Ein Beispiel für eine so verstandene, die ethische Dimension rezipierende
nachhaltige Geldanlage bietet die „Darmstädter Definition Nachhaltiger Geldanlage".[197] Diese wurde im April 2004 von einer 19-köpfigen und interdisziplinär zu-
sammengesetzten Expertengruppe beschlossen, der neben Wissenschaftlern
auch Akteure aus den Bereichen nachhaltiger Geldanlagen und Wirtschaftsunternehmen angehörte. Nachhaltige Geldanlagen tragen demnach zu einer zukunftsfähigen Entwicklung bei, indem sie konkrete Anforderungen an die ökonomische,
ökologische, soziale und kulturelle Gebarung der Unternehmen stellen. In *ökonomischer Sicht* erfordern dabei nachhaltige Geldanlagen, „dass

- Gewinne auf der Basis langfristiger Produktions- und Investitionsstrategien
  statt in kurzfristiger Gewinnmaximierung erwirtschaftet werden,
- Erträge aus Finanzanlagen in vertretbarer Relation mit Erträgen aus realer
  Wertschöpfung stehen,
- die Erfüllung elementarer Bedürfnisse (z.B. Wasser) nicht gefährdet wird,
- Gewinne nicht auf Korruption beruhen.

Aus *ökologischer Sicht* erfordern nachhaltige Geldanlagen, dass die Gewinnerzie-
lung im Einklang steht mit der

- Steigerung der Ressourcenproduktivität,
- Investition mit erneuerbaren Ressourcen,
- Wiedergewinnung und Wiederverwertung verbrauchter Stoffe,
- Funktionsfähigkeit globaler und lokaler Ökosysteme (z.B. Regenwälder,
  Meere).

In *sozialer und kultureller Sicht* erfordern nachhaltige Geldanlagen, dass die Ge-
winnerzielung im Einklang steht mit der

- Entwicklung des Humankapitals (Verantwortung für Arbeitsplätze, Aus- und
  Weiterbildung, Förderung selbstverantwortlichen Arbeitens, Vereinbarkeit
  von Beruf und Familie, Respekt vor der Verschiedenheit der Einzelnen),
- Entwicklung des Sozialkapitals (Schaffung von Erwerbschancen, Ausgewo-
  genheit zwischen den Generationen, diskriminierungsfreier Umgang mit
  Minderheiten Funktionsfähigkeit der Regionen, Förderung zivilgesellschaftlichen Handelns),
- Entwicklung des Kulturkapitals (Respekt vor kultureller Vielfalt unter Wahrung persönlicher Freiheitsrechte und gesellschaftlicher Integrität, Mobilisie-
  rung der Potentiale kultureller Vielfalt)."[198]

Diese Definition beschreibt die Ausrichtung einer nachhaltigen Geldanlage unter
Bezugnahme auf ökonomische, ökologische, soziale und kulturelle Kriterien, die

---

[197] Hoffman J., Scherhorn G., Busch T. (Hg.), Darmstädter Definition Nachhaltiger Geldanlagen,
       Darmstadt 2004.

[198] Ebda.

sich am Leitbild einer nachhaltigen Entwicklung orientieren. Mit ihr ist es möglich, „der Beliebigkeit bei der Verwendung des Begriffs Nachhaltigkeit durch eine differenzierte und praktisch leicht anwendbare Bestimmung des Sachverhalts entgegenzutreten."[199] Dass eine solcherart vorgenommene Präzisierung erforderlich ist, belegen einseitige Definitionsversuche, die Nachhaltigkeit auf ökonomische Kriterien reduzieren. Für den wissenschaftlichen Beirat beim Bundesministerium für Finanzen in Deutschland bedeutet etwa Nachhaltigkeit im Rahmen der Finanzpolitik, „dass die haushaltspolitische Handlungsfähigkeit dauerhaft gesichert bleibt und die Finanzpolitik ihren Beitrag dazu leistet, die Grundlagen für eine wachsende Wirtschaft zu erhalten".[200] Geldanlagen sind aber nicht schon dann nachhaltig, wenn sie fortlaufend gute Erträge bringen, sondern „auch in ökologischer und sozial-kultureller Hinsicht zur Zukunftsfähigkeit der Menschheit beitragen, also ‚doppelte Rendite' beinhalten, damit Menschwerdung und Gemeinschaft im Mitsein mit der Schöpfung gelingt".[201]

Auch wenn die Darmstädter Definition für Nachhaltige Geldanlagen keine konkreten Handlungsanweisungen enthält, sondern lediglich den Rahmen einer am Leitbild nachhaltiger Entwicklung orientierten Geldanlage beschreibt, bietet sie doch eine Explikation des Begriffes nachhaltiger Geldanlage, welche einerseits konkret genug ist, um das Leitbild nachhaltiger Entwicklung zu beschreiben und andererseits offen genug ist, um auf der Operationalisierungsebene anwendbar zu sein.

Die Darmstädter Definition Nachhaltiger Geldanlagen verweist auch auf die enge Verwobenheit des Leitbildes nachhaltiger Entwicklung mit den Grundprinzipien der Christlichen Soziallehre. Die Darmstädter Definition orientiert sich am Leitgedanken gelingenden menschlichen Lebens (Personprinzip), welches die Rücksichtnahme, Achtung und Förderung des Anderen mit einbezieht (Solidaritätsprinzip) und das Wohl aller Menschen zum Ziel hat (Gemeinwohlprinzip). Darüber hinaus wird ein Wirtschaftsstil gefordert, der Machtkonzentrationen ausschließt (Subsidiaritätsprinzip) und die Zukunftsfähigkeit der Biosphäre sichert (Nachhaltigkeitsprinzip). Insofern beschreibt eine so verstandene nachhaltige Geldanlage eine ethische Geldanlage.

---

[199] Hoffmann J., Handlungsmächtig in Ohnmacht. Eine Option gegen Ausbeutung, in: Luterbacher-Maineri C., / Lehr-Rosenberg St. (Hg.), Weisheit in Vielfalt. Afrikanisches und westliches Denken im Dialog. Festschrift für Bénézet Bujo, Fribourg 2006, S. 235.

[200] Wissenschaftlicher Beirat beim Bundesministerium der Finanzen, Gutachten Nachhaltigkeit in der Finanzpolitik – Konzepte für eine langfristige Orientierung öffentlicher Haushalte, Heft 71, Berlin 2001, zit. nach Tremmel J., Nachhaltigkeit als politische und analytische Kategorie. Der deutsche Diskurs um nachhaltige Entwicklung im Spiegel der Interessen der Akteure, München 2003, S. 114.

[201] Hoffmann J., Handlungsmächtig in Ohnmacht. Eine Option gegen Ausbeutung, in: Luterbacher-Maineri C., / Lehr-Rosenberg St. (Hg.), Weisheit in Vielfalt. Afrikanisches und westliches Denken im Dialog. Festschrift für Bénézet Bujo, Fribourg 2006, S. 235.

3.2.2   Implementierung von Nachhaltigkeit in der Vermögensanlage

Es gibt verschiedene Möglichkeiten und Wege, Nachhaltigkeit als moralisches Anliegen im Rahmen einer Vermögensanlage zu berücksichtigen. Generell kann man
zwischen aktiven und passiven Ansätzen der Implementierung von Nachhaltigkeit
im Portfoliomanagement unterscheiden.[202] *Aktive Ansätze* beschreiben vor allem
verschiedene Formen des individuellen Engagements. Das beginnt mit der Ausübung von Stimmrechten bei den Unternehmenshauptversammlungen zur Durchsetzung von Nachhaltigkeitsaspekte in der Geschäftspolitik und geht über den Dialog mit der Unternehmensleitung bis hin zur „Shareholder Advocacy", der vor allem in den USA gehandhabten kontinuierlichen und kritischen Auseinandersetzung mit dem Management eines Unternehmens.

Passive Ansätze implementieren Nachhaltigkeit durch Negativ- und Positivkriterien. Mittels Negativkriterien werden Produkte, Dienstleistungen und Geschäftspraktiken definiert, die zum Ausschluss von betroffenen Unternehmen führen. Solche *Negativ- oder Ausschlusskriterien* sind etwa die Produktion und der Handel
von Alkohol und Tabak, Atomenergie oder die Nichtunterzeichnung des Kyoto-
Protokolls. Demgegenüber zielen Positivkriterien darauf ab, solche Unternehmen
zu definieren, die aus Nachhaltigkeitssicht gewünschte Produkte und Dienstleistungen auf ökologisch und sozial verträgliche Weise herstellen oder anbieten. Seit
einigen Jahren kommt dabei dem Best-in-Class-Ansatz eine besondere Bedeutung zu: hier werden ganz bewusst keine Branchen, Güter oder Dienstleistungen
ausgeschlossen, sondern alle Wirtschaftsbereiche einem Positiv-Screening unterzogen. So werden etwa Unternehmen der Autoindustrie nach sozialen und ökologischen Positivkriterien dahingehend untersucht, inwiefern sie einen Beitrag für
einen nachhaltigen Wirtschaftsstil leisten. Je höher dieser Beitrag ausfällt, desto
besser wird ein Unternehmen gegenüber den Mitbewerbern seiner Branche bewertet. Das ermöglicht ein Ranking von Unternehmen nicht nur für die Investoren,
sondern auch für die Unternehmen selbst. Beabsichtigt wird dabei, auch innerhalb
problematischer Branchen und Wirtschaftsbereiche – wie der Erdöl- oder der Autoindustrie – jene Unternehmen ausfindig zu machen, welche innerhalb ihrer
Branche die größten Nachhaltigkeitsanstrengungen erbringen und die mit den
nachhaltigsten Unternehmen anderer Branchen das Anlageuniversum darstellen.
Das Ziel dieses Ansatzes ist es, innerhalb der Branchen einen Wettbewerb auszulösen und somit zu einer nachhaltigen Entwicklung beizutragen. Darüber hinaus
wird beim Best-in-Class-Ansatz – und das unterscheidet diesen Ansatz von den
übrigen – das Anlageuniversum nicht um ganze Branchen reduziert.

Bei Anlegern stößt der Best-in-Class-Ansatz jedoch häufig auf Skepsis, weil
damit auch in Branchen und Unternehmen investiert wird, die unter ökologischen
und sozialen Gesichtspunkten problematisch sind. Der in der Praxis häufigste Fall

---

[202]   Schäfer H., Sozial-ökologische Ratings am Kapitalmarkt. Transparenzstudie zur Beschreibung
konkurrierender Konzepte zur Nachhaltigkeitsmessung auf deutschsprachigen Finanzmärkten,
Düsseldorf 2003, S. 31-33.

ist deshalb eine Kombination von Negativ- und Positivkriterien. Der Vorteil an dieser Bewertungsmethode ist, dass problematische Wirtschaftsbereiche aus dem Anlageuniversum entfernt werden und bei den verbleibenden Wirtschaftsbereichen trotzdem ein Nachhaltigkeitswettbewerb initiiert wird. Häufig erfolgt dabei die Bewertung von Unternehmen mittels Positivkriterien vor einer Anwendung der Negativkriterien, um auch Nachhaltigkeitsbemühungen in problematischen Branchen zu dokumentieren. Das hat nicht nur den Zweck, auch innerhalb dieser Branchen einen Nachhaltigkeitswettbewerb zu initiieren, sondern auch auf unterschiedliche Anlegerinteressen reagieren zu können: viele Investoren messen beispielsweise dem Ausschlusskriterium „Alkohol" eine geringere Bedeutung zu als andere Investoren oder wollen dieses überhaupt nicht berücksichtigt haben. Negativ- oder Ausschlusskriterien werden somit zu einem variablen Filter, der sich an den moralischen Präferenzen der Anleger orientiert.

Auf die konkrete Ausgestaltung von Geldanlageprodukten wie Investmentfonds haben Negativkriterien praktische Auswirkungen. Während aufgrund der Anwendung von Negativkriterien einige Branchen gänzlich aus dem Anlageuniversum ausgeschlossen werden, und deshalb nur eine eingeschränktes Auswahlmöglichkeit besteht, wird bei einem gänzlichen Verzicht auf Negativkriterien ein breiteres Anlageuniversum beibehalten. Je mehr Negativkriterien zur Anwendung kommen, desto eingeschränkter wird das Anlageuniversum. Das finanztechnische Problem dabei ist, dass gemäß der Modernen Portfolio Theorie Negativkriterien eine eingeschränkte Diversifikation aufgrund eines reduzierten Anlageuniversums zur Folge haben, was – gemessen am Gesamtmarkt – ein höheres Risiko bewirkt.[203] Die Gefahr, dass ein nur reduziert diversifizierter Investmentfonds höhere Schwankungsbreiten bzw. langfristig eine schlechtere Performance aufweist als der Gesamtmarkt, wird unterschiedlich eingeschätzt. In einigen Studien konnte nachgewiesen werden, dass Investmentfonds, die sowohl Positiv- als auch Negativkriterien zur Anwendung bringen, eine bessere Performance aufweisen als der Gesamtmarkt.[204] Grundsätzlich ist hier jedoch weiterer Forschungsbedarf gegeben. Die folgende Abbildung soll die verschiedenen Möglichkeiten zur Implementierung von Nachhaltigkeit in die Vermögensanlage noch einmal veranschaulichen.

---

[203] Diversifikation ist eines der Grundelemente der Modernen Portfolio Theorie.

[204] Vgl. Glaser J. in Kooperation mit oekom research, Nachhaltigkeit und Geschäftserfolg, München 2004 (http://www.oekom-research.de/ag/studie-tum-oekom_summary.pdf, Abfrage am 29.10.2006); oekom-research AG in Kooperation mit Morgan Stanley, Outperformance durch Nachhaltigkeit? Die „Best in Class"-Empfehlungen von oekom research auf dem Prüfstand, München 2004 (http://www.oekom-research.de/ag/Performance-Studie_1104.pdf, Abfrage am 29.10.2006).

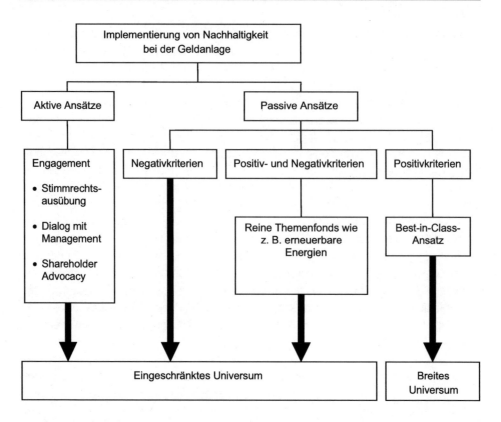

Abbildung 1: Möglichkeiten der Implementierung von Nachhaltigkeit in die Vermögensanlage.
Quelle: Schäfer H., Sozial-ökologische Ratings am Kapitalmarkt. Transparenzstudie zur
Beschreibung konkurrierender Konzepte zur Nachhaltigkeitsmessung auf deutschsprachigen
Finanzmärkten, Düsseldorf 2003, S. 31 (mit geringfügigen Abänderungen).

3.2.3   Implementierung von Nachhaltigkeit in der kirchlichen Geldanlage

Gaudium et spes benennt klar die zentralen Herausforderungen der globalen Wirtschaft: „Aus der immer engeren und allmählich die ganze Welt erfassenden ge-
genseitigen Abhängigkeit ergibt sich als Folge, daß das Gemeinwohl, d. h. die Gesamtheit jener Bedingungen des gesellschaftlichen Lebens, die sowohl den Gruppen als auch deren einzelnen Gliedern ein volleres und leichteres Erreichen der
eigenen Vollendung ermöglichen, heute mehr und mehr einen weltweiten Umfang
annimmt und deshalb auch Rechte und Pflichten in sich begreift, die die ganze
Menschheit betreffen. Jede Gruppe muß den Bedürfnissen und berechtigten Ansprüchen anderer Gruppen, ja dem Gemeinwohl der ganzen Menschheitsfamilie
Rechnung tragen."[205]

---

[205] Zweites Vatikanisches Konzil, Pastoralkonstitution über die Kirche in der Welt von heute, Nr. 26.

Kirchliches Handeln – auch in wirtschaftlichen Bereichen – erfährt angesichts der Zuspitzung ökologischer und sozialer Fragestellungen eine zunehmende Beachtung. Kirchen sind nicht nur global einflussreiche Sozialakteure, sondern haben auch Beispielfunktion im Umgang mit der natürlichen Mitwelt. Die Botschaft der Kirchen – soziale Gerechtigkeit und Bewahrung der Schöpfung – hat sich letztlich am konkreten Handeln der Kirchen messen zu lassen. Ein verantwortlicher Umgang mit kirchlichem Eigentum und Vermögen ist dabei von besonderer Bedeutung, zumal die Sozialpflichtigkeit von Eigentum in der katholischen Sozialverkündigung einen hohen Stellenwert einnimmt. Nicht erst mit der Sozialenzyklika Rerum novarum aus dem Jahr 1891 ist der verantwortungsvolle Umgang mit Eigentum ein zentrales Thema der katholischen Sozialverkündigung. Sowohl im Alten wie im Neuen Testament finden sich unter den Verweisen auf Gerechtigkeit und Nächstenliebe zahlreiche Hinweise auf die Verpflichtung im Umgang mit Eigentum. Besonders wird im Neuen Testament der verantwortliche Umgang mit Eigentum in zweifacher Weise aufgezeigt: zum einen im Aufruf zu umfassender Solidarität vor allem mit den Armen und zum anderen – und damit über den Begriff der Solidarität hinausreichend – in der Betonung der Sozialpflichtigkeit von Eigentum. Eine Solidarität, die der Rolle des Menschen als Sachwalter Gottes und somit Mitschöpfer der Welt gerecht werden soll, erschöpft sich nicht in der gegenwärtigen Generation, sondern schließt zukünftige Generationen mit ein. Das damit gemeinte Konzept der Nachhaltigkeit erstreckt sich auf die Verantwortung für die Schöpfung und verbindet den Grundgedanken der Bewahrung der Schöpfung mit dem einer positiven Weltgestaltung.

In der katholischen Soziallehre finden sich gleich mehrere Hinweise auf die über die Solidarität hinausgehende Sozialpflichtigkeit von Eigentum. Entsprechende Belege, die hier nicht weiter ausgeführt werden können, finden sich vor allem in den Enzykliken Rerum novarum (Leo XIII, 1891), Quadragesimo anno (Pius XI, 1931), Populorum Progressio (Paul VI, 1967) und Sollicitudo rei socialis (Johannes Paul II., 1987).

Deutlich formuliert wird die Verantwortlichkeit von Eigentum im Wort des Rates der Evangelischen Kirchen in Deutschland und der Deutschen Bischofskonferenz zur wirtschaftlichen und sozialen Lage in Deutschland aus dem Jahr 1997, wenn zum Ausdruck gebracht wird: „Wie sich in jüngster Zeit mehrfach gezeigt hat, können von den internationalen Finanz- und Kapitalmärkten nicht nur stabilisierende, sondern auch destabilisierende Wirkungen auf nationale Volkswirtschaften ausgehen. Die hohen und ständig steigenden Summen, die fortlaufend auf den internationalen Finanzmärkten umgesetzt werden, verweisen auf die Aufgabe, diese Prozesse zu gestalten und der Entwicklung weltweiter Wohlfahrt dienlich zu machen. Eigentum ist stets sozialpflichtig, auch das international mobile Kapital."[206] Den Investoren kommt damit eine zentrale Verantwortung zu. Die Veranlagung von

---

[206] Kirchenamt der Evangelischen Kirche in Deutschland, Sekretariat der Deutschen Bischofskonferenz, Für eine Zukunft in Solidarität und Gerechtigkeit. Wort des Rates der Evangelischen Kirchen in Deutschland und der Deutschen Bischofskonferenz zur wirtschaftlichen und sozialen Lage in Deutschland, Bonn 1997, Nr. 162.

Geldvermögen ist an die Einbeziehung ökologischer und sozialer Kriterien gebunden, um Prozesse auf den Finanzmärkten am Ziel weltweiter Wohlfahrt auszurichten.

Aus der Feststellung, dass veranlagtes Geldvermögen sozialpflichtig ist, ergibt
sich in einer gemeinsamen Stellungnahme der Schweizer Bischofskonferenz und
des Schweizerisch Evangelischen Kirchenbundes aus dem Jahr 2001 eine Verpflichtung für kirchliche Einrichtungen, ihre Geldvermögen nachhaltig zu investieren: „Schliesslich müsste es für alle kirchlichen Finanzhaushalte selbstverständlich
werden, die Vermögen umwelt- und sozialverträglich anzulegen, zumal entsprechende Informationen und Anlagemöglichkeiten zur Verfügung stehen und Modelle von kirchlichen Institutionen selbst gefördert werden."[207] Tatsächlich sind die
Möglichkeiten einer nachhaltigen Geldanlage inzwischen so umfassend, dass für
praktische jede Anlageform ein Anlageprodukt gewählt werden kann, welches ökologische und soziale Kriterien berücksichtigt. Gerade für kirchliche Einrichtungen
bedeutet das den klaren Auftrag, die Möglichkeiten einer nachhaltigen Geldanlage
aufzugreifen und umzusetzen.

Deutlich ist auch die im Sozialwort des ökumenischen Rates der Kirchen in Österreich im Jahr 2003 erhobene Forderung nach sozialer und ökologischer Verantwortlichkeit im Umgang mit Geld. Die Kirchen verpflichten sich darin, „ihr Vermögen vorwiegend in solchen Fonds anzulegen, die in Unternehmen investieren,
die ihre Tätigkeit in überprüfbarer Weise nach Umwelt-, Sozial- und Menschen-
rechtkriterien ausrichten".[208] Diese Selbstverpflichtung ist auch gleichzeitig ein
Auftrag an die Christen, die dazu aufgerufen sind, „verantwortliches Wirtschaften
in ihrem eigenen Lebensbereich umzusetzen und in ihren Geld- und Vermögens-
veranlagungen auf ethisches Investment zu achten".[209] Insbesondere die Vorbild-
wirkung kirchlicher Einrichtungen kommt hier zum Tragen. Wenn kirchliche Einrichtungen Konzepte der nachhaltigen Geldanlage umsetzen, erhöhen sie damit
nicht nur die Glaubwürdigkeit der kirchlichen Sozialverkündigung, sondern tragen
auch dazu bei, ein öffentliches Bewusstsein für die Anliegen einer nachhaltigen
Geldanlage zu schaffen.

Ebenfalls im Jahr 2003 wurden von der United States Conference of Catholic
Bishops (USCCB) die Socially Responsible Investment Guidelines beschlossen,
welche die Grundsätze für Finanzanlagen der USCCB festschreiben. Der Schwer-
punkt liegt dabei auf dem Schutz des menschlichen Lebens und der menschlichen
Würde, der Eindämmung der Waffenproduktion, dem Vorantreiben wirtschaftlicher
Gerechtigkeit, dem Schutz der Umwelt und der Förderung einer „Corporate
Responsibility".

Hinter all diesen Botschaften steht die Überzeugung, dass Institutionen genau-
so wie Einzelne gerechte Wirtschaftsformen mitgestalten können. Kirchliche Ein-

---

[207] Schweizer Bischofskonferenz (SBK), Schweizerisch Evangelischer Kirchenbunde (SEK), Miteinander in die Zukunft. Wort der Kirchen, Bern und Freiburg, September 2001, 168.

[208] Ökumenischer Rat der Kirchen in Österreich (ÖRKÖ) (Hg.), Sozialwort des ökumenischen
Rates der Kirchen in Österreich, Wien ³2003, Nr. 201.

[209] Ebda., Nr. 202.

richtungen sind hierbei zweifach gefordert: einerseits verfügen sie über Finanzvermögen in beträchtlicher Größenordnung[210] und eine Veranlagung dieser Gelder nach ökologischen und sozialen Kriterien unterstützt die im Vergleich mit dem gesamten Finanzmarkt noch immer im Anfang befindlichen Möglichkeiten nachhaltiger Geldanlagen. Tatsächlich sind das Entstehen und die bisherige Entwicklung der nachhaltigen Geldanlage auch zu einem großen Teil auf kirchliches Engagement zurückzuführen. Dass die dabei zur Disposition stehenden Vermögensvolumina für die Finanzwirtschaft insgesamt von Bedeutung sind, belegen die mittlerweile von fast allen Banken angebotenen Produkte für die Veranlagung kirchlicher Gelder. Die zunehmende Bedeutung nachhaltiger Geldanlagen schließlich führt zu mehr Bewusstsein in der Öffentlichkeit und kann bewirken, dass diese von privater und institutioneller Seite mehr nachgefragt werden.

Andererseits bedeutet das Ja zur nachhaltigen Geldanlage den Einsatz kirchlicher Einrichtungen für eine am Leitbild der nachhaltigen Entwicklung orientierte Wirtschaft. Soziale Ungerechtigkeit und die Zerstörung unserer Lebensgrundlage sind nicht einfach vom Himmel gefallen, sondern das Ergebnis politischer, sozialer und wirtschaftlicher Prozesse. Eine Einflussnahme auf diese Prozesse zur Erreichung einer am Menschen orientierten Lebens- und Wirtschaftspraxis ist demnach ein christlicher Auftrag ersten Ranges. Im Erfüllen dieses Auftrages schließlich erweist sich die Glaubwürdigkeit der christlichen Botschaft. Die Kirchen sind damit gefordert, an der Entwicklung und Verbreiterung der ethischen oder nachhaltigen Geldanlage mitzuwirken und sowohl Botschaft als auch Zeugnis zu sein, denn die Kirche „cannot preach to others what it does not practice itself".[211]

3.2.4   Entstehung und derzeitiger Stand der nachhaltigen Geldanlage

Der Beginn der ethischen Geldanlage wird allgemein in den USA anfangs des 20. Jahrhunderts verortet. Mit dem Ausschluss so genannter „Sin Stocks" – darunter verstand man in erster Linie die Aktien von Unternehmen, die Tabak und Alkohol produzierten bzw. Glückspiel betrieben – wurde erstmal explizit auf die Verflechtung zwischen Geldanlage und gesellschaftlich problematischen Wirtschaftszweigen aufmerksam gemacht. Besonders der Vietnam-Krieg sensibilisierte US-Anleger zunehmend für das, was mit ihrem Geld geschah[212] und 1971 wurde der erste ethische Investmentfonds, der Pax World Funds, aufgelegt. Im Zuge der Anti-Apartheidbewegung zu Beginn der 80er Jahre verfolgte die internationale Kam-

---

[210] Das bedeutet nicht unmittelbar, dass die Kirchen „reich" sind, aber die Gesetzeslage fordert von den Kirchen zum Beispiel eine eigenständige Altersvorsorge für die Pension von Priestern oder Ordensangehörigen, welche in Finanzvermögen zu erfolgen hat.

[211] United States Conference of Catholic Bishops, Socially Responsible Investment Guidelines. Principles for USCCB Investments, Washington 2004.

[212] Deml M., Baumgartner J., Grünes Geld. Jahrbuch für ethisch-ökologische Geldanlage 1998/99, Waldthausen 1998, S. 19.

pagne „Kein Geld für Apartheid" das Ziel, Finanzzuflüsse für das Regime in Südafrika zu unterbinden, wobei das so genannte „Shareholder Advocacy" eine zunehmende Bedeutung erlangte. Dabei wurden Aktien von Unternehmen gekauft, die
geschäftliche Beziehungen zum südafrikanischen Regime unterhielten. Mittels der
damit erworbenen Aktienstimmrechte sorgte man auf den Hauptversammlungen
der jeweiligen Unternehmen für medienwirksame Proteste gegen diese Ge-
schäftsverbindungen. Diese Form des Protest-Engagements hat sich gehalten und
wird unter dem Titel „kritische Aktionäre" auch heute noch sowohl in den USA als
auch in Europa weitergeführt. Schon bald war die ethisch orientierte Geldanlage
fixer Bestandteil des US-amerikanischen Investmentsektors. Das Engagement der
Investoren bezog sich damit in erster Linie auf vermeidenden Anlagestrategien,
indem bestimmte Geschäftssparten und -methoden verhindert werden sollten. Im
Laufe der Jahre wurden diese Ausschlusskriterien stark erweitert und um ökologische Kriterien ergänzt.

Zu Beginn der 90er Jahre gab es eine ähnliche Bewegung erstmals in Europa,
zuerst in Großbritannien, später auch im deutschsprachigen Raum. Diese Bewegung hatte jedoch einen anderen, nämlich ökologischen Hintergrund, der einerseits im gesteigerten ökologischen Bewusstsein der Bevölkerung und der größeren Bedeutung der Grün-Bewegungen, die in den 70er und 80er Jahren entstanden, und andererseits in der Nachhaltigkeitsdebatte seinen Ursprung hatte. Das
Interesse der Investoren richtete sich dabei vorzugsweise auf Varianten der *fördernden* ethischen Geldanlage. Insbesondere zukunftsorientierte Umwelttechnologien standen dabei im Mittelpunkt und erste Umwelttechnologiefonds – etwa der
Oeko-Protec der damaligen Schweizerischen Kreditanstalt (heute: Credit Suisse)
– wurden aufgelegt. Das Konzept dieser Umwelttechnologiefonds gründete auf der
zunehmenden Bedeutung von Umwelttechnologien und Umweltschutzeinrichtun-
gen und erhielt durch den auf der Rio-Umweltkonferenz 1992 geprägten Begriff
der Öko-Effizienz eine zusätzliche Dynamik. Im Zuge der Nachhaltigkeitsdebatte
wurden diese ursprünglich rein ökologisch ausgerichteten Konzepte um die Sozi-
aldimension erweitert und das Drei-Säulen-Modell (Ökologie-Ökonomie-Soziales)
setzte sich zunehmend durch. Dadurch wandelte sich der ursprünglich vor allem
auf die Förderung von neuen Umwelttechnologien ausgerichtete Ansatz zu einem
am Leitbild der Nachhaltigkeit orientierten Verständnis, welches zunehmend auch
zu *vermeidende* Aspekte der Geldanlage berücksichtigte.

In den USA beträgt derzeit das Volumen an ethischen bzw. nachhaltigen Investmentfonds ca. 2200 Milliarden USD, was einem Marktanteil von ca. 11 % entspricht. In Europa beträgt das Volumen derzeit lediglich ca. 360 Milliarden Euro,
was einen Marktanteil von lediglich ca. 0,5 % europaweit ausmacht – nur in einigen wenigen europäischen Ländern wie Belgien, den Niederlanden, der Schweiz
oder Großbritannien liegt dieser Anteil zwischen ca. 1,5 und 2 %.[213] Dass der
Marktanteil ethischer und nachhaltiger Geldanlagen in den USA so viel höher liegt

---

[213] Avanzi SRI Research, Green, social and ethical funds in Europe. 2005 review, Milan 2005,
       S. 14-15.

als in Europa, hängt jedoch auch mit der eher großzügigen Einstufung von ethischen oder nachhaltigen Geldanlagen in den USA zusammen, wonach bereits Anlageformen, die nur ein entsprechendes Negativkriterium (wie etwa Alkohol oder Tabak) aufweisen, bereits als ethisch oder nachhaltig bezeichnet werden. Im deutschsprachigen Raum bilden solche Geldanlagemöglichkeiten, welche nur ein Kriterium beinhalten, die Ausnahme. Die Gründe dafür können kultureller oder historischer Natur sein, auf jeden Fall bedarf es hier weiterer Forschungsarbeit.

Einer aktuellen Studie des Forums Nachhaltige Geldanlagen zufolge sind nachhaltige Geldanlagen jedoch auch in Europa ein stark wachsendes Finanzsegment.[214] Demnach waren in den deutschsprachigen Ländern Ende 2005 ca. 14 Milliarden Euro in nachhaltigen Geldanlagen investiert, wobei davon 5,1 Milliarden Euro auf Publikumfonds, 7,8 Milliarden Euro auf Mandate und lediglich knapp 1 Milliarde Euro auf Spareinlagen und andere Anlagekategorien fallen. Im Dezember 2002 waren noch lediglich 5,5 Milliarden Euro in nachhaltigen Fonds und Mandaten investiert, im Dezember 2005 waren es bereits 12,4 Milliarden Euro, was einer Steigerung von 120 % entspricht, wobei Nachhaltigkeitsfonds das am stärksten wachsende Segment darstellen.

3.2.4.1 Nachhaltige Geldanlagen in Deutschland

In Deutschland waren Ende 2005 insgesamt ca. 6 Milliarden Euro in nachhaltige Geldanlagen investiert, wobei Publikumfonds 2,1 Milliarden Euro, Vermögensverwaltungsmandate 3,1 Milliarde Euro und – erstmals erhoben – Einlagen bei alternativen Banken und Mikrokreditinstituten 850 Million Euro ausmachten. Institutionelle Investoren waren mit 2,4 Milliarden Euro das stärkste Kundensegment, wobei Kirchen, Stiftungen und Nichtregierungsorganisationen die mit Abstand größten institutionellen Investoren darstellten. Privatanleger investierten ca. 1,7 Milliarden Euro in Publikumfonds, womit sich die Summe privater Investitionen seit 2002 verdoppelt hat und das stärkste Wachstum aufweist. Dennoch: Gemessen am gesamten in deutschen Publikumfonds veranlagten Kapital beträgt der Anteil nachhaltiger Publikumfonds lediglich 0,3 %.

3.2.4.2 Nachhaltige Geldanlagen in der Schweiz

In der Schweiz betrug die Ende 2005 in nachhaltige Geldanlagen investierte Summe 6,8 Milliarden Euro, wobei Publikumfonds 1,9 Milliarden Euro, Vermögensverwaltungsmandate 4,3 Milliarden Euro und Spareinlagen und andere Anlagen 0,6 Milliarden Euro betrugen. Als institutionelle Investoren treten nicht nur Nichtregierungsorganisationen, Stiftungen, Kirchen und betriebliche Pensionsfonds auf, sondern vor allem staatliche Pensionsfonds. Der größte institutionelle Investor ist der AHV Ausgleichsfonds, der über 1,4 Milliarden Euro nachhaltig investiert. Nachhaltige Publikumsfonds haben sich in der Schweiz seit 2002 um rund

---

[214] Die im Folgenden genannten und ausgewerteten Zahlen sind entnommen: Forum Nachhaltige Geldanlagen (Hg.), Statusbericht Nachhaltige Geldanlagen 2005. Deutschland, Österreich und die Schweiz, Berlin 2006.

160 % auf 3,3 Milliarden Euro steigern können, was deutlich über der Entwicklung des schweizerischen Gesamtmarktes für Publikumsfonds liegt, der nur um 69 % anstieg. Dementsprechend betrug der Anteil nachhaltiger Publikumsfonds am gesamten Anlagekapital der schweizerischen Investmentfonds 2,4 %.

3.2.4.3 Nachhaltige Geldanlagen in Österreich

Das nachhaltige Anlagekapital in Österreich betrug Ende 2005 über 1,4 Milliarden Euro, wobei Publikumfonds mit 1,1 Milliarden Euro die größte Bedeutung haben. Vermögensverwaltungsmandate betrugen lediglich 360 Milliarden Euro, nachhaltige Spareinlagen wurden kaum gehalten. Gegenüber Deutschland und der Schweiz spielen Vermögensverwaltungsmandate in Österreich kaum eine Rolle, österreichische institutionelle Investoren bevorzugen nachhaltige Publikumfonds. Dementsprechend wird der größte Anteil der nachhaltigen Publikumfonds von institutionellen Anlegern gehalten. Gegenüber 2002 hat sich das Volumen nachhaltiger institutioneller Investoren verfünffacht. Die wichtigsten institutionellen Investoren sind kirchliche Organisationen und Einrichtungen für die betriebliche Altersvorsorge. Das Volumen österreichischer nachhaltiger Publikumsfonds hat sich seit 2002 mehr als verzehnfacht und beträgt bereits ein Prozent aller österreichischen Investmentfonds.

3.2.4.4 Trends und Unterschieden der nachhaltigen Geldanlage in Deutschland, der Schweiz und Österreich

In allen drei Ländern verzeichnete die nachhaltige Geldanlage in den letzten Jahren deutliche Zuwächse. Das stärkste Wachstum bei nachhaltigen Geldanlagen ist in Österreich zu verzeichnen. Gleichzeitig bilden nachhaltige Geldanlagen in allen drei Ländern noch immer eine Randerscheinung auf den Finanzmärkten – lediglich ein bis zwei Prozent aller veranlagten Gelder sind nachhaltig investiert. Dennoch: mit ihrem starken Wachstum bilden nachhaltige Geldanlagen einen interessanten Markt für die Anbieter nachhaltiger Geldanlagen und der zunehmende Bekanntheitsgrad nachhaltiger Geldanlagen deutet auf eine Fortsetzung dieses Trends hin.

Kirchliche Einrichtungen zählen in allen drei Ländern zu den wichtigsten institutionellen Investoren, private Investoren werden aber immer bedeutsamer und tragen wesentlich zum Wachstum nachhaltiger Geldanlagen bei. Eine bedeutsame Rolle kommt auch staatlichen Pensionsfonds und – in Österreich – den Mitarbeitervorsorgekassen zu. Diese werden auch in Zukunft eine zentrale Bedeutung für die Vorsorge und Absicherung von Menschen haben und es ist zu erwarten, dass die Pensionsfonds und Mitarbeitervorsorgekassen, die nachhaltig investieren, den positiven Trend bei nachhaltigen Geldanlagen zusätzlich unterstützen werden.

Interessanterweise gibt es in Österreich – anders als in Deutschland und in der Schweiz – kaum Investoren, die für ihre nachhaltige Geldanlage Sparkonten wählen. Ob dies angebots- oder nachfragebedingte Ursachen hat, lässt sich hier nicht erschließen. Da sich das generelle Anlegerverhalten in den drei Ländern nicht signifikant unterscheidet, scheint es hier jedoch zusätzliche Chancen für die nachhaltige Geldanlage zu geben. Möglicherweise ist dieser Umstand auf die Tatsache zurückzuführen, dass es in Österreich nur sehr eingeschränkte Möglichkeiten gibt, Spareinlagen nachhaltige zu veranlagen. Mit Ausnahme einer Zweigstelle der deutschen Steyler-Bank in Mödling, die nicht die gesamte Dienstleistungspalette einer Universalbank anbietet, sondern nur Einlagen entgegen nimmt, gibt es in Österreich keine Alternativbank. Weitere Forschungsarbeit auf diesem Gebiet kann dazu beitragen, die Ursachen für diese Situation zu klären und Voraussetzung für eine stärkere Verbreitung nachhaltiger Spareinlagen in Österreich zu schaffen.

3.2.5 Chancen der nachhaltigen Geldanlagen

Gemessen an der Einwohnerzahl ist die Schweiz der größte Markt für nachhaltige Investments, wenngleich Österreich den am stärksten boomenden Markt darstellt. Interessanterweise lassen sich aber auch unterschiedliche Strukturen und Schwerpunkte des Marktes für nachhaltige Geldanlagen in Deutschland, der Schweiz und Österreich feststellen. Während Mandate in Deutschland und der Schweiz den größten Anteil nachhaltiger Investments ausmachen, spielen diese in Österreich kaum eine Rolle. Österreichische Investoren – institutionelle wie private – bevorzugen Publikumsfonds. Anders als in Deutschland und der Schweiz veranlagen österreichische Investoren ihre Gelder zu mehr als 50 % in Rentenpapieren, während in Deutschland und in der Schweiz hauptsächlich in Aktien investiert wird.

Unterschiedlich ist auch die Einschätzung in den drei Ländern was die verschiedenen Methoden nachhaltigen Investierens betrifft. Während Ausschlusskriterien in Österreich (77 %) und der Schweiz (60 %) eine große Bedeutung haben, werden in Deutschland bei nur 35 % aller nachhaltig veranlagten Gelder Ausschlusskriterien berücksichtigt. Aktives Aktionärsmanagement hat in Deutschland (20 %) und in Österreich (28 %) einen wesentlich geringeren Stellenwert als in der Schweiz (42 %). Dagegen wird der Best-in-Class-Ansatz vor allem in Österreich (50%) und der Schweiz (70%) geschätzt, weniger dafür in Deutschland (17%). Eine Veranlagung in „Pioniere" nachhaltigen Wirtschaftens erfolgt in Deutschland (9 %) und in der Schweiz (11 %) deutlich öfter als in Österreich (2,5 %).

Die Ursachen dieser doch sehr auffallenden regionalen Unterschiede, besonders in Hinblick auf die Bedeutung von Ausschlusskriterien und Best-in-Class-Ansatz einerseits und die vor allem in Deutschland und Österreich geringe Bereitschaft für aktives Aktionärsmanagement bzw. die in Österreich besonders deutlich ausgeprägte risikoaverse Haltung gegenüber „Pionieren" andererseits lassen sich ohne weitere Forschungstätigkeit nicht erklären. Interessant ist jedenfalls, dass die Anbieter nachhaltiger Geldanlagen für institutionelle und private Investoren unterschiedliche Zukunftsszenarien entwickeln. So sind sich die Anbieter in allen drei Ländern darin einig, dass Ausschlusskriterien künftig für institutionelle Investoren eine geringere Bedeutung haben werden als für private, Positivkriterien hingegen vor allem für institutionelle Investoren in der Zukunft eine größere Rolle spielen werden als bei privaten. Das würde bedeutet, dass private Investoren sich künftig eher von einer vermeidenden Form der Geldanlage leiten lassen, institutionelle Investoren jedoch mehr zum Best-in-Class-Ansatz tendieren. Ebenso sind die Anbieter davon überzeugt, dass aktives Aktionärswesen künftig für institutionelle Investoren ein zentrales Anliegen, für private Investoren hingegen von untergeordneter Bedeutung sein wird.

Gleichzeitig erlangen ethische bzw. nachhaltige Geldanlagen eine immer größere Bekanntheit. Waren es einer Studie der imug investment research[215] zufolge im Jahr 2001 noch ein Drittel der befragten Haushalte, die angaben von ethischen Geldanlagen schon gehört zu haben, hat einer Studie der ABN AMRO-Bank aus dem Jahr 2006 zu Folge gegenwärtig bereits die große Mehrheit der Privatanleger in Deutschland eine positive Meinung von Nachhaltigkeits-Fonds.[216] 70 % der in dieser Studie Befragten sind der Meinung, dass nachhaltiges Investieren eine Möglichkeit zur Beeinflussung von Gesellschaft und Unternehmen darstellt und 64 % gehen konkret davon aus, dass Nachhaltigkeitsfonds Unternehmen dazu bewegen können, ethische Grundsätze verstärkt in ihre Geschäftpolitik einfließen zu lassen. Im Vergleich zu britischen oder niederländischen Investoren, die zu 75 % diese Meinung teilen, sind die Deutschen damit noch vergleichsweise skeptisch. Skeptisch sind die Deutschen auch, wenn es um die Frage geht, ob zukünftig immer mehr Unternehmen Rentabilität mit umwelt- und sozialverantwortlichem Handeln verbinden werden: nur 45 % sind dieser Meinung. Nachhaltigkeitsfonds als konkrete Möglichkeit einer nachhaltigen Geldanlage hingegen scheinen den Deutschen eher unbekannt zu sein: lediglich 26 % der Deutschen wissen, dass es Nachhaltigkeitsfonds gibt, wo hingegen 75 % der Niederländer angaben, von Nachhaltigkeitsfonds schon gehört zu haben. Dementsprechend überrascht es auch nicht, dass nur 1 % der deutschen Investoren ihr Geld in Nachhaltigkeitsfonds anlegen – immerhin waren es 2001 erst 0,68 %. Ob dies nur mit dem geringen Bekanntheitsgrad von Nachhaltigkeitsfonds zu tun hat ist fraglich, da doch in Großbritannien, wo die Fonds noch weniger bekannt sind als in Deutschland, immerhin bereits 9 % der Investoren Anteile an Nachhaltigkeitsfonds besitzen.

Die Studie ist aufschlussreich dahingehend, dass „eine positive Meinung über nachhaltige Investments, die Kenntnis von Nachhaltigkeits-Fonds sowie eigenes nachhaltiges Investieren offenbar drei völlig verschiedene Dinge sind. Die durchwegs positive Einstellung zu Nachhaltigkeitsfonds führt bei den Anlegern nicht zwangsläufig zu entsprechenden Investments".[217] Über die Gründe dafür kann nur gemutmaßt werden.

---

[215] Kirein F., Der Markt für ethisches Investment in Deutschland. Eine repräsentative Befragung privater Anleger, imug investment research, Hannover 2001.

[216] Studie der ABN AMRO Asset Management (Deutschland) GmbH, Frankfurt/Main, Pressemitteilung vom 2. Mai 2006.

[217] Ebda.

Auffallend ist jedoch die große Skepsis gegenüber nachhaltigen Anlageformen. 66 % der Deutschen wollen eine Garantie dafür haben, dass soziale und ökologische Anforderungen von Unternehmen auch tatsächlich befolgt werden. Offensichtlich steht dabei die Befürchtung im Hintergrund, dass es sich bei Nachhaltigkeitsfonds trotz des Prädikats „nachhaltig" lediglich um konventionelle Anlageprodukte handelt, denen jedoch eine neue Vermarktungsstrategie zugrunde gelegt worden ist. Tatsächlich ist auch schon von Imagewerbung und der mit Attributen wie eco, sustainable, ökologisch, sozial und nachhaltig einhergehenden „Deckmäntelchen-Funktion" die Rede: „Der Konflikt, Geld nicht mehr nur als unpolitisch und neutral zu klassifizieren, und stattdessen zum wertorientierten, politischen Kapital zu machen, könnte durch geschicktes Labelling minimiert werden – so die Hoffnung mancher Marketingstrategen".[218] Angesichts der rasant gestiegenen Zahl der mittlerweile angebotenen Nachhaltigkeitsfonds dürfte diese Skepsis zum Teil berechtigt sein. In Deutschland kann man mittlerweile aus mehr als 120 Nachhaltigkeitsfonds wählen, in Österreich sind es immerhin ca. 50. Die Anbieter dieser Fonds sind sowohl kleine Anbieter, die sich teilweise auf diese nachhaltige Geldanlagen spezialisiert haben, ebenso wie große Banken, die Nachhaltigkeitsfonds eher zur Komplettierung ihrer Produktpalette mit ins Programm nehmen. Die Beurteilung einzelner Nachhaltigkeitsfonds bedeutet für Anleger eine große Herausforderung, zumal eine ausführliche Analyse der den jeweiligen Nachhaltigkeitsfonds zugrunde liegenden Methoden und Vorgehensweisen selbst für Experten nicht ohne weiteres möglich ist. Vor allem sind zwei Gründe für die Skepsis der Anleger anzuführen:

Erstens sind die von den Anbietern von Nachhaltigkeitsfonds zur Verfügung gestellten Informationen oft ungenügend und mangelhaft. Kritische und an der Nachhaltigkeitsdebatte interessierte Anleger finden selten Antwort auf ihre Fragen bzw. müssen feststellen, dass sie wesentlich besser informiert sind als ihr Anlageberater in der Bank.[219] Diese – vor allem im Vertrieb der Großbanken festzustellende – Unkenntnis der Kundenberater in Bezug auf die nachhaltige Geldanlage führt schließlich zu zweierlei: einerseits dazu, dass die Skepsis der Anleger gegenüber der nachhaltigen Geldanlage zunimmt und andererseits dazu, dass die Kundenberater lieber Produkte anbieten, mit denen sie besser umgehen können – und in der Regel sind das die herkömmlichen Anlageprodukte.

Zweitens zweifeln viele Anleger an den Möglichkeiten der nachhaltigen Geldanlage und vor allem daran, dass ihr persönlicher Beitrag Unternehmen zu einem nachhaltigen Wirtschaftsstil anregen kann. Dazu kommt, dass Nachhaltigkeitsfonds oft Unternehmen enthalten, die der Öffentlichkeit nicht gerade bezüglich ihrer Nachhaltigkeitsstrategie in Erinnerung sind. So gehören beispielsweise Aktien des Erdölkonzerns British Petrol (BP) zu den beliebtesten nachhaltigen Invest-

---

[218] Krebs C., Vorsicht bei ethischen Geldanlagen. Viele Nachhaltigkeitsfonds sind moralisch gar nicht so unangreifbar, wie es bisweilen auf den ersten Blick erscheint, in: Frankfurter Rundschau 14./15. Juni 2006, Nr. 135, S. 8.

[219] Vgl. „Der Vertrieb ignoriert das Thema", in: Handelsblatt vom 3./4./5. März 2006, Nr. 45, B 12.

ments in Europa. Der Grund dafür ist, dass immer mehr Nachhaltigkeitsfonds nach dem Best-in-Class-Ansatz vorgehen, der problematische Unternehmensbranchen nicht von vorn herein ausschließt, sondern jeweils in die nachhaltigsten Unternehmen einer Branche investieren, um damit einen Nachhaltigkeits-Wettbewerb innerhalb der Branche anzuregen. Bei BP kommt dabei zum Tragen, dass das Unternehmen einer der weltweit größten Solarzellenhersteller ist und somit – zumindest im Vergleich mit den anderen Erdölunternehmen – als relativ umweltfreundlich gilt.[220]

Beide Ursachen verweisen auf ein Grundproblem des Marktes für nachhaltige Geldanlagen und können eine Erklärung für den doch eher bescheidenen Anteil von nachhaltigen Geldanlagen sein. Demnach besteht ein Mangel an Transparenz und Information. Der Mangel an Transparenz bezieht sich auf die Methoden und Auswahlkriterien der Fondsanbieter, vor allem aber auf das von den Anbietern nachhaltiger Geldanlage vertretene Nachhaltigkeitsverständnis. Damit treten die von den Anlegern gehegten (starken) Nachhaltigkeitserwartungen mit einem davon eventuell abweichenden (schwachen) Nachhaltigkeitsverständnis von Anbietern nachhaltiger Geldanlagen in Konflikt. Der Mangel an Information schließt an dieses Problem an: die Kriterien und Methoden der Anbieter von Nachhaltigkeitsindizes – wie bestimmte Ausschlusskriterien oder der Best-in-Class-Ansatz – müssen offen gelegt, begründet und kommuniziert werden. Erst dann treten für Anleger wesentliche Informationen zu Tage, die Missverständnisse (wie das im oben beschriebene Beispiel von BP) aufzulösen helfen – ohne dass damit gesagt ist, dass alle Investoren den Best-in-Class-Ansatz deshalb auch gutheißen müssen. Dass den Menschen eine stärkere Berücksichtigung von Umweltaspekten bei Finanzprodukten wichtig ist, geht aus einer Umfrage aus dem Jahr 2001 hervor: 81,9 % der Befragten dieser Studie gaben an, dass ihnen diese „sehr wichtig" bzw. „wichtig" wäre.[221]

---

[220] Zeller-Silva G., Vom Protest zur Marktreife, in: Die Zeit 04/2006.

[221] Ecologic (Hg.), Ökologische Aspekte der privaten Altervorsorge, Berlin 2001, S. 24
        (http://www.gruenesgeld.at/service/pdf/ecologic_umfrage.pdf#search=%22ecologic%20%2B%
        20%22%C3%B6kologische%20aspekte%20der%20privaten%20altersvorsorge%22%22,
        Abfrage am 14.9.2006).

3.3 Gestaltungs- und Steuerungsmöglichkeiten der nachhaltigen Geldanlage

Die vorangehende Untersuchung hat gezeigt, dass Anleger besonders skeptisch sind was die mit der nachhaltigen Geldanlage einhergehenden Gestaltungs- und Steuerungsmöglichkeiten betrifft. Konkret wird häufig bezweifelt, dass nachhaltiges Veranlagen überhaupt einen Effekt auf die Wirtschaft im Allgemeinen und die Wirtschaftsweise von Unternehmen im Speziellen hat. Insofern lohnt eine grundlegende Untersuchung der Gestaltungsmöglichkeiten von Anlegern im Rahmen nachhaltigen Investierens.

Auf die Zufriedenheit bzw. Unzufriedenheit mit einem Produkt, einer Dienstleistung oder der Art und Weise wie diese entstehen, reagiert man für gewöhnlich mit Zu- oder Abwanderung.[222] Der Fall einer Zuwanderung wird im Bereich der nachhaltigen Geldanlage – unter der Voraussetzung zumindest nicht schlechterer Renditeerwartungen – in der Regel dann eintreten, wenn dem Leitbild nachhaltiger Entwicklung entsprochen wird. Im umkehrten Fall kommt es dann zur Abwanderung, wenn zentrale Nachhaltigkeitsaspekte nicht oder nicht ausreichend berücksichtigt werden. Zu- und Abwanderung sind auf den Kapitalmärkten täglich unzählig oft durchgeführte Operationen, die sich im Wesentlichen an ökonomischen Faktoren orientieren. Mit dieser Veränderung der Nachfragesituation vollzieht sich auf den Kapitalmärkten auch eine Wertänderung des Anlageprodukts: der finanzielle Wert einer Anlage steigt mit zunehmender Nachfrage, während er mit fallender Nachfrage sinkt. Im Fall der nachhaltigen Geldanlage kommt hier noch der Aspekt der Beurteilung ökologischer und sozialer Kriterien hinzu. Der Anleger artikuliert mit seiner Kauf- oder Verkaufsentscheidung Zuspruch- oder Widerspruch. Das bedingt die Möglichkeit zur Beurteilung von verschiedenen Produkten und Anlagemöglichkeiten in Hinblick auf ihre Gestaltungs- und Steuerungsmöglichkeiten.

3.3.1 Sichteinlagen bei Banken

Der Abzug von Sichteinlagen (Giroeinlagen, Festgelder, Spareinlagen …) hat zwar wegen der nicht vorhandenen Kursnotierung keine Kursverlust zur Folge, dennoch aber Auswirkungen auf die Gewinnsituation eines Geldinstitutes. Geldinstitute benötigen zur Refinanzierung ihrer Kreditgeschäfte Kundeneinlagen, sind diese nicht in ausreichendem Ausmaß vorhanden, müssen die für das Kreditgeschäft erforderlichen Mittel – in der Regel zu höheren Kosten – über den Geld- oder Kapitalmarkt bezogen werden. Ein Abzug von Sichteinlagen kann damit Auswirkungen auf das Zinsergebnis bzw. den Jahresüberschuss von Geldinstituten haben. Damit

---

[222] Grieble P., Ethisch-ökologische Geldanlage. Einflussmöglichkeiten durch Beachtung von ethisch-ökologischen Gesichtspunkten bei der Anlage von Geld, Frankfurt am Main 2001, S. 118 ff.

es dabei für das Geldinstitut zu spürbaren Effekten kommt, bedarf es freilich einer entsprechenden Größenordnung, die mit dem Abzug eines einzelnen Kunden im Normalfall nicht erreicht wird. Ein solcher „Widerspruch" kann jedoch Signalwirkung für andere Anleger haben, die darauf hin ebenfalls ihre Sichteinlagen abziehen. Denkbar wäre dies im Fall eines Boykotts durch eine nachhaltig motivierte Gruppe von Anlegern, etwa um gegen die Finanzierung eines nicht nachhaltigen Projektes zu protestieren.

3.3.2   Anleihen

Mit dem Kauf von Anleihen stellen Investoren Unternehmen, Staaten und inter- bzw. supranationalen Organisationen ihr Geld in Form von Fremdkapital zur Verfügung. Es besteht somit ein Gläubiger-Schuldner-Verhältnis, das jedoch keine direkte Mitsprache bei den Schuldnerinstitutionen ermöglicht. Der Investor erhält dafür vom Schuldner eine Verzinsung, die sich vor allem an der Bonität des Schuldners orientiert. Bei einer erstklassigen Bonität (wie bei einigen Staaten und inter- und supranationalen Organisationen) ist die Verzinsung niedriger als bei einer schlechten Bonität des Schuldners. Die Verzinsung stellt demnach einen Kostenfaktor für die Schuldner dar. Die Schuldner sind bemüht, so wenig wie möglich für das ausgeliehene Geld zu bezahlen, sind dabei aber von der Nachfrage an den internationalen Finanzmärkten abhängig. Da Schuldner mit einer erstklassigen Bonität eine bessere Sicherheit bieten verzeichnen sie auch eine höhere Nachfrage, welche sich für die Schuldner mit niedrigeren Kosten zu Buche schlägt. Für nachhaltige Investoren ist die Bonität zwar eine wichtiges, aber nicht das einzige Kriterium. Eine gesteigerte Nachfrage nach Schuldnern, die nachhaltiger agieren als andere Schuldner, kann deshalb ebenfalls zu einem Kostenvorteil werden.

Nachhaltige Geldanlagen, welche nicht in Anleihen von Staaten investiert, die das Kyotoprotokoll nicht unterzeichnet haben, können demnach eine Nachfrageverschiebung auslösen und damit höhere Finanzierungskosten für den Emittenten zur Folge haben. Nach einer Studie von Merrill Lynch betrug das Volumen aller ausstehenden Anleihen im Jahr 1999 weltweit 30.000 Milliarden USD, wobei die Hälfte auf Staatsanleihen fiel.[223] Ein einzelner Investor kann demnach eine solche Nachfrageverschiebung nicht auslösen – wohl aber eine Gesellschaft, die nachhaltige Kriterien bei der Geldanlage verfolgt.

Ein prominentes Beispiel für den Boykott eines Anleiheschuldners stellt die Disinvestment Campaing von *A Seed Europe* dar.[224] *A Seed Europe* ist eine 1991 gegründete NGO mit dem Ziel, einen weltweiten Boykott von Anleihen der Weltbank und des Internationalen Währungsfonds zu erreichen.[225] Zahlreiche öffentliche, gewerkschaftliche und auch religiöse Institutionen haben sich bisher diesem

---

[223] Financial Times Deutschland vom 26.04.2006, S. 22, zit. nach: Bundesministerium für Finanzen (Hg.), Österreichischer Finanz- und Kapitalmarkt in der WWU, Wien 2000, S. 18.

[224] www.aseed.net

[225] www.wbbeurope.org/index.php

Boykott angeschlossen, um auf nicht nachhaltige Projektfinanzierungen der Weltbank und des Internationalen Währungsfonds zu reagieren.[226]

3.3.3   Aktien

Wer Aktien besitzt, hat nicht nur Anteil am Gewinn oder am Verlust eines Unternehmens bzw. seines Kurswertes, sondern auch am Unternehmen selbst. Jeder Aktionär ist – wenn man so will – Miteigentümer der Gesellschaft. Daraus folgt nicht nur ein vermögensrechtlicher, sondern auch ein einflussrechtlicher Aspekt. So haben Aktionäre vor allem das Recht auf Teilnahme an den Hauptversammlungen, wobei die Unternehmensleitung auskunftspflichtig ist und Aktionäre über ein Rede-, Stimm- und Anfechtungsrecht verfügen. Somit sind Aktien also nicht nur ein Instrument der Geldanlage, sondern auch ein Instrument der Mitbestimmung in Unternehmen und der Gestaltung von wirtschaftlichen Aktivitäten. Da man als einzelner Aktionär dennoch wenig Gehör findet, schließen sich Aktionäre auch zu Gruppen kritischer Aktionäre zusammen. Während sich in Österreich kritische Aktionärsgruppen nur bei einigen Unternehmen finden (Verbund, EVN, OMV), haben sich in Deutschland bereits 1986 einzelne kritische Aktionärsgruppen zum Dachverband der kritischen Aktionärinnen und Aktionäre e.V. zusammengeschlossen. Kritische Aktionäre wollen die Firmenpolitik kritisch analysieren und Impulse für einen nachhaltigeren Wirtschaftsstil der Unternehmen geben.[227]

Neben dieser Form der aktiven Mitbestimmung bilden Zu- und Abwanderung, also das Kaufen und Verkaufen von Aktien, eine weitere Möglichkeit, den Wirtschaftsstil eines Unternehmens zu beeinflussen. Käufe und Verkäufe haben Auswirkungen auf den Aktienkurs: Verkäufe haben einen sinkenden, Käufe einen steigenden Aktienkurs zur Folge. Unternehmen haben aus mehreren Gründen Interesse an steigenden Aktienkursen. Zum einen erleichtern steigende Kurse den Unternehmen die Aufnahme von zusätzlichem Eigen- und Fremdkapital. Damit kann das Unternehmen mehr investieren und neue Geschäftsfelder erschließen oder einen höheren Output erzielen. Sinkende Kurse hingegen erschweren dies. Darüber hinaus sind steigende Kurse gut für das Image, weil sie mit Erfolg und Gewinn assoziiert werden – fallende Kurse jedoch könnten darauf hinweisen, dass etwas mit dem Unternehmen nicht stimmt. Ein verbessertes Image steigert die Wettbewerbsfähigkeit eines Unternehmens und damit auch die Aussicht auf profitable Geschäfte. Außerdem haben die Manager – und manchmal auch die Mitarbeiter – von Unternehmen ein sehr eigennütziges Interesse an steigenden Kursen, vor allem, wenn ihre Entlohnung von der Aktienkursentwicklung des Unterneh-

---

[226]   Dieses Beispiel zeigt aber auch, wie schwierig es ist, Institutionen und Unternehmen hinsichtlich ihrer Aktivitäten zu beurteilen. Die Weltbank finanziert zahlreiche Projekte, deren ökologische und soziale Bedeutung unumstritten ist. Ein Boykott der Weltbank als Anleiheschuldner betrifft auch diese Projekte.

[227]   Deml M., May H., Grünes Geld. Jahrbuch für ethisch-ökologische Geldanlagen 2005/2006, Stuttgart 2005, S. 72-79.

mens abhängt. Diese besonders in den USA und immer häufiger auch in Europa gebräuchliche Form der börsenkursabhängigen Entlohnung – entweder durch die Aufteilung einer Vorstandsentlohnung in Fixhonorar und börsenkursabhängiges Honorar oder durch die Zuteilung von Aktienoptionen – dient der Steigerung des Shareholder-Value: geht's dem Unternehmen gut, geht's den Managern gut. Sinkt der Börsenkurs eines Unternehmens, spüren das auch die Manager persönlich. Auch hier gilt: ein einzelner Aktionär wird in der Regel keine nennenswerten Effekte mit dem Kauf oder Verkauf von Aktien auslösen. Wohl aber ist eine Gruppe von Investoren relevant, der es vor allem um Nachhaltigkeitsaspekte geht. Nachhaltige Investmentfonds beispielsweise erlauben eine Bündelung der Interessen einzelner nachhaltiger Investoren und durch das damit kumulierte Kapital bilden nachhaltige Investmentfonds – zumindest zunehmend – eine ernstzunehmende Einflussgröße auf die Entwicklung des Börsenkurses ebenso wie auf das Image eines Unternehmens.

Tatsächlich wird in der Praxis oft unterschätzt, welche Bedeutung ein positives Image für Unternehmen hat. Für Unternehmen stellt eine Imagekrise das unternehmerisch größte Problem dar,[228] und Unternehmen sind sehr darauf bedacht, ein schlechtes Umwelt- oder Sozialimage zu vermeiden. Mit dem Ausschluss von Unternehmen aus nachhaltigen Investmentstrategien infolge einer negativen Umwelt- oder Sozialperformance haftet diesen Unternehmen ein schlechtes Image an. Umkehrt können Unternehmen, die Gegenstand von nachhaltigen Investmentstrategien sind ihr Ansehen in der Öffentlichkeit entsprechend steigern.

3.3.4   Investmentfonds

Die Verwaltung von Investmentfonds ist in Österreich Kapitalanlagegesellschaften vorbehalten,[229] die sich häufig aber nicht immer im Besitz von Banken befinden. In Österreich waren per Mitte 2005 2.074 inländische und 3.329 ausländische Investmentfonds zum Vertrieb zu gelassen, weltweit waren es 54.702 Investmentfonds. Per Ende 2004 waren ca. 125 Milliarden Euro in inländischen Investmentfonds investiert, weltweit waren es 12.445 Milliarden Euro.[230] Fast die Hälfte aller weltweit aufgelegten Investmentfonds sind Aktienfonds, jeweils ca. 20 % sind Mischfonds und Anleihenfonds. Im deutschsprachigen Raum gibt es derzeit ca. 120 nachhaltige Publikumfonds mit einem Anlagevermögen von etwa 13 Milliarden Euro.

---

[228]   Eine aktuelle Studie des Meinungsforschungsinstitutes OGM hält fest, dass Imagekrisen von Unternehmen als gefährlicher eingeschätzt werden als etwa finanzielle Krisen, Haftungsfragen oder Unfälle: Instrumente für die Krise, Der Standard vom 7./8. Oktober 2006, K1.

[229]   Vgl. InvFG 1993 § 2 (1)

[230]   Quelle: European Fund and Asset Management Association, zit. nach: Vereinigung ausländischer Investmentgesellschaften in Österreich, Investmentfonds. Marktübersicht September 2005 (http://www.vaioe.at/Praesentation_04_0805.ppt#257,1,Investmentfonds Marktübersicht September 2005, zuletzt abgerufen am 30.8.2006).

Investmentfonds verwalten Vermögen privater und institutioneller Investoren, die am Investmentfondsvermögen Anteile besitzen, nach vorgegebenen Anlagegrundsätzen. Bei nachhaltigen Investmentfonds werden dabei neben ökonomischen auch nachhaltige Anlagegrundsätze berücksichtigt. Da Investmentfonds mit einem eigenen Kurswert notieren, hat der Kauf oder Verkauf von Investmentfondsanteilen zwei Effekte: einerseits auf die Kursnotiz der im Investmentfond enthaltenen Titel mit eigenem Kurswert und andererseits auf die Kursnotiz des Investmentfonds selbst. Eine signifikante Veränderung der jeweiligen Kurswerte ist jedoch nur bei einem entsprechend großen Volumen zu erwarten, weshalb einzelne Zu- und Abwanderungen in der Regel ohne weitere Auswirkungen bleiben. Grundsätzlich ist aber festzuhalten, dass durch die Käufe und Verkäufe von Investmentfondsanteilen Veränderungen von Wertpapierkursen möglich sind.[231]

Der Kauf oder Verkauf von Investmentfondsanteilen hat jedoch auch Auswirkungen auf die Kapitalanlagegesellschaft selbst. So kann der Kauf von Anteilen nachhaltiger Investmentfonds diese Kapitalanlagegesellschaften stärken und der Verkauf von nicht-nachhaltigen Investmentfonds der dahinter stehenden Kapitalanlagegesellschaft Marktanteile entziehen. Ein Verkauf von Investmentfondsanteilen hat nicht nur zur Folge, dass die Kapitalanlagegesellschaft Wertpapiere verkaufen muss, um den Investor auszubezahlen, sondern auch den Effekt, dass die Kapitalanlagegesellschaft über eine bestimmtes Mindestvolumen an Investorengeldern verfügen muss, um kostendeckend arbeiten zu können. Sinkt das Fondsvolumen unter eine bestimmte Grenze, können sowohl die gesetzlichen Bedingungen bezüglich der vorgeschriebenen Mindestgröße von Investmentfonds als auch die Kosten für das Management des Fonds nicht mehr mit der Verwaltungsgebühr abgedeckt werden und es kommt zur Schließung des Investmentfonds.

Bei nachhaltigen Investmentfonds kommt jedoch zum Tragen, dass es für das Image von Unternehmen und Emittenten vorteilhaft ist, wenn sie in nachhaltigen Investmentfond vertreten sind. „Nachhaltig" zu sein lässt sich gut verkaufen und fördert den Bekanntheitsgrad eines Unternehmens. Unternehmen oder Emittenten jedoch, die aus Nachhaltigkeitsfonds ausgeschlossen werden, sind mit einem negativen Image konfrontiert, vor allem wenn dies von den Medien und Konsumentenverbänden aufgegriffen wird. Nachhaltigkeit wird somit zu einem Gütesiegel, das auch für die Werbung einsetzbar ist.

Anders als bei Aktien haben Anteilsscheininhaber von Investmentfonds für die im Investmentfonds enthaltenen Aktienunternehmen keinerlei Stimmrechte. Diese werden von den Investmentfondsgesellschaften wahrgenommen und die Anteilscheininhaber haben in der Regel keine Möglichkeit, Einfluss auf die Ausübung des Stimmrechts auszuüben. Damit geht für die Investoren eine zentrale Einflussmöglichkeit auf das Unternehmen verloren. Bei einigen nachhaltigen Investmentfonds ist derzeit zu beobachten, dass sie sich dieser Problematik zunehmend

---

[231] Grieble P., Ethisch-ökologische Geldanlage. Einflussmöglichkeiten durch Beachtung von ethisch-ökologischen Gesichtspunkten bei der Anlage von Geld, Frankfurt/Main 2001, S. 141-143.

bewusst werden und Engagement-Ansätze verfolgen oder beabsichtigen. Mit „Engagement" ist in diesem Zusammenhang die aktive Ausübung der mit dem Aktienbesitz verbundenen Mitspracherechte gemeint, um die nachhaltige Entwicklung von Unternehmen zu unterstützen und zu fördern. Dabei wird der Dialog mit Unternehmensvertretern gesucht – etwa bei einem Verkauf von Unternehmensanteilen – als auch bei der Ausübung der Stimmrechte darauf geachtet, dass Nachhaltigkeitsaspekte mehr Berücksichtigung finden.

Sowohl bei Bankeneinlagen, Anleihen, Aktien und Investmentfonds haben nachhaltige Geldanlagen ein Gestaltungs- und Steuerungspotential, das zwar aufgrund der faktischen Größenverhältnisse derzeit gering erscheint, aber prinzipiell vorhanden ist. Das Argument, dass die nachhaltige Geldanlage kein relevantes Gegengewicht zur Macht des Faktischen auf den Finanzmärkten darstellen kann, ist demnach „lediglich" eine Frage der Größenordnung. Damit soll die Kluft zwischen rein nach finanziellen und nach nachhaltigen Kriterien getätigten Investments nicht heruntergespielt werden, aber es macht einen Unterschied aus, ob man eine Alternative als prinzipiell unrealistisch bezeichnet oder als theoretisch durchführbar, aber praktisch *noch* nicht wirksam beschreibt. Darüber hinaus zeigt sich, dass auch bereits geringe Volumina nachhaltig veranlagter Gelder Einfluss auf das Wirtschaftsgeschehen haben können: die weltweit größten Unternehmen veröffentlichen Nachhaltigkeitsberichte und bemühen sich sehr, in Nachhaltigkeitsindizes aufgenommen zu werden. Dass Boykotte gegenüber nicht nachhaltig agierenden Unternehmen wirkungsvoll sein können, belegen Beispiele wie der Boykott südafrikanischer Diamanten und Früchte in den 80er Jahren des 20. Jahrhundert als Reaktion auf die Apartheids-Politik oder der Boykott gegen Shell im Jahr 1995 wegen der geplanten Versenkung der Bohrplattform Brent Spar im Meer. Das entscheidende Kriterium für den Erfolg dieser Boykotte war das Ausmaß der mobilisierten Öffentlichkeit und die Gefahr langfristiger ökonomischer Nachteile. Die Gestaltungs- und Steuerungsmöglichkeiten der nachhaltigen Geldanlage sind demnach bereits gegeben und werden umso wirksamer, je mehr Investoren nachhaltige Kriterien in ihre Anlageentscheidung einbeziehen.

3.3.5   Hedgefonds

Weltweit gibt es derzeit ca. 10.000 Hedgefonds mit einem Volumen von ca. 1.500 Milliarden USD. Ihr Tagesumsatz mit Finanzderivaten beläuft sich auf ca. 6.000 Milliarden USD, was knapp der Hälfte des Bruttosozialproduktes der USA entspricht. Die Bezeichnung „Hedgefonds" ist eher der Sammelbegriff für verschiedene Strategien und Methoden und weniger die definitorische Bezeichnung eines konkreten Investmentproduktes. Im Wesentlichen zielen Hedgefonds auf möglichst hohe und marktunabhängige Renditen ab (absolute return) und verwenden dabei verschiedene Finanzinstrumente. Von besonderer Bedeutung sind dabei die

Methode von Leerverkäufen (short-selling) und die Erzielung einer Hebelwirkung durch Fremdfinanzierung (leverage).[232]

In letzter Zeit werden Hedgefonds zunehmend kritisch beurteilt.[233] Sie unterliegen kaum rechtlichen Regelungen, sind meist in Off-Shore-Regionen domiziliert und bezüglich ihrer Geschäftstätigkeit gibt es so gut wie keine Transparenz. In ihrem im Juni erschienenen Bericht zur Finanzstabilität sieht die Europäische Zentralbank die Stabilität des Weltfinanzsystems durch Hedgefonds gefährdet, da es durch den Kollaps eines großen Hedgefonds oder mehrerer kleiner Hedgefonds zu ungeordneten Marktkorrekturen kommen kann, vor allem weil viele Fondsmanager inzwischen vergleichbare Investmentstrategien benutzen, wodurch das Risiko besteht, dass Anlagepositionen gleich in großem Stil schlagartig aufgelöst werden und damit eine Kettenreaktion ausgelöst wird.[234] Aus ethischer Sicht ergeben sich daraus erhebliche Vorbehalte gegenüber Hedgefonds. Vor allem die Möglichkeit von Hedgefonds, riesige Anlagevolumina zu akkumulieren und willkürliche Trends auf den Finanzmärkten auszulösen, kann – wie es die Europäische Zentralbank ausdrückt – „ungeordnete Marktkorrekturen" zur Folge haben, die schließlich andere Marktteilnehmer und Volkswirtschaften in Mitleidenschaft ziehen. Darüber hinaus ist eine rein am maximalen Profit orientierte Investmentstrategie (absolute return), die keine sozialen und ökologischen Kriterien berücksichtigt, aus ethischer Sicht abzulehnen.

Befürworter von Hedgefonds argumentieren jedoch, dass gerade Hedgefonds aufgrund ihrer großen Anlagevolumina und marktstrategischen Freiräume in der Lage sind, Druck auf Unternehmen auszuüben. Die erst seit kurzem eingeführten SRI-Hedgefonds[235] unterscheiden sich von herkömmlichen Hedgefonds dadurch, dass sie bestimmte soziale Kriterien bei der Auswahl der den Gegenstand ihrer Investmentstrategien bildenden Unternehmen zum Einsatz bringen. Hinsichtlich der oben ausgeführten systemischen Risiken unterscheiden sich SRI-Hedgefonds nicht von herkömmlichen Hedgefonds. Paradoxerweise werden dabei gerade diejenigen Unternehmen, die bestimmte soziale Kriterien erfüllen, Gegenstand der Investmentstrategien von Hedgefonds. Besonders die – in diesem Umfang und in diesem rechtlichen Vakuum wohl bei Hedgefonds einzigartige – Möglichkeit von

---

[232] Vgl. Weber Th., Das Einmaleins der Hedge Funds. Eine Einführung für Praktiker in hochentwickelte Investmentstrategien, Frankfurt/Main 1999; Pichl A., Hedge Funds. Eine praxisorientierte Einführung, Stuttgart 2001; Fano-Leszczynski U., Hedgefonds. Erfolgreich investieren, Risiko minimieren, Wien 2002.

[233] Kolko G., Unruhe im globalen Kasino, in: Le Monde diplomatique, Oktober 2006, internationale Beilage der Tageszeitung (TAZ) vom 13. Oktober 2006, S. 1 ff.

[234] Vgl. www2.onwirtschaft.t-online.de/dyn/c/80/78/50/8078502.html (Abfrage am 2.8.2006). Leerverkäufe beschreiben einen Vorgang, bei dem Anlagetitel – zum Beispiel Aktien –, die sich gar nicht im Besitz des Verkäufers befinden, verkauft werden. Man geht dabei davon aus, dass die Aktien sinken werden und man sie zu einem späteren Zeitpunkt zu einem niedrigeren Kurs kaufen kann.

[235] SRI: Socially Responsible Investment.

Leerverkäufen drückt jedoch den Kurswert dieser nach sozialen Kriterien ausgewählten Unternehmen und bringt sie damit unter Druck.

Das vielleicht hinter SRI-Hedgefonds vermutete Motiv, nicht nachhaltig agierende Unternehmen könnten Gegenstand der Investmentstrategien – insbesondere der Leerverkäufe – von Hedgefonds sein, erweist sich bei näherer Betrachtung
als nicht existent. Zwar könnte ein gezieltes „Drücken" des Kurses von nicht nachhaltig wirtschaftenden Unternehmen als Gestaltungs- und Steuerungsinstrument
durchaus positive Effekte zur Folge haben, allerdings ist ein solches – ethisch mo-
tiviertes – Engagement von Hedgefonds bislang nicht festzustellen. Und auch
wenn es künftig einmal einen Hedgefonds geben wird, der nicht nachhaltig wirt-
schaftende Unternehmen unter Druck setzt, um sie zu Veränderungen zu bewegen, bleibt noch das ethische Problem der mit den Aktivitäten von Hedgefonds
einhergehenden Risiken einer Destabilisierung der internationalen Finanzmärkte.

3.3.6   Zusammenfassung: Das positive Potential zur Gestaltung und
Steuerung wirtschaftlicher Prozesse durch nachhaltige
Geldanlageprodukte

Die Wahl nachhaltiger Geldanlagestrategien und -produkte eröffnet so die Möglichkeit einer Gestaltung und Steuerung wirtschaftlicher Prozesse. Einerseits bedeutet der Abzug oder der Boykott von Sichteinlagen und Schuldverschreibungen
eine Verteuerung nicht nachhaltigen Wirtschaftens. Weniger Nachfrage für die
Finanzierung ökologisch und sozial abzulehnender Projekte hat zur Folge, dass
nicht nachhaltig agierende Wirtschaftsakteure auf der Suche nach Anlegerkapital
bessere Konditionen bieten müssen und deren Produkte, Dienstleistungen und
Wirtschaftsweisen somit zumindest weniger rentabel werden. Andererseits bewirkt
eine Auswahl von Unternehmen unter ökologischen und sozialen Gesichtspunkten
einen Wettbewerbsvorteil für nachhaltig agierende Unternehmen. Nachhaltig agierende Unternehmen erhalten leichter und damit günstiger Zugang zu Kapital, was
deren Wettbewerbsposition stärkt. Darüber hinaus bedeutet die Anerkennung von
unternehmerischen Bemühungen zur Hebung der ökologischen und sozialen
Standards durch nachhaltig orientierte Investoren eine imageträchtige Aufwertung
der Unternehmen selbst. Demgegenüber bemühen sich Unternehmen, Imagekrisen zu vermeiden und nicht mit Umweltzerstörung oder Sozialdumping in Verbindung gebracht zu werden.

Dass die Gestaltung und Steuerung wirtschaftlicher Prozesse durch Instrumente der nachhaltigen Geldanlage umso erfolgreicher ist, je mehr Anlage suchendes
Kapital sich an ökologischen und sozialen Kriterien orientiert, liegt auf der Hand.
Die Vernetzung und Kooperation nachhaltig orientierter Investoren ist daher von
großer Bedeutung, Informationen über die Verwendung der angelegten Gelder
sind eine wesentliche Voraussetzung für die Gestaltung und Steuerung wirtschaftlicher Prozesse.

3.4 Ratingagenturen: Geschichte, Ansätze, Verfahren

Um Prozesse steuern und gestalten zu können bedarf es nicht nur entsprechender Instrumente, sondern auch einer klaren Orientierung. Nachhaltige Geldanlagen sind deshalb nur möglich, wenn es eine präzise Beurteilung von potentiellen Anlageobjekten gibt. Zusätzlich zur finanziellen Bewertung bedarf es dabei einer neutralen Überprüfung der ökologischen und sozialen „Bonität" von Unternehmen, die Nachhaltigkeit messbar macht. Im Finanzbereich gibt es dafür die Methode der Unternehmensanalyse, auch Rating genannt, wobei Unternehmen und Staaten in Bezug auf ihren ökonomischen Zustand bewertet werden. In den letzten Jahren entstand eine Reihe von Ratingagenturen, welche Unternehmen auch nach ökologischen und sozialen Gesichtpunkten analysieren. Ganz grundsätzlich betrachtet bezeichnet Rating dabei „... ein Beurteilungsverfahren, durch das Bewertungsobjekte hinsichtlich einer bestimmten Zielsetzung in eine Rangordnung zu bringen sind".[236]

3.4.1 Finanzrating

Erstmals wurde Finanzrating Mitte des 19. Jahrhunderts durchgeführt. Durch den in den USA rasant ansteigenden Finanzierungsbedarf und das damit einhergehende Finanzierungsrisiko von Investoren entstanden erste Ratingagenturen wie die Bradstreet's Improved Commercial Agency.[237] Die älteste heute noch tätige Ratingagentur, Moody's Corporation, wurde im Jahr 1900 gegründet. Im Jahr 1909 führte Moody's Ratingsymbole ein, die von Aaa (also Triple A) als beste bis C als schlechteste Bewertung reichte und den Investoren eine schnelle Orientierung ermöglichte. Bereits 1924 bewertete Moody's auch japanische, chinesische, australische und kanadische Unternehmen, was sich besonders in der Weltwirtschaftskrise 1929 als bedeutsam herausstellte.[238] Bis heute ist Moody's eine international führende Ratingagentur, ihren Auspruch auf weltweite Marktführerschaft muss sich Moody's lediglich mit den Ratingagenturen Standard & Poor's und Fitch Ratings teilen. Für Unternehmen und Staaten, welche die internationalen Finanzmärkte als Finanzierungsquelle nützen wollen, ist ein Rating einer solchen Agentur unerlässlich, beschreibt es doch die Fähigkeit eines Schuldners, seine Schulden zurückzahlen zu können.

Weltweit haben sich bisher ca. 8000 Unternehmen bzw. Schuldner von Anleihen bewerten lassen. Ein Rating dauert ca. 4 Wochen und wird anschließend veröffentlicht. Die Kosten für das zu bewertende Unternehmen belaufen sich jährlich

---

[236] Hoffmann J., Scherhorn G., Saubere Gewinne. So legen Sie ihr Geld ethisch-ökologisch an, Breisgau 2002, S. 19.

[237] Sönnichsen Ch, Rating-Systeme am Beispiel der Versicherungswirtschaft, Duncker&Humblot, Berlin 1992, S. 104.

[238] Hoffmann J., Scherhorn G., Saubere Gewinne. So legen Sie ihr Geld ethisch-ökologisch an, Breisgau 2002, S. 21.

auf 20.000 bis weit über 100.000 USD, liegen jedoch meistens innerhalb einer Bandbreite von USD 35.000 bis USD 50.000.[239] Die Rating- Bewertung erfolgt zwischen den Symbolen Aaa (Moody's) bzw. AAA (Standard & Poor's sowie Fitch) und C (Moody's) bzw. D (Standard & Poor's sowie Fitch), wobei ein Triple A die beste Bewertungsstufe für internationale Schuldner darstellt. Eine Verschlechterung dieses Ratings bedeutet für die Schuldner eine Schlechterstellung ihrer Bonität, was zur Folge hat, dass sie auf den internationalen Kapitalmärkten höhere Zinsen zahlen müssen, um Kapital aufnehmen zu können. Insofern ist es für Unternehmen wie Staaten von großer Bedeutung, ein möglichst gutes Rating zu erhalten, da sich die Beschaffung von Fremdkapital so als wesentlich leichter und günstiger erweist. Der in Zusammenhang mit Rating oft synonym verwendete Begriff Ranking unterscheidet sich vom Rating insofern, dass beim Ranking (nur) Ränge verteilt werden. Der Begriff Screening kann als eine „Überprüfung von Unternehmen"[240] beschrieben werden und bezeichnet in der Regel stark standardisierte Verfahren, die anhand von Positiv- und Negativlisten gewisse Kriterien prüfen. Für den Begriff Rating können folgende Charakteristika festgehalten werden:[241]

- Der Inhalt eines Ratings ist eine vergleichende Beurteilung.
- Bewertungsinhalt ist ein/sind einheitliche(s) Merkmal(e).
- Ratingergebnisse werden einer Position auf einer Skala zugeordnet, die durch Symbole gekennzeichnet werden kann und absolute Aussagen zulässt.
- Ratings werden in der Regel extern, d.h. weder vom Entscheider noch von einem im Alternativenraum betroffenen Wirtschaftssubjekt durchgeführt.

So sehr ein Finanzrating geeignet ist, Auskunft über die Bonität von Unternehmen und Staaten zu geben, sagt es doch nichts darüber aus, wie die Unternehmenstätigkeit in Hinblick auf das Leitbild nachhaltiger Entwicklung zu beurteilen ist. Zu diesem Zweck sind in den letzten Jahren spezielle Rating-Agenturen entstanden, die zwar auf der Idee des Finanzratings aufbauen, sich aber hinsichtlich ihrer inhaltlichen Ausrichtung wesentlich von diesen unterscheiden.

3.4.2   Nachhaltigkeitsrating

Während das Finanzrating die wirtschaftliche Situation von Unternehmen und Staaten anhand betriebswirtschaftlicher Kriterien zum Ausdruck bringt, erfolgt dies beim nachhaltigen oder ethischen Rating vorwiegend anhand ökologischer und sozialer Kriterien. Das Ziel ist es dabei, Investoren anhand eines verständlichen Bewertungscodes die ökologische und soziale Qualität eines Unternehmens zu

---

[239] Deml M., Baumgartner J., Grünes Geld. Jahrbuch für ethisch-ökologische Geldanlage 1998/99, Waldthausen 1998, S. 257.

[240] Jahn F., Zur Qualität von Nachhaltigkeitsratings. Zwischen Anspruch und Wirklichkeit, Frankfurt/Main 2004, S. 21.

[241] Figge F., Öko-Rating: ökologieorientierte Bewertung von Unternehmen, Berlin 2000, S. 5.

vermitteln. Die Entwicklung einer so gestalteten Unternehmensbewertung hat im Laufe der Jahre verschiedene Bezeichnungen erhalten, die aber jeweils ähnliche Vorgehensweisen beschreiben. Öko-Rating zum Beispiel bedeutet die „… systematische Erhebung, Auswertung und Aufarbeitung umweltbezogener Unternehmensdaten, um diese in komprimierter Form der Öffentlichkeit zugänglich zu machen."[242] Die damit verbundene Komplexität der Erhebung, Auswertung und Aufarbeitung umweltbezogener Daten erfordert ein institutionalisiertes Verfahren, vor allem dann, wenn – wie bei einem Nachhaltigkeits-Rating – auch Daten zur Beurteilung der sozialen Verantwortlichkeit von Unternehmen und Staaten mit zu berücksichtigen sind. Solcher Art institutionalisierte Verfahren bilden die Arbeit und die Vorgehensweisen von Öko-, Ethik- oder Nachhaltigkeits-Ratingagenturen ab, welche spezifischen Anforderungen entsprechen müssen, wie finanzielle und persönliche Unabhängigkeit, fachliche Qualifikation der Mitarbeiter, Zugang zu allen notwendigen Informationen und dauerhafte Existenz, um Veränderungen im Unternehmen feststellen zu können.

Mit finanzieller Unabhängigkeit ist gemeint, dass die Agentur in der Lage ist, sich selbst zu finanzieren und nicht in einem unmittelbaren finanziellen Abhängigkeitsverhältnis gegenüber Kunden ist. Ein Problem ergibt sich dabei für die Ratingagenturen insofern, als Unternehmen wie Staaten kein gleichermaßen ausgeprägtes Interesse an einem Nachhaltigkeitsrating haben wie es im Falle des Finanzratings besteht. Auch wenn die Kosten für ein Nachhaltigkeitsrating wesentlich geringer sind als für ein Finanzrating sind die wenigsten Unternehmen und noch weniger Staaten bereit, für ein Nachhaltigkeitsrating zu bezahlen. Darüber hinaus ist anzunehmen, dass Unternehmen, die im Nachhaltigkeitsbereich nicht sehr aktiv sind, auch kein Interesse haben, von Nachhaltigkeits-Ratingagenturen bewertet zu werden. Nachhaltigkeits-Ratingagenturen werden in der Regel von Kapitalanlagegesellschaften und Anbietern nachhaltiger Geldanlageprodukte mit der Bewertung von Unternehmen und Staaten beauftragt und finanzieren sich somit über die in den nachhaltigen Geldanlageprodukten enthaltenen und von Anlegern zu bezahlenden Verwaltungsgebühren. Das hat den Vorteil, dass von Seiten der zu bewertenden Unternehmen kein Druck ausgeübt werden kann und die Unternehmensbewertung objektiv erfolgen kann.

In enger Verbindung mit der finanziellen Unabhängigkeit steht auch die personelle Unabhängigkeit. Die Analysten von Ratingagenturen dürfen sich in keinem Interessenskonflikt oder Abhängigkeitsverhältnis gegenüber den zu bewertenden Unternehmen befinden. Die personelle Unabhängigkeit bedeutet sowohl einen Schutz für die Integrität der Analysten als auch eine Voraussetzung für die Objektivität der Bewertung.

Weiters muss der Mitarbeiterstab von Ratingagenturen auch den vielfältigen Anforderungen einer am Leitbild der Nachhaltigkeit orientierten Unternehmensanalyse entsprechen. Das erfordert ein entsprechend ausgebildetes und interdis-

---

[242] Haßler R., Öko-Rating: Ökologische Unternehmensbewertung als neues Informationsinstrument, München 1994, S. 3.

ziplinär zusammengesetztes Analyseteam als Voraussetzung für eine sachgerech-
te und objektive Unternehmensbewertung. Für einen fachlich unausreichend quali-
fizierten oder zuwenig diversifizierten Mitarbeiterstab besteht darüber hinaus die
Gefahr, weder von den zu bewertenden Unternehmen noch von den Anlegern
ernst genommen zu werden.

Um ein Unternehmen oder einen Staat einer objektiven Bewertung zu unterziehen, benötigt die Ratingagentur den Zugang zu verlässlichen Informationen. Um
die vom Unternehmen oder vom Staat zur Verfügung gestellten Informationen einer kritischen Prüfung unterziehen zu können, sind darüber hinaus weitere Informationsquellen auszuwerten. Diese Informationen beziehen sie aus der medialen
Berichterstattung und aus speziellen Datenbanken für Unternehmensnachrichten
ebenso wie von Nichtregierungsorganisationen, Gewerkschaften oder kirchlichen
Einrichtungen. Die Praxis, Unternehmen mit einem Fragebogen zu konfrontieren
um Informationen über deren Nachhaltigkeitsperformance zu erhalten, wird von
vielen Ratingagenturen nicht mehr als adäquat erachtet. Allgemeine Informationen
über das Unternehmen lassen sich den Geschäftsberichten und den immer häufiger zusätzlich verfassten Nachhaltigkeitsberichten entnehmen, lediglich zur Klärung von Detailfragen oder bei einer widersprüchlichen Datenlage wird die Kon-
taktaufnahme mit dem Unternehmen auch künftig erforderlich sein.

Schließlich hängt die Qualität eines Nachhaltigkeitsratings auch wesentlich von
der Möglichkeit ab, Veränderungen in der Nachhaltigkeitsperformance von Unternehmen und Staaten wahrzunehmen und zu kommunizieren. Ratings müssen dafür in regelmäßigen Intervallen aktualisiert werden, was die dauerhafte Existenz
einer Ratingagentur voraussetzt.

Diese spezifischen Anforderungen dienen der Sicherung einer objektiven Unternehmensbewertung und sind um weitere Anforderungen wie umfassende
Transparenz und Qualität des Ratingprozesses zu ergänzen. Ob der Anspruch auf
vollständige Objektivität bei Ratingprozessen auch realistisch ist, wird mitunter
bezweifelt, da es immer ein „… Wechselspiel zwischen Objektivität auf der Seite
der quantitativen Erhebungen und der Subjektivität auf der Seite der menschlichen
Arbeitsweise oder auch der Auswahl der Mitarbeiter …" gibt.[243] Umso wichtiger
sind deshalb sowohl die Transparenz als auch die Qualität des Ratingprozesses,
da sich nur nachvollziehbare Beurteilungsmaßstäbe dem Verdacht der Manipulation entziehen und Glaubwürdigkeit erhalten.

Die Nachvollziehbarkeit bei der Erstellung von Unternehmens- und Länderbe-
wertungen erweist sich als Schlüssel für die Glaubwürdigkeit und damit für die Akzeptanz der Arbeit von Ratingagenturen. Konkret geht es dabei um eine detaillierte Information über die Grundlagen, die Methoden und die Kriterien der Ratingprozesse. Vor allem für Kunden von Ratingagenturen kann sich dadurch eine bessere
Vergleichbarkeit von Ratingansätzen ergeben, zusätzlich wirkt eine erhöhte

---

[243] Jahn F., Zur Qualität von Nachhaltigkeitsratings. Zwischen Anspruch und Wirklichkeit, Frank-
furt/Main 2004, S. 50.

Transparenz auch auf die Weiterentwicklung von Rating-Ansätzen selbst zurück, da die sachliche und wissenschaftliche Auseinandersetzung mit unterschiedlichen Rating-Konzepten vorangetrieben wird und somit die Qualität von Ratings laufend verbessert werden kann.

Ratingagenturen kommen diesen Transparenzerfordernissen in unterschiedlicher Weise nach. Meist werden zentrale Methoden und Kriterien auf den Internetseiten vorgestellt, einige Agenturen veröffentlichen auch Beispiele von Ratings. Teilweise bleiben die Erklärungen jedoch sehr allgemein und unter Verweis auf die Vertraulichkeit der Daten und die angespannte Konkurrenzsituation werden Informationen der interessierten Öffentlichkeit vorenthalten. Damit bleiben auch zentrale Voraussetzungen zur Beurteilung der Qualität eines Ratings unerfüllt. Die Qualität eines Ratings hängt von der Konsistenz der Hintergrundannahmen und Ausgangssituationen (Was ist nachhaltige Entwicklung? Was ist nachhaltiges Wirtschaften?) ebenso ab wie von der Stringenz und Objektivität der methodischen Vorgehensweise (Wie werden welche Kriterien angewendet und zueinander in Bezug gebracht? Gibt es eine Trennung von Datenerhebung und Datenauswertung?) und der fachlichen und persönlichen Eignung der Analysten. Generell kann gesagt werden, dass die Qualität eines Ratings nachlässt, wenn bezüglich des Verständnisses von Nachhaltigkeit und nachhaltiger Entwicklung defizitäre Verstehensweisen bestehen, wenn die Methode des Ratings fehleranfällig ist und keine internen Qualitätssicherungsmaßnahmen implementiert sind und wenn subjektive Gesichtspunkte im Ratingprozess überhand nehmen.[244] Dann kommt es zu einer Kluft zwischen den Zielen des Analysten und den Zielen der Anleger, die vor allem dann unüberbrückbar bleibt, wenn darüber der Mantel des Schweigens ausgebreitet wird.

Festzuhalten ist, dass es durchwegs divergierende Rating-Ansätze geben kann, die – jeder für sich – in sich konsistent, schlüssig und korrekt sein können. Es gibt nicht *den* Ansatz für eine nachhaltige Unternehmensbewertung, sondern verschiedene Zugehensweisen auf das mit dem Leitbild nachhaltiger Entwicklung eröffnete Spektrum ökologischer und sozialer Verantwortung. Das Leitbild der nachhaltigen Entwicklung bietet keine ein für allemal gültige Definition nachhaltigen Wirtschaftens an, sondern – und das ist ja der Zweck eines Leitbildes – eine Zielorientierung für ökologisch und sozial gerechtes und zukunftsfähiges Handeln. Innerhalb dieses Zugehens auf das damit eröffnete Ziel können sich natürlich unterschiedliche Prioritäten und Einschätzungen ergeben, die jedoch einer sachlichen und wissenschaftlichen Diskussion zugänglich sein müssen. Im Zuge dieser Diskussion können sich dann einige Ansätze als tauglicher erweisen als andere, doch das ist erst vor dem Hintergrund umfassender Transparenz und Dialogbereitschaft möglich.

---

[244] Ebda., S. 57.

3.4.2.1 Ursprung und Entwicklung des Nachhaltigkeitsratings

Das Entstehen des Nachhaltigkeits-Ratings hängt eng mit der zunehmenden Sensibilisierung von Konsumenten und Investoren für ökologische und soziale Probleme zusammen.[245] Insbesondere in den USA kam es in den 70er und 80er Jahren des 20. Jahrhunderts zur Bildung zahlreichen Bürgerinitiativen, die zum Boykott von ökologisch und sozial unverantwortlich agierenden Unternehmen aufriefen. Ein Beispiel für das gewandelte Konsumentenverhalten dieser Zeit bildet das Buch „Shopping for a better World", welches in den 80er Jahren die Konsumenten darüber aufklärte, ob und wie die hinter alltäglichen Gebrauchsartikeln stehenden Unternehmen ökologisch und sozial unverantwortlich agierten. Der Druck der Konsumenten führte tatsächlich zu einem Einlenken der Unternehmen und nach der vom Öltanker Exxon Valdes im Jahr 1989 verursachten Ölkatastrophe vor der Küste Alaskas wurden mit den CERES-Prinzipien (auch als Valdez-Prinzipien) 10 Grundsätze formuliert, die einige größere Unternehmen als Selbstverpflichtung übernommen haben:

1. Schutz der Biosphäre
2. Maßvoller Umgang mit den natürlichen Rohstoffen
3. Reduzierung und Entsorgung von Abfällen
4. Effizienter Einsatz von Energie
5. Gesundheitsschutz für Arbeitsplatz und Umgebung
6. Sichere Produkte und Konsumentenschutz
7. Haftung und Schadenersatz
8. Transparenz und Veröffentlichung
9. Mindestens ein Umweltexperte im Management
10. Jährlicher Rechenschaftsbericht

Später wurden diese Grundsätze um die Sullivan-Prinzipien, die im Wesentlichen die Einhaltung der Menschenrechte fordern, ergänzt. Damit lag auch ein erster – freilich noch rudimentärer – Beurteilungsraster für die Bewertung von Unternehmen vor, der es ermöglichte, eine Bewertung nach Positiv- und Negativkriterien vorzunehmen. Bereits in den 60er-Jahren sorgte die Anwendung eines einzigen Kriteriums für den Abzug von Geldern christlicher Investoren beim US-Konzern Dow Chemical, weil das Unternehmen das im Vietnamkrieg eingesetzte Napalm produzierte. Zunehmend wurde erkannt, dass Investoren mit ihrem Engagement kleinschrittige Veränderungen in der Gesamtwirtschaft bewirken und zu einer „stärkeren Durchdringung der Marktwirtschaft mit ethischen Aspekten" beitragen können.[246]

Die erste organisierte Form von Aktionärsengagement auf der Basis einer mit Negativ- und Positivkriterien erarbeiteten Methodologie für eine Nachhaltigkeitsprüfung von Unternehmen und Kapitalanlagen erfolgte im Jahr 1972 mit dem Zu-

---

[245] Hoffmann J., Scherhorn G., Saubere Gewinne. So legen Sie ihr Geld ethisch-ökologisch an, Breisgau 2002, S. 29.

[246] Ebda., S. 32.

sammenschluss kirchlicher Investoren zum Interfaith Center on Corporate Responsibility (ICCR) in New York. Gegenwärtig hat das ICCR 275 institutionelle Mitglieder, das Gesamtvolumen der von den Mitgliedern investierten Gelder wird auf 110 Milliarden USD geschätzt.[247] Das ICCR ist eingebunden ist das National Council of the Churches of Christ in the USA und, vertritt protestantische, katholische und jüdische Investoren ebenso wie Konfessionsgemeinschaften, Gemeinden, Pensionsfonds, Stiftungen, Diözesen und Wohlfahrtsorganisationen. Nicht zuletzt auf Grund seines kumulierten Anlagevolumens ist das ICCR ein bedeutender Akteur bei der Um- und Durchsetzung ökologischer und sozialer Anlagekriterien, wobei das ICCR diese Kriterien vor allem in Hinblick auf die Verantwortung der Unternehmen gegenüber Gesellschaft und Schöpfung und die Achtung der Würde des Menschen in einem theologischen Kontext verorten. Tätig wird das ICCR vor allem im Bereich von Disvestmentstrategien, also den angedrohten oder tatsächlichen Ausschluss von Unternehmen zur Durchsetzung von ökologischen und sozialen Forderungen, der Aktionärspolitik, der Förderung alternativer Investments und der Beratung von Investoren und Unternehmen. Allerdings erstellt das IRRC keine Unternehmensbewertungen und keine Rangabfolgen innerhalb einer Branche, sondern bietet lediglich Informationen an, anhand derer Investoren ihre eigenen Kriterien für ein Rating oder Ranking entwickeln können.[248]

Ebenfalls als kirchliche Initiative wurde etwa ein Jahrzehnt später die Idee des ICCR in Europa aufgegriffen und 1983 das Ethical Investment Research Service (EIRIS) in London gegründet. Es folgten zahlreiche ähnliche Initiativen, die vor allem durch die sich in den 80er-Jahren etablierende Öko- und Grünbewegung an Dynamik gewannen. Gegenwärtig gibt es in Europa eine sehr lebendige und stark wachsende Rating-Szene, was nicht nur mit dem steigenden Interesse an nachhaltigen Geldanlagen zu tun hat, sondern auch damit, dass Nachhaltigkeitskriterien von der Finanz- und Betriebswirtschaft zunehmend als Faktoren (Soft-Facts) einer bisher rein ökonomisch ausgerichteten Unternehmensplanung erkannt werden.

3.4.2.2 Zum gegenwärtigen Forschungsstand bei Nachhaltigkeitsratings

In den letzten Jahren sind in Europa und in den USA zahlreiche Agenturen, Institutionen und Einrichtungen entstanden, die Unternehmen nach ökologischen und sozialen Kriterien bewerten. Untersuchungen zur Qualität von Nachhaltigkeitsratings haben ein ambivalentes Bild ergeben. Einerseits wird darauf verwiesen, dass das Nachhaltigkeitsrating „... einen wichtigen Beitrag für die Verbreitung der Idee des ethischen Investments geleistet und zur Umsetzung wichtiger Umwelt- und Sozialstandards sowie zur Gründung von Nachhaltigkeitsmanagements ..." beigetragen hat.[249] Darüber hinaus wird festgestellt, dass mittlerweile von einem

---

[247] http://www.iccr.org/ (Abfrage am 1.9.2006)

[248] Jahn F., Zur Qualität von Nachhaltigkeitsratings. Zwischen Anspruch und Wirklichkeit, Frankfurt/Main 2004, S. 142-143.

[249] Ebda., S. 175.

„… eigenständigen Markt für Informations-Dienstleistungen zu Nachhaltigkeitskonzepten …" gesprochen werden kann.[250] Positiv wird auch hervorgehoben, dass im Bereich der Nachhaltigkeitsratings keine Anbieterkonzentration vorliegt wie dies bei Finanzratings der Fall ist.[251] Damit werden die positive Wirkung und die innovative Dynamik von Nachhaltigkeitsratings betont.

Andererseits wird auch auf Probleme des Nachhaltigkeitsratings hingewiesen, insbesondere in Bezug auf die unterschiedliche Ausprägung und Relevanz verschiedener Rating-Ansätze. So wird die Heterogenität und fehlende Standardisierung als Einschränkung für die Vergleichbarkeit der unterschiedlichen Ratingansätze betont.[252] Eine Untersuchung an 15 Ratingagenturen ergab, dass 13 verschiedene Symbolsysteme zur Bewertung und Einstufung von Unternehmen verwendet wurden.[253] Große Defizite werden bezüglich der Transparenz der Rating-Ansätze festgestellt, was in Widerspruch mit der bei den zu bewertenden Unternehmen eingeforderten Offenlegung erforderlicher Informationen steht.[254] Zudem wird eine mangelnde Informationstiefe beklagt, die eine fundierte Beurteilung von Rating-Ansätzen häufig unmöglich macht.[255] Problematisch ist dies vor allem in zweierlei Richtung: einerseits verhindert die mangelnde Transparenz, dass Unternehmen die an sie gestellten ökologischen und sozialen Anforderungen analysieren und implementieren können. Andererseits wird Investoren nicht die Möglichkeit gegeben, sich bezüglich der den Rating-Ansätzen grundgelegten Verstehensweisen von Nachhaltigkeit zu informieren.[256] Es ist zu befürchten, dass Ratingagenturen das Problem mangelnder Transparenz unterschätzen und die Glaubwürdigkeit nachhaltiger Geldanlagen unter dieser Einschränkung leidet. Vor allem wird damit die Souveränität der Investoren missachtet, denn moralisches Handeln erfordert stets, „… die Folgen des eigenen Handelns zu beurteilen und aus dieser Kenntnis nach eigenen Maßstäben zu handeln".[257] Die Verantwortung für eine Investitionsentscheidung kann deshalb nur vom Investor selbst getragen werden, der als

---

[250]   Schäfer H., Sozial-ökologische Ratings am Kapitalmarkt. Transparenzstudie zur Beschreibung konkurrierender Konzepte zur Nachhaltigkeitsmessung auf deutschsprachigen Finanzmärkten, Düsseldorf 2003, S. 151.

[251]   Ebda.

[252]   Ebda., S. 152.

[253]   Jahn F., Zur Qualität von Nachhaltigkeitsratings. Zwischen Anspruch und Wirklichkeit, Frankfurt/Main 2004, S. 178.

[254]   Ebda., S. 176.

[255]   Schäfer H., Sozial-ökologische Ratings am Kapitalmarkt. Transparenzstudie zur Beschreibung konkurrierender Konzepte zur Nachhaltigkeitsmessung auf deutschsprachigen Finanzmärkten, Düsseldorf 2003, S. 155.

[256]   Jahn F., Zur Qualität von Nachhaltigkeitsratings. Zwischen Anspruch und Wirklichkeit, Frankfurt/Main 2004, S. 176-177.

[257]   Döpfner C., Zur Glaubwürdigkeit ethisch-ökologischer Geld- und Kapitalanlagen. Eine theologisch-ethische Untersuchung vor dem Hintergrund der Frage nach der Glaubwürdigkeit der ökonomischen und monetären Strukturen, Frankfurt/Main 2000, S. 175.

Grundlage seiner Entscheidung auf umfassende Information und Transparenz der Ratingprozesse verwiesen ist.

Allerdings bedeutet das auch, dass die für die Investorenentscheidung maßgeblichen Informationen nicht nur transparent gemacht werden, sondern auch verständlich sein müssen. Dies erfordert eine Reduktion der Komplexität bei der Erläuterung von Ratingprozessen, die allerdings auch die Gefahr einer gewissen Beliebigkeit mit sich bringt und sich mitunter auf ohnehin unproblematische Teilbereiche des Ratings beschränkt.[258] Die Spannung zwischen Vollständigkeit der Informationen einerseits und komplexitätsreduzierter Verständlichkeit andererseits erweist sich in der Praxis als schwer überbrückbar. Im Allgemeinen sind der im wissenschaftlichen Diskurs geforderte Informationsumfang und die dabei gleichzeitig erwartete Informationstiefe nicht bei allen Investoren gleichermaßen gefordert, oft auch gar nicht erwünscht. Gelöst werden könnte diese Spannung durch eine gestuftes Informationsmanagement, welches sowohl eine Schnellinformation als auch eine entsprechend qualitative und wissenschaftliche Auseinandersetzung ermöglicht. Die Herausforderung an einem solcherart gestuften Informationsmanagement liegt insbesondere darin, eine Verdichtung komplexer Vorgänge und Prozesse zu erreichen, welche keine inhaltlichen Verkürzungen enthält und trotzdem verständlich bleibt. Hingegen muss es das Ziel einer Kritieriologie, welche den Anspruch auf einen hohen Grad an Glaubwürdigkeit erhebt, sein, die potentiell relevanten Prüfaspekte möglichst vollständig abzubilden.[259]

3.5   Der Frankfurt-Hohenheimer Leitfaden als Ratingansatz

Der Frankfurt-Hohenheimer Leitfaden (FHL) ist das Ergebnis der Arbeit einer interdisziplinären Arbeitsgruppe und stellt den Entwurf einer Kriteriologie zur Bewertung der kulturellen, ökologischen und sozialen Verantwortlichkeit von Unternehmen dar. Die Besonderheit des FHL liegt vor allem in zwei Bereichen. Zur Entwicklung des FHL haben auch Theologen beigetragen und der Leitfaden enthält implizit die Prinzipien der christlichen Soziallehre. Die zweite Besonderheit liegt darin, dass der theoretische Ansatz auch erfolgreich in die Praxis übergeführt werden konnte und heute einen führenden Rang im deutschsprachigen Raum einnimmt. In diesem Abschnitt soll zuerst die Entstehungsgeschichte des FHL, seine spezifische Ausprägung und Funktionsweise und seine Methodik erläutert werden. Danach wird gezeigt, wie sich der Überleitungsprozess in die Praxis gestaltet hat und welche Veränderungen dabei erforderlich waren.

---

[258]   Schäfer H., Sozial-ökologische Ratings am Kapitalmarkt. Transparenzstudie zur Beschreibung konkurrierender Konzepte zur Nachhaltigkeitsmessung auf deutschsprachigen Finanzmärkten, Düsseldorf 2003, S. 155.

[259]   Döpfner C., Zur Glaubwürdigkeit ethisch-ökologischer Geld- und Kapitalanlagen. Eine theologisch-ethische Untersuchung vor dem Hintergrund der Frage nach der Glaubwürdigkeit der ökonomischen und monetären Strukturen, Frankfurt/Main 2000, S. 166.

3.5.1   Idee und Entstehung des
Frankfurt-Hohenheimer Leitfadens (FHL)

Im Anschluss an eine von Bankkaufleuten angeregte Tagung, welche das Verhält-
nis von „gutem Gewissen" und Kapitalmarktgewinnen zu klären hatte, kam es im
Jahr 1993 zur Bildung einer Arbeitsgruppe unter der Leitung von Johannes Hoff-
mann, Sozialethiker am Fachbereich Katholische Theologie der Johann Wolfgang
Goethe-Universität in Frankfurt am Main, Konrad Ott vom Institut für Sozialethik in
Zürich und Gerhard Scherhorn, Konsumökonom an der Universität Hohenheim,
Stuttgart, und am Wuppertal Institut für Klima Umwelt Energie. Ziel der Arbeitsgruppe war die Erstellung eines kriteriengestützten Leitfadens für verantwortliche
Geldanlagen. Ausgehend von der Erkenntnis, dass Technikentwicklung, Wirt-
schaftssysteme und monetäre Strukturen Ergebnisse sozialer Prozesse einer Kultur sind und die heutige Form des Wirtschaftswachstums nicht mehr der Wohlfahrt
der Menschen und der Erhaltung der natürlichen Mitwelt dient, sondern zum
Selbstzweck avanciert ist, ging es der Arbeitsgruppe darum, Geldflüsse bewusst
zu steuern, um „… die kleinschrittige Veränderungen des Normalbereichs in Richtung sozial-, natur- und kulturverträgliche Innovation zu fördern und so dazu beizutragen, die destruktiven Potentiale unseres Wirtschaftssystems unter Kontrolle zu
bringen".[260] Am 10. September 1997 erschien die endgültige Fassung des Frankfurt-Hohenheimer Leitfadens. In der Einführung des FHL wird der Entwurfscharak-
ter der vorgelegten Kriteriologie betont, dessen Weiterentwicklung nur in der Praxis erfolgen kann.[261]

3.5.2   Zur Methodik der Wertbaumanalyse

Mit dem FHL entstand eine theorie- und methodengestützte Kriteriologie für die
Bewertung von Unternehmen und Kapitalanlagen, die sich auf die so genannte
Wertbaumanalyse nach Ortwin Renn stützt.[262] Der Vorzug der WBA in Bezug auf
die Erstellung einer Kriteriologie, welche die Interessen möglichst aller gesellschaftlichen Gruppen mit einbeziehen will, besteht darin, dass sie einen gesellschaftlichen Wertepluralismus als soziale Gegebenheit voraussetzt.[263] Diese Interessen werden als Kriterien oder Thematisierungshinsichten interpretiert, was es
erlaubt, sie als Präferenzen oder Konzepte des Wünschenswerten zu definieren.

---

[260]   Hoffman J., Ott K., Scherhorn G. (Hg.), Ethische Kriterien für die Bewertung von Unternehmen.
        Frankfurt-Hohenheimer Leitfaden, Frankfurt/Main 1997, S. 12.

[261]   Ebda., S. 10-11.

[262]   Renn O., Die Wertbaumanalyse – Ein diskursives Verfahren zur Bildung und Begründung kol-
        lektiv wirksamer Bewertungen, Unveröff. MS., 1996, zitiert in: Hoffmann J. u. a. (Hg.), Ethische
        Kriterien für die Bewertung von Unternehmen. Frankfurt-Hohenheimer Leitfaden, Frank-
        furt/Main 1997, S. 15-19.

[263]   Die Wertbaumanalyse wurde ursprünglich nicht für ethische Ratings erfunden, sondern entwi-
        ckelt, um normativ-politische Konflikte der Energiepolitik- bzw. der Energieversorgungssysteme
        zu lösen. Besonderen Anteil daran hatten die Ökonomen Ralph Keeney und Ortwin Renn.

Die Kriterien stellen demnach Beurteilungsparameter dar, die es ermöglichen, zwischen verschiedenen Alternativen zu wählen. Im speziellen Fall des FHL sind es drei Hauptkriterien, welche die Hauptäste des Wertebaumes bilden, nämlich die Natur-, Sozial- und Kulturverträglichkeit. Mit der Kulturverträglichkeit betritt der FHL Neuland. Kulturverträglichkeit impliziert, dass die Durchsetzung von natur- und sozialverträglichen Konzepten das Ordnungswissen der Kulturen voraussetzt.[264] Natur- und Sozialverträglichkeit leiten sich somit von der Kulturverträglichkeit ab: „Die Integrität menschlicher Gesellschaften in der Natur, von der wir ein Teil sind, erfordert die Kultivierung des Mitseins in der sozialen und der natürlichen Mitwelt. Die Fähigkeit einer Gesellschaft, die in ihr auftretenden sozialen und ökologischen Probleme zu lösen, hängt entscheidend von Ordnungswissen ab, das in der jeweiligen Kultur zur Verfügung steht und zur Problemlösung mobilisiert werden kann."[265] Gegenüber den meisten anderen Konzepten zur Bewertung unternehmerischer Verantwortung betont der FHL damit nicht nur die Eigenständigkeit, sondern auch die Vorgeordnetheit kultureller Verantwortung. Ökologische und soziale Verantwortung wird damit rückgebunden auf das einer jeden Kultur innewohnenden und zu reaktivierende Ordnungswissen.

Dabei ist jedoch die Doppolpoligkeit des Kulturbegriffs zu berücksichtigen, der zufolge zwischen einem gängigen Kulturbegriff und einem umfassender Kulturbegriff zu unterscheiden ist. Durch den induktiven und diskursiven Zugang der Wertbaumanalyse bleibt diese rückgebunden an den vorgegebenen Bestand an kulturellem Ordnungswissen und es bleibt zu klären, welche Auswirkungen die unterschiedlichen Ethosvorstellungen auf das jeweilige Ordnungswissen einer Kultur haben. Dieses Ethos kann offenkundig im Einzelnen sehr verschiedene Werte und Normen enthalten und eine klare Unterscheidung zwischen dem empirisch vorgegebenen Wertwissen und dem ethisch Gerechten bzw. Guten ist damit noch nicht geleistet. Wie dieses Verhältnis, das zugleich als ein Verhältnis von partikulärer und universaler Kultur ist, zu bestimmen ist, wäre näher hin auszuführen. Denn an dieser Stelle stellt sich die Frage nach der Bezogenheit von partikulärer und universaler Ethik. Dass diese Problematik nicht nur theoretischer Natur ist, sondern auch in der praktischen Umsetzung von Relevanz ist, zeigt sich auch daran, dass Ratingagenturen bei der kulturbezogenen Bewertung von Unternehmen auf Operationalisierungsschwierigkeiten stoßen.[266]

---

[264] Hoffmann J. u. a. (Hg.), Ethische Kriterien für die Bewertung von Unternehmen, Frankfurt/Main 1997, S. 91.

[265] Hoffmann J., Scherhorn G., Saubere Gewinne. So legen Sie ihr Geld ethisch-ökologisch an, Freiburg/Breisgau 2002, S. 79.

[266] Die Projektgruppe ethisch-ökologisches Rating der Johann Wolfgang Goethe-Universität in Frankfurt am Main widmet sich derzeit der Analyse von kulturspezifischen Bewertungsproblemen bei Ratingprozessen. Unter anderem wird in einem laufenden Dissertationsprojekt der Frage nachgegangen, welche Schwierigkeiten sich aus der Befragung japanischer Unternehmen durch eine deutsche Ratingagentur in Hinblick auf Themenbereiche der Kulturverträglichkeit ergeben. In der Praxis des Nachhaltigkeitsratings hat sich nämlich gezeigt, dass japanische Unternehmen Fragen zur Kulturverträglichkeit nicht oder nur unzureichend beantworten,

3.5.2.1 Die Erstellung eines Gesamtwertbaumes

Der Erstellung eines Gesamtwertbaumes geht die Entwicklung von Einzelwertbäumen durch die am Prozess beteiligten Akteure (Wirtschaftsakteure, Gewerkschaften, Kirchen, Umweltverbände, Behörden …) voraus. Damit werden die jeweiligen Präferenzen sichtbar und auch wenn die jeweiligen Einzelwertbäume
sehr unterschiedlich ausfallen werden, wird damit eine Transparenz geschaffen,
die erst einen Dialog über die jeweiligen Werte ermöglicht. Von Bedeutung ist dabei die Funktion eines Wertbaumanalytikers, der die Erstellung der Einzelwertbäume moderiert und Rückfragen an die Beteiligten stellt. Die Gruppen müssen
ihre Werte und Kriterien zunächst a) benennen und terminologisch angemessen
formulieren, sie anschließend b) subsumptionslogisch einander zuordnen und sie
zuletzt c) subjektiv hinsichtlich ihrer „Wertgeladenheit" gewichten. In diesem Stadium geht es lediglich um die Sammlung von Werten, noch nicht um ihre Begründung und Rechtfertigung. Es geht dabei also lediglich um ein „deskriptiv-ethisches
Wertfeststellungs- und ein subsumptionslogisches Wertordnungsverfahren".[267]
Dadurch entsteht eine baumartige Struktur: Unterwerte (Zweige) können auf
Oberwerte (Äste, Stämme) bezogen werden. Damit entsteht ein dichtes Netzwerk
von logisch aufgebauten Fragestellungen.

Sind die Einzelwertbäume so einmal erstellt, können sie mittels der diskursiv-
integrativen Methode, bei der die Gruppen den GWB gemeinsam erarbeiten, zu
einem Gesamtwertbaum (GWB) zusammengefügt werden.[268] Dieser so entstan-
dene GWB bietet eine „Übersicht über die in einer Gesellschaft dominanten ‚concerns' ",[269] ohne dabei die Verschiedenheit der Wertvorstellungen aufzuheben.
„Ein GWB gibt also (idealiter) sämtliche Werte (im definierten Sinne) an, die von
den am Konflikt beteiligten Gruppen als relevant für eine Gesamtbewertung der in
Frage stehenden Sache empfunden werden. Ein GWB erhebt also implizit einen
Vollständigkeitsanspruch. Alles was überhaupt Berücksichtigung als Wert verdient,
soll im GWB erfasst worden sein. Alle Gruppen stimmen durch die Zustimmung
zum GWB implizit zu, dass sämtliche Werte, die im GWB auftauchen, legitime
Thematisierungshinsichten einer Sache sind und daher bei einer argumentativen

---

was als Hinweis auf eine mangelnde Berücksichtigung divergierende Ethosvorstellungen
beim FHL interpretiert wird.

[267] Ebda., S. 229.

[268] Die Alternative zur diskursiv-integrativen Methode ist die additiv-schematische Methode, bei
der die Zusammenfügung der Einzelwertbäume durch den Wertbaumanalytiker erfolgt. Diese
Methode birgt allerdings die Gefahr, dass die dabei entstandenen GWB nicht von allen Akteuren akzeptiert werden und es zu einem Abbruch des Verfahrens kommt.

[269] Keeney R., Renn O, von Winterfeldt D., Kotte U., Die Wertbaumanalyse. Entscheidungshilfe für
die Politik, in: Häfele W., Münch E., Renn O. (Hg.), Sozialverträglichkeit von Energieversorgungssystemen. Eine Studie der Kernforschungsanlage Jülich, Programmgruppe Technik und
Gesellschaft, München 1984, S. 36.

Bewertung (von Energieszenarien, von Geldanlagen usw.) eine Rolle spielen dürfen."[270]

Ein GWB für ein Unternehmensrating ist in seinem logischen Aufbau so gestaltet, dass die ersten drei Ebenen die strukturierten Ordnungsbegriffe enthalten, während die darunter liegenden Ebenen erst die konkreten Bewertungen ermöglichen. Damit entsteht eine Hierarchie von Ebenen, die an oberster Stelle die grundlegenden Dimensionen der Bewertung (also Kulturverträglichkeit, Sozialverträglichkeit, Naturverträglichkeit) benennen. Auf der zweiten Ebene werden die Handlungsbereiche innerhalb der Dimension und auf der dritten Ebene die verschiedenen Bewertungsobjekte in einem Handlungsbereich angeführt. Die vierte Ebene beschreibt die konkreten Handlungen bezüglich des Objektes und die fünfte Ebene führt schließlich zur Bewertung der einzelnen Handlungen. Bei sehr komplexen Objekten und Handlungen können die dritte und die vierte Ebene in weitere Ebenen aufgeteilt werden. Am Beispiel der Dimension der Naturverträglichkeit könnte das so aussehen:[271]

Auf der ersten Ebene wird die Naturverträglichkeit als grundlegende Dimension angeführt. Auf der zweiten Ebene werden mit „Umgang mit Umweltsituationen", „Umgang mit Umweltinformationen" usw. verschiedene Handlungsbereiche innerhalb der Dimension Naturverträglichkeit genannt. Die dritte Ebene beschreibt unter dem Handlungsbereich „Umgang mit Umweltinformationen" verschiedene Bewertungsobjekte, wie z.B. „Externalisierungsstrategien" oder „Internalisierung des Umweltrechts in die Unternehmensorganisation". Unter dem Handlungsbereich „Externalisierungsstrategien" werden auf der vierten Ebene konkrete Handlungen angeführt, wie z.B. „Arten der externalisierten Kosten" oder „Zugriffs-Entzugs-Strategien". Schließlich führt die fünfte Ebene zur konkreten Bewertung der einzelnen Handlungen, wie z.B. unter der konkreten Handlung „Zugriffs-Entzugs-Strategien" die Bewertung von „Ausnutzung von Verantwortungsdiffusion" oder „Abwälzen von Verantwortung auf Gesetzgeber u.a. Institutionen".

Die hier geschilderte Methodik entspricht der Erstellung des FHL bis auf zwei Abweichungen. Einerseits wurde die Moderatorenrollen in den Entstehungsprozess integriert, da die Arbeitsgruppe zur Erstellung des FHL sich schon von Anfang an darüber einig war, dass Kultur-, Natur- und Sozialverträglichkeit die Hauptkriterien für eine ethische Rating-Kriteriologie darstellen. Andererseits wurde auf die Erstellung von Einzelwertbäumen vor allem aus personellen und finanziellen Gründen verzichtet. Dennoch beanspruchen die Autoren trotz dieser Abwei-

---

[270] Ott K., Erläuterungen zum ethischen Status und zur Methodik des Frankfurt-Hohenheimer Leitfadens, in: Hoffmann J. u. a. (Hg.), Ethische Kriterien für die Bewertung von Unternehmen, Frankfurt 1997, S. 232.

[271] Vgl. Hoffman J., Ott K., Scherhorn G. (Hg.), Ethische Kriterien für die Bewertung von Unternehmen. Frankfurt-Hohenheimer Leitfaden, Frankfurt/Main 1997, S. 33.

chungen den Anspruch auf einen Gesamtwertebaum des FHL hinsichtlich der Verwertbarkeit für potentielle ethisch orientierte Investoren.[272]

3.5.2.2 Probleme einer Wertbaumanalyse bei nachhaltigen Geldanlagen

Die Methode der Wertbaumanalyse wurde ursprünglich zur Konfliktlösung im Bereich der Energiepolitik entwickelt. Bei der Anwendung der Wertbaumanalyse auf die Bewertung von Unternehmen nach kulturellen, ökologischen und sozialen Kriterien treten einige Probleme auf, die spezifische methodische Anpassungen bzw. Veränderungen erforderlich machen. Dennoch bleibt die Wertbaumanalyse ein für den FHL taugliches und wertvolles methodisches Instrumentarium. Die Probleme ergeben sich vor allem im Bereich der Operationalisierung, der Verschachtelung von Unternehmen, der Ausschlusskriterien, der Gewichtung von Werten und in Bezug auf die ökonomischen Bewertungskriterien im FHL.

Operationalisierung

Das Ziel einer WBA ist es, einzelne Kriterien messbar zu machen. Dazu ist es erforderlich, diese Kriterien in Indikatoren zu übersetzen, denen dann ein konkreter Zahlenwert zugewiesen wird. Durch Addieren dieser Zahlenwerte lassen sich dann konkrete Entscheidungshilfen ableiten. Problematisch daran ist, dass nicht alle Indikatoren in konkrete Zahlenwerte transponierbar sind. Das Unterkriterium „Ökologisch durchdachte Verpackung" etwa wird sich in der Praxis nicht immer mit „ja" oder „nein" beantworten lassen, vielmehr werden sich Verpackungen finden, die diesem Kriterium mehr oder weniger entsprechen – und es dürfte sich als äußerst schwierig, wenn nicht unmöglich erweisen, einen Zahlenwert zuzuweisen, der branchenintern und branchenübergreifend Vergleichbarkeit ermöglicht. Die Autoren des FHL sehen das eher pragmatisch: „Man braucht unseren Leitfaden sowie das Projekt EÖR [ethisch-ökologisches Rating, Anm. KG] nicht mit Problemen belasten, die sich im Rahmen des WBA-Ansatzes bislang als unlösbar erwiesen haben. Natürlich kann man besonders im Bereich „Naturverträglichkeit" quantitative Angaben (über Emissionen, Wasserverbrauch usw.) machen. Einige Unterwerte lassen sich in diesem Bereich tatsächlich in Meßanweisungen übersetzen, d.h. operationalisieren. Damit ist aber nicht gesagt, wie diese Zahlenwerte (etwa im brancheninternen Vergleich oder im Vergleich mit einem Status quo ante) für eine EÖR-Bewertung zu bewerten sind."[273] Zwar müssen für jedes Unterkriterium Messmöglichkeiten spezifiziert werden, in Bezug auf das EÖR ist dies jedoch nicht erforderlich, da eine individuelle Geldanlage nach ethischen Kriterien grundsätzlich ohne eine stricto sensu formale Analyse stattfindet. „Wir können auf das

---

[272]   Ott K., Erläuterungen zum ethischen Status und zur Methodik des Frankfurt-Hohenheimer Leitfadens, in: Hoffmann J. u. a. (Hg.), Ethische Kriterien für die Bewertung von Unternehmen, Frankfurt 1997, S. 234.

[273]   Ott K., Erläuterungen zum ethischen Status und zur Methodik des Frankfurt-Hohenheimer Leitfadens, in: Hoffmann J. u. a. (Hg.), Ethische Kriterien für die Bewertung von Unternehmen. Frankfurt-Hohenheimer Leitfaden, Frankfurt 1997, S. 241.

Problem der strengen Operationalisierung aller Unterwerte verzichten, weil für unsere Zwecke die ‚Auflistung' bzw. der ‚qualitative Katalog' ausreicht."[274]

Verschachtelungen

Um eine umfassende Bewertung von Unternehmen zu gewährleisten, ist auch deren internationale Verschachtelung zu berücksichtigen. Verschachtelungen sind sowohl nach oben möglich, wenn das Unternehmen zu einem Konzern oder einer Unternehmensgruppe gehört, als auch nach unten, wenn also zu Subunternehmen – wie etwa Rohstofflieferanten – Beziehungen unterhalten werden. Dabei kann der Fall eintreten, dass das Unternehmen selbst zwar „sauber" ist, nicht aber der Mutter-Konzern oder die Subunternehmen. Wenn ein Unternehmen massiven Kostendruck auf Zulieferbetriebe ausübt und diese deshalb zu ethisch nicht vertretbaren Produktionsmethoden gezwungen werden, muss auch dies im FHL mit entsprechenden Kriterien berücksichtigt werden.

Ausschlusskriterien

Die WBA kennt keine Ausschlusskriterien, da Wertverletzungen mit anderen Werterfüllungen aufgerechnet werden können. In der Praxis haben sich Ausschlusskriterien jedoch als notwendig erwiesen, da das Aufrechnen von Werterfüllungen und Wertverletzungen mitunter zu unbefriedigenden Ergebnissen führt. So kann es durchaus vorkommen, dass ein Unternehmen insgesamt sehr gut bewertet wird, etwa weil es ökologisch höchst wertvolle Produkte erzeugt, Komponenten dieser Produkte jedoch im Ausland durch Kinderarbeit herstellen lässt. Kinderarbeit mit ökologisch hochwertigen Produkten aufzurechnen ist aus ethischer Sicht jedoch nicht zulässig, insofern erweist sich ein Ausschlusskriterium „Kinderarbeit" als erforderlich. Ausschlusskriterien erweisen sich in der Praxis andererseits als problematisch. Das Ausschlusskriterium „Waffenproduktion" wird bei ethisch motivierten Investoren sicherlich auf Zustimmung stoßen, allerdings würde wohl auch eingewendet werden, dass Waffenproduktion auch ethisch vertretbar sein kann, etwa zur Ausstattung der Exekutive. Oder um bei der Kinderarbeit zu bleiben: die Altersgrenzen für Kinder und Jugendliche sind in verschiedenen Kulturen unterschiedlich definiert und die Mithilfe am elterlichen Hof in vielen ländlichen Bereichen ist ethisch nicht verwerflich. Wie schwierig konkrete Abgrenzungen dabei sein können, zeigt sich auch am Beispiel der Gentechnologie. Der FHL benennt keine Ausschlusskriterien, sondern will lediglich einen Raster für die Bewertung von Unternehmen ermöglichen. Die zusätzliche Berücksichtigung von Ausschlusskriterien ist aber möglich und in der Regel üblich. Diese Ausschlusskriterien jedoch korrekt zu definieren ist ein in der Praxis häufig unterschätztes Problem.

Gewichtung von Werten

Grundsätzlich stehen in einem Wertebaum die Kriterien zur Bewertung von Unternehmen gleichrangig nebeneinander. Tatsächlich erweisen sich in der Praxis aber einzelne Kriterien als vordringlicher oder wichtiger im Vergleich zu anderen Krite-

---

[274] Ebda., S. 243.

rien. Die Einhaltung der Menschenrechte etwa hat Priorität gegenüber dem Umfang von Kinderbetreuungseinrichtungen. Auch wenn der FHL einen „Moralismus" über moralische Gewichtungen vermeiden will, wird jedem Beteiligten das Recht eingeräumt, Werte und Unterwerte nach der persönlichen „Wertgeladenheit" unterschiedlich zu gewichten.[275] Der FHL will die grundsätzliche Möglichkeit einräumen, dass Investoren den ökologischen Bereich stärker gewichten können als den sozialen – oder umgekehrt. Der Leitfaden will damit eine strukturierte Entscheidungshilfe sein, welche die je eigene Wertentscheidung erst ermöglich.

Ökonomische Bewertungskriterien im FHL

Eine nachhaltige Geldanlage soll eine am Leitbild der Nachhaltigkeit ausgerichtete Ökonomie fördern. Insofern ist es konsequent, Anlageobjekte – in diesem Fall Unternehmen – hinsichtlich ihrer Nachhaltigkeitsperformance zu bewerten. Auch wenn der ökonomische Aspekt im Konzept einer nachhaltigen Entwicklung eine bedeutsame Rolle spielt und für die meisten Investoren das Erzielen einer Rendite unverzichtbar ist, hat der FHL die Dimension Ökonomie nicht in seine Kriteriologie aufgenommen. Lediglich der Punkt 2.4.3 im Kriterienkatalog betrifft das Verhältnis des Unternehmens zu seinen Geldgebern und bewertet den verantwortlichen Umgang des Unternehmens mit dem ihm zur Verfügung gestellten Kapital.[276] Die Bewertung der finanziellen Situation und Perspektive eines Unternehmens überlässt der FHL weiterhin dem Finanzrating. In der Praxis hat sich diese Trennung von Nachhaltigkeitsrating und Finanzrating mittlerweile durchgesetzt, wobei sich auch gezeigt hat, dass sich beide Ratings hervorragend aufeinander beziehen lassen.[277]

Die Berücksichtigung von Nachhaltigkeitsaspekten bei der Geldanlage führt im Rahmen der Modernen Portfoliotheorie zu einer Erhöhung des Risikos.[278] Die Benchmark – also die „Meßlatte" – für das Risiko einer Veranlagung ist der Gesamtmarkt einer Anlageform. So ist die Benchmark eines Aktienfonds beispielsweise ein weltweiter Aktienindex, der möglichst alle börsennotierten Aktien enthält und an dessen Wertentwicklung (Performance) und Schwankungsbereich (Volatilität) ein Aktienportfolio gemessen wird. Grundsätzlich geht man davon aus, dass die Schwankungsbreite eines Portfolios, welches alle weltweit notierten Aktien enthält, geringer ist als ein Portfolio, welches nur einige willkürlich ausgewählte Aktientitel enthält, da einzelne Aktien auf verschiedene Szenarien unterschiedlich reagieren und Kursverluste sich mit Kursgewinnen kompensieren können. Der Begriff der Diversifikation bezeichnet dabei in Hinblick auf die Geldanlage eine

---

[275] Ebda., S. 250.

[276] Hoffmann J. u. a. (Hg.), Ethische Kriterien für die Bewertung von Unternehmen. Frankfurt-Hohenheimer Leitfaden, Frankfurt 1997, S. 83-86.

[277] Hoffmann J., Scherhorn G., Saubere Gewinne. So legen Sie ihr Geld ethisch-ökologisch an, Breisgau 2002, S. 42.

[278] Markowitz H. M., Portfolio Selection, in: The Journal of Finance 7/1952, S. 77-91.

möglichst breite Streuung des angelegten Kapitals auf verschiedene Anlagetitel.[279] Ziel ist es dabei, dass das Anlageportfolio mit dem Benchmark „korreliert". Damit soll erreicht werden, dass eine Veranlagung möglichst die gleiche Schwankung aufweist, wie der Gesamtmarkt. Werden durch Nachhaltigkeitskriterien die zur Verfügung stehenden Anlagetitel reduziert, bedeutet das eine – im Vergleich zur Gesamtheit des Anlagemarktes – Begrenzung der Diversifizierungsmöglichkeiten, was letztlich auf mehr Risiko hinausläuft. Mehr Risiko – bzw. mehr Volatilität – bedeutet, dass die Veranlagung in schlechten Börsenzeiten mehr Verluste, in guten Börsenzeiten mehr Gewinne als die weltweite Gesamtentwicklung aller Aktien aufweist. Ob dies auch auf nachhaltige Anlageprodukte zutrifft, kann derzeit empirisch nicht eindeutig festgestellt werden, da es nachhaltige Geldanlageprodukte erst seit einigen Jahren gibt und für aussagekräftige Untersuchungen längere Zeitreihen erforderlich sind. Auch ist fraglich, ob es sich bei einem unter Nachhaltigkeitsaspekte vorgenommenen Auswahlprozess tatsächlich um eine Beschränkung des Anlageuniversums handelt, die negative Auswirkungen auf die finanzielle Performance hat.[280]

Verschiedene Untersuchungen kommen hier nicht zu einem eindeutigen Urteil. Einerseits belegen Studien die positive Auswirkung von Nachhaltigkeitskriterien in der Geldanlage. Eine Untersuchung der oekom-research AG etwa hat gegenüber dem Gesamtmarkt für Portfolios, die unter Nachhaltigkeitsaspekte zusammengestellt wurden, eine deutliche Outperformance – also eine bessere Wertentwicklung – sowie eine positive Wirkung von Corporate Responsibility auf zentrale Unternehmenskennzahlen wie den Return on Investment festgestellt.[281] Andere Untersuchungen hingegen verweisen auf eine schlechtere Performance von nachhaltigen Geldanlageprodukten. Generell verfestigt sich jedoch die Annahme, dass die Mitberücksichtigung ökologischer und sozialer Kriterien keine signifikante Rendite- oder Risikoveränderung zur Folge hat.[282]

Dennoch sprechen einige Gründe dafür, dass ein nachhaltiger Wirtschaftsstil zumindest indirekt positive Effekte für Unternehmen haben kann. So verfügen beispielsweise Unternehmen, die erfolgreich Umweltmanagement umsetzen, über einen „komparativen Vorteil", der sie gegenüber ihren Mitbewerbern in eine bessere Wettbewerbsposition versetzt.[283] Unternehmen, die Nachhaltigkeitsanliegen ernst nehmen, verfügen darüber hinaus über ein positives Image und sind in Hin-

---

[279] Bodie Z., Kane A., Marcus A., Investments, 2nd Edition, Boston 1993, S. 150: „Another means to control portfolio risk is diversification, by which we mean the investments are made in a wide variety of assets so that the exposure to the risk of any particular security is limited."

[280] Pinner W., Ethisches Investment. Rendite mit „sauberen" Fonds, Wiesbaden 2003, S. 30-32.

[281] Oekom research, Nachhaltigkeit als Investmentstil mit doppelter Dividende, Oekom research – Morgan Stanley Private Wealth Management, München 2003 (http://www.oekom.de/ag/Performance-Studie_2003.pdf, Abfrage am 11.01.2004).

[282] Bruckner B., Pföstl G., Nachhaltigkeit und finanzielle Performance: ausgewählte Indizes und Unternehmen im empirischen Vergleich, in: Zeitschrift für das gesamte Kreditwesen, 58/2005, 11, S. 576 – 582.

[283] Figge F., Scheiwiller Th., Wertschaffendes Umweltmanagement, in: Umwelt-Focus April 2002, S. 29-31.

blick auf zunehmend strengere rechtliche Regelungen im Bereich des Umweltschutzes meist besser gerüstet als nicht nachhaltig agierende Mitbewerber. Dass
die ökonomische Dimension im FHL unberücksichtigt bleibt, bedeutet nicht, dass
diese als unwichtig erachtet wird. Vielmehr ging es den Verfassern des FHL um
eine klare Trennung von ökonomischen Kriterien auf der einen Seite und ökologischen und sozialen Kriterien auf der anderen Seite. Wie später noch auszuführen
sein wird hat sich bei anderen Unternehmensbewertungskonzepte gerade die Zu-
sammenlegung ökonomischer, ökologischer und sozialer Untersuchungskriterien
mitunter als problematisch erwiesen.

3.5.3   Die Hauptkriterien des FHL

Der FHL basiert auf den Hauptkriterien der Kultur-, Natur- und Sozialverträglichkeit. Diese drei Hauptdimensionen der Verantwortung von Unternehmen beschreiben eine am Leitbild der Nachhaltigkeit ausgerichtete Verantwortlichkeit gegenüber Gesellschaft und Umwelt.

3.5.3.1 Kulturverträglichkeit

Mit dem Kriterium der Kulturverträglichkeit setzt der FHL einen neuen Akzent. Andere Konzepte der Nachhaltigkeitsbewertung von Unternehmen beschränken sich
auf die Bereiche der Natur- und Sozialverträglichkeit und beziehen die ökonomische Dimension in unterschiedlicher Gewichtung mit ein. Die Kulturverträglichkeit
bezieht sich auf ein Ordnungswissen von Kulturen in Hinblick auf die Gestaltung
und Durchsetzung natur- und sozialverträglicher Produkte, Produktionsverfahren,
Innovationen und Technikentwicklungen. Dabei geht man davon aus, dass das
Ordnungswissen einer Kultur letztlich entscheiden ist für die Lösung sozialer und
ökologischer Herausforderungen.

Kultur wird dabei beschrieben als ein aufeinander abgestimmtes und gewach-
senes Geflecht von Ideen, Sitten, Gebräuchen, Umgangsformen, sozialen Institutionen, wissenschaftlichen Erkenntnissen, wirtschaftlichen Strukturen, technischen
Entwicklungen und Zukunftshoffnungen. Die Kultur als Ordnungswissen ist einem
ständigen Wandel unterworfen und „eben nicht zu definieren als ein gegebener
(musealer) Bestand, sondern nur als die Fähigkeit zur schöpferischen Veränder-
rung, wobei allerdings auch diese Veränderungen eine gewisse (zunächst noch
unbekannte) Identitätslinie einhalten bzw. einer gemeinsamen Grundkonfiguration
oder generativen Matrix entspringen müssen. Kultur ist die Identität in der Veränderung, oder umgekehrt: Kultur ist fortwirkende Kreativität".[284] Den Autoren ist dabei wichtig festzuhalten, dass wirtschaftliches Handeln funktional auf die allgemeine Anerkennung von moralischen Normen angewiesen ist. Gemeint sind damit
Normen, die nicht vom Wirtschaftssystem selbst erzeugt werden, sondern aus

---

[284] Bühl W., Kulturwandel. Für eine dynamische Kultursoziologie, Darmstadt 1987, S. 164, zitiert
in: Hoffmann J. u. a. (Hg.), Ethische Kriterien für die Bewertung von Unternehmen. Frankfurt-
Hohenheimer Leitfaden, Frankfurt/Main 1997, S. 264.

dem Außenbereich des ökonomischen Systems – genauer hin aus dem lebens-
weltlich-kulturellen Ordnungswissen und dessen normativen Gehalten – rekurriert
wird.[285] Ökonomisches Handeln ist demnach wesentlich auf dieses gesellschaftlich verortete Ordnungswissen bezogen, wird aber andererseits auch von diesem
bedroht, wenn beispielsweise kommerzielle Denkformen (etwa die Maximierung
des individuellen Vorteils) auf nichtkommerzielle Lebensbereiche (etwa auf die
Familie) ausgedehnt werden. Kulturverträglichkeit bezieht sich demnach auch auf
mehrere Aspekte.[286]

Einerseits beinhaltet die Kulturverträglichkeit die Berücksichtigung anthropologisch vorgegebener Antriebsstrukturen. Die Autoren des FHL sehen die vernunft-
mäßige Lenkung menschlichen Handelns durch jeweils einander entgegen gesetzte Antriebe herausgefordert (z. B. Fürsorge vs. Aggression).[287] Zwischen diesen
Polen muss der Mensch mit Hilfe seiner Vernunft sein Handeln verorten, wobei
Grundnormen wie „Du sollst niemanden töten" eine Grundorientierung bilden können. Der Mensch kann sein Handeln aber auch unkritisch an gesellschaftlich dominanten Leitbildern ausrichten, die eventuell sogar im Gegensatz zu den Grundnormen stehen können. Die Autoren des FHL sehen in der Aufdeckung und Be-
wusstmachung dieser grundlegenden Optionen eine zentrale Aufgabe der Bewertung von Unternehmen. Der Leitfaden führt auch solche entgegen gesetzten, dichotome Antriebe auf (Verantwortung versus Recht des Stärkeren, Abschottung
versus Offenheit, Überhöhung versus Bescheidenheit, Konkurrenz versus Solidarität, Unendlichkeitsdrang versus Selbstbescheidung). So geht es etwa beim Ge-
gensatzpaar „Verantwortung versus Recht des Stärkeren" darum, ob in einem Unternehmen auf Redeweisen wie „am Markt darf der Unternehmer bzw. die Mana-
gerin keine Beißhemmungen haben" akzeptiert werden. Anhand dieser anthropologisch vorgegebenen Antriebsstrukturen sollen Rückschlüsse auf die Unterneh-
menskultur gezogen werden.

Andererseits bezieht sich Kulturverträglichkeit auch auf allgemeine moralische
Grundnormen, worunter die Autoren Handlungsregel verstehen, in denen sich ge-
neralisierte Verhaltenserwartungen manifestieren und die das unreflektierte Aus-
leben von Antriebsstrukturen einschränken. Solche allgemeine moralische Grundnormen sind etwa das Einhalten der biokulturellen Grundnorm in allen Handlungs-
kontexten (Werden Militärgüter erzeugt? Profitiert das Unternehmen von Hinrich-
tungen und staatlicher Repression? Wird die Dezimierung und Ausrottung von
Ethnien hingenommen?) oder die Forderung, keine Schmerzen zu verursachen
(Werden Mädchen oder Frauen zur Abtreibung oder Sterilisation gezwungen? Liefert das Unternehmen Produkte, die in einem Land als gesundheitlich bedenklich
gelten bzw. verboten sind oder an Länder, in denen diese Produkte als unbedenk-
liche gelten?).

---

[285] Hoffmann J. u. a. (Hg.), Ethische Kriterien für die Bewertung von Unternehmen. Frankfurt-
       Hohenheimer Leitfaden, Frankfurt/Main 1997, S. 91.

[286] Ebda., S. 92-106.

[287] Ebda., S. 91.

Darüber hinaus sind Leitbilder im Sinne von verhaltensstimulierenden Wertvor-stellungen oder „Kulturidealen" Teil kulturellen Ordnungswissens. Positive, mora-lisch erwünschte Leitbilder wie „Solidarität mit sozial Schwachen" oder „Small ist beautiful" als auch negative, moralisch unerwünschte bzw. inakzeptable Leitbilder wie „Zeit ist Geld" oder „Wenn wir es nicht tun, tun es andere" prägen menschliche Verhaltensweisen. Diese Leitbilder müssen deshalb in Hinblick auf ihren Einfluss auf menschliche Verhaltensweisen unter Bezugnahme auf die Grundnormen ü-berprüft und bewertet werden. Auch in Unternehmen gibt es – explizite oder impli-zite – Leitbilder, die es hinsichtlich ihres konstruktiven oder destruktiven Charak-ters zu bewerten gilt. [288]

Außerdem spielen für die Autoren des FHL Tugenden eine maßgebliche Rolle. In Anlehnung an Thomas von Aquin werden Tugenden als „Dispositionen bzw. charakterliche Einstellungen, normativen oder funktionalen Anforderungen gerecht zu werden" definiert und in Primärtugenden (Wahrhaftigkeit, Gerechtigkeit, Klug-heit, Tapferkeit, Friedfertigkeit und Sinn für Maß und Selbstbescheidung) und in Sekundärtugenden (Fleiß, Pünktlichkeit, Sauberkeit, Ordnungsliebe, Gehorsam, Flexibilität, Mobilität, Einfühlungsvermögen, Kreativität und Teamgeist) unter-teilt. [289] Im Gegensatz zu Primärtugenden sind Sekundärtugenden kompromittier-bar. Sie können – etwa bei der unkritischen Übernahme ethisch abzulehnender Leitbilder – „entarten" (wie etwa der „Fleiß", die „Pünktlichkeit" und der „Gehor-sam" von Adolf Eichmann).

Der Kulturverträglichkeit kommt im Rahmen des FHL eine große Bedeutung zu. Während die Soziologie Kultur deskriptiv versteht und damit die Gesamtheit der Werthaltungen menschlicher Gruppierung beschreibt, wird Kultur im FHL in einem ethischen Sinne verwendet. Dabei geht es um die Frage, was den unterschiedli-chen Kulturen gemeinsam ist bzw. wie sie sich mit fortschreitender Globalisierung entwickeln. „Kultur im ethischen Sinne hat also den Charakter eines Zieles. Die Schritte auf dem Weg dahin nennen wir Kultivierung, und wenn man fragt, worin Kultivierung eigentlich bestehe und sich nicht mit der Kultivierung von Naturland-schaften zufrieden gibt, sondern die Kultivierung des menschlichen Mitseins ins-gesamt im Auge hat, dann stößt man auf anthropologisch vorgegebene dichotome Antriebsstrukturen, die den Möglichkeitsraum menschlichen Verhaltens abbil-den." [290] Kultivierung bezieht sich demnach auf unser Mitsein mit der natürlichen und sozialen Umwelt und verlangt, dass wir unter dem Gesichtspunkt ökologischer und sozialer Verantwortlichkeit handeln und gesellschaftliche Institutionen natur- und sozialverträglich gestalten. Der Kultur – im Sinne ihrer Verwendung im FHL – ist damit ein Ordnungswissen inhärent, welches konstitutiv ist für das Verhältnis zwischen Menschen ebenso wie zwischen Mensch und Natur. Somit ist es also nicht ausreichend, ein Unternehmen lediglich auf seine Natur- und Sozialverträg-

---

[288]   Ebda. S. 103-104.

[289]   Ebda. S. 104-105.

[290]   Hoffmann J., Scherhorn G., Saubere Gewinne. So legen Sie ihr Geld ethisch-ökologisch an, Freiburg/Breisgau 2002, S. 66 ff.

lichkeit hin zu überprüfen: „Zwar liefern diese beiden Kriterien die meisten Fragen, die den Unternehmen gestellt werden müssen. Aber in der Kulturverträglichkeit liegt ihr Zusammenhang, ihre Begründung und ihre Rechtfertigung. Dem Rating wird etwas Wesentliches hinzugefügt, wenn es auch Fragen danach einschließt, ob das Unternehmen bereit ist, zur Integrität der Gesellschaft im Ganzen der Natur beizutragen".[291]

Die Verfasser des FHL gehen davon aus, dass ökonomisches Handeln von der Wirksamkeit normativer Standards abhängt, die innerökonomisch nicht erzeugt werden können. Diese Annahme bezeichnet mehr als die Forderung nach staatlichen oder rechtlichen Rahmenbedingungen für wirtschaftliche Aktivitäten. Es geht dabei um die Verantwortung eines Unternehmens für den Fortbestand und die diskursive Fortentwicklung des normativen Ordnungswissens von Gesellschaften und Kulturen. Damit dient das Kriterium der Kulturverträglichkeit zur Bewertung des Ausmaßes unternehmerischer Verantwortung gegenüber dem normativen Ordnungswissen. Mit anderen Worten: es geht um die „moralische Kultur" eines Unternehmens.

3.5.3.2 Naturverträglichkeit

Die Naturverträglichkeit eines Unternehmens wird nicht nur nach Problembereichen wie Schadstoffemission oder Energieverbrauch bewertet, sondern auch danach, welchen Stellenwert Umwelttechnologien und -innovationen haben bzw. wie mit Umweltinstitutionen und -informationen generell umgegangen wird. Neben direkten werden also auch indirekte Umweltauswirkungen untersucht.

Direkte Umweltauswirkungen werden anhand des Einsatzes und des Verbrauchs von Energie, der Behandlung von Stoffen – vor allem hinsichtlich des Umgangs mit Abfällen, des Flächenverbrauchs, der Verwendung gefährdeter Ressourcen und der Folgewirkung verwendeter Stoffe –, des Transports und des Umgangs mit Emissionen analysiert. Indirekte Umweltauswirkungen betreffen den Umgang mit Umweltsituationen ebenso wie den Umgang mit Umweltinformationen, der Berücksichtigung der Situation von Lebewesen und den Umgang mit Umwelttechnologien.

Insbesondere anhand des Umgangs mit Umweltinstitutionen lässt sich der Umfang der für die Unternehmensbewertung relevanten Problemfelder veranschaulichen. Umweltinstitutionen bezeichnen Prinzipien, Vorschriften und Einrichtungen zum Schutz der Umwelt. Dabei sind vor allem drei Prinzipien maßgeblich: das Verursacher-, das Vorsorge- und das Kooperationsprinzip. Nach dem Verursacherprinzip sind stets die Verursacher von Umweltschäden verantwortlich zu machen – und nicht etwa die Allgemeinheit. Das Vorsorgeprinzip entspricht der Forderung, dass Umweltschäden im Rahmen wirtschaftlicher Prozesse erst gar nicht geschehen und das Kooperationsprinzip schließlich bezeichnet die kooperative Kommunikation von Umweltrisiken gegenüber den Behörden bzw. der Öffentlichkeit. Ein naturverträgliches Unternehmen zeichnet sich dadurch aus, dass es die-

---

[291] Ebda., S. 70.

se Prinzipien anerkennt und auch danach handelt. Zur Messung dieser Verantwortlichkeit bedarf es eines Blicks in die Unternehmensorganisation, um festzustellen, wie diese Prinzipien nicht nur gutgeheißen, sondern auch in die Unter-
nehmensprozesse integriert werden. Beispielsweise wird hier nach der Installie-
rung eines Umweltmanagements, nach der Vermittlung des Umweltrechts an Mitarbeiter oder der Erstellung von Umwelt-Audits gefragt.

3.5.3.3 Sozialverträglichkeit

Die Sozialverträglichkeit eines Unternehmens bezieht sich einerseits auf die Unternehmensorganisation. Dabei geht es die Ausgestaltung der Führungsgrundsät-
ze, der Hierarchien und der Organisationsstrategien ebenso wie um Mitbestim-
mungsgremien und -möglichkeiten. Andererseits geht es dabei auch um die Interessen von internen und externen Anspruchsgruppen. Unter die allgemeinen Interessen der internen Anspruchsgruppen fallen die Bereiche Arbeitszeitregelung,
Arbeitsplatzsicherheit, Betriebsklima, Humanisierung der Arbeitsbedingungen,
Einstellungs- und Entlassungsgrundsätze, Entlohnung, Gesundheit, Personalent-
wicklung und Sozialeinrichtungen. Die besonderen Interessen interner Anspruchsgruppen beziehen sich auf den Umgang mit älteren, angelernten und ausländi-
schen Arbeitnehmern, Auszubildenden, freien Mitarbeitern, geringfügig Beschäftigten, Behinderten, Frauen, Jugendlichen, Kindern, Langzeitarbeitslosen, Kranken
und vorübergehend Beschäftigten. Gegenüber externen Anspruchsgruppen bezieht sich Sozialverträglichkeit vor allem auf das Verhältnis des Unternehmens zu
Abnehmern, zum Ausland (vor allem gering- oder unterentwickelte Länder), Geld-
geber, Konkurrenten, Lieferanten, Anrainern und der Öffentlichkeit.

Sozialverträglichkeit bezieht sich aber nicht nur auch das Verhältnis des Unternehmens zu anderen Akteuren, sondern auch auf sozial unverträgliche Produkte
und Dienstleistungen des Unternehmens. Dabei geht es hauptsächlich um Fragen
bezüglich der Gentechnik, von Militärgütern, von Produkten aus Tierversuchen,
der Atomkraft, der Pornografie, von Suchtmitteln sowie der geplanten Obsoles-
zenz. Welche Produkte und Dienstleistungen im Einzelfall als sozial unverträglich
zu bezeichnen sind, erweist sich in der Praxis der nachhaltigen Geldanlage als
strittig. Bei einigen Produkten oder Dienstleistungen kann man sich wohl darauf
berufen, dass eine Mehrheit diese als ethisch bedenklich einstufen wird, bei anderen wiederum können unterschiedliche Wertauffassungen zu Tage treten. Lange
Zeit galt beispielsweise die Atomkraft als sozialverträglich und auch heute noch
verbindet sich damit die Hoffnung auf eine Form der Energieerzeugung, welche
das Ziel zur Verringerung des CO_2-Ausstoßes ermöglichen könnte. Auch anhand
der kontrovers geführten Debatte um die Gentechnik zeigt sich, dass die Sozialverträglichkeit einiger Produkte und Dienstleistungen letztlich eine persönliche
Entscheidung ist. Bezogen auf die nachhaltige Geldanlage bedeutet das, dass
diese Entscheidung den Anlegern überlassen bleiben muss. Diese müssen „in
einer Weise informiert werden, dass sie die Möglichkeit haben, das Anlageprodukt

abzuwählen, also Tierversuche oder Pornografie oder Rüstungsproduktion usw. zu einem k.o.-Kriterium zu machen".[292]

3.5.3.4 Zusammenfassung

Die Kriteriologie des FHL bildet ein differenziertes Instrumentarium zur Beurteilung von Unternehmen nach kulturellen, ökologischen und sozialen Gesichtspunkten. Insgesamt zählt der Leitfaden rund 850 Einzelkriterien, anhand derer ein umfassendes Bild von der Verantwortlichkeit eines Unternehmens gegenüber Gesellschaft und Natur in Anlehnung an ein kulturelles Ordnungswissen entwickelt wird. In besonderer Weise wird dabei analysiert, in welchem Ausmaß ein Unternehmen zur Förderung eines gesellschaftlichen Ordnungswissens beiträgt oder dieses untergräbt. Dieses Ordnungswissen bezeichnet die in einer Gesellschaft anerkannten Normen und Regelungen zur Bewältigung ökologischer und sozialer Herausforderungen, welche sich letztlich in einer Gesellschaftskultur niederschlagen. Kultur wird demnach verstanden als „the general concept of life that in the end is decisive for the members of a society".[293]

3.5.4   Die praktische Umsetzung des FHL

Mit der Veröffentlichung des FHL wurde bereits betont, dass die Erprobung und Weiterentwicklung des FHL nur in der Praxis erfolgen kann.[294] In Folge dessen wurde im Dezember 1999 eine Kooperation mit der oekom research AG, München, geschlossen, um die 850 Einzelkriterien des FHL in einer praxistaugliche Methode zur Bewertung von Unternehmen umzusetzen. Ergebnis dieser Kooperation war die Entwicklung des Corporate Responsibility Rating (CRR). Dabei wurden die 850 Einzelkriterien des FHL in ca. 200 Untersuchungskriterien zusammengefasst, da eine Unternehmensbewertung sonst nicht möglich gewesen wäre. Dies war u. a. möglich durch die Zusammenfassung von Kultur- und Sozialrating. Sowohl das Umwelt- als auch das Kultur- und Socialrating umfassen ca. 100 Untersuchungskriterien, die jeweils ca. 20 Untersuchungsfelder bilden. Auch wenn sich der Umsetzungsprozess des theoretisch-konzeptiven FHL in das praktisch-operablen CRR als teilweise schwierig erwies, stützt sich das CRR bis heute in seiner Ganzheit auf den FHL: ein wissenschaftlicher Beirat, dem zwei Herausgeber des FHL angehören, greift Fragestellungen im Zusammenhang mit dem CRR auf und arbeitet an der Weiterentwicklung der Kriteriologie und Methodik.

Das CRR unterstützt vor allem Analysten und Finanzdienstleister bei der Erstellung ethischer Geldanlageprodukte, indem es die Verantwortung von Unter-

---

[292] Ebda., S. 91.

[293] Döpfner C., Hoffmann J., Cultural Sustainability: Concept and Measurement, in: Reisch L. (Ed.), Ethical-ecological Investment: Towards Global Sustainable Development, Frankfurt/Main 2001, S. 23.

[294] Hoffmann J. u. a. (Hg.), Ethische Kriterien für die Bewertung von Unternehmen. Frankfurt-Hohenheimer Leitfaden, Frankfurt/Main 1997, S. 10-11.

nehmen gegenüber der Gesellschaft und deren Kulturen (Kulturverträglichkeit), gegenüber den von den Unternehmensaktivitäten betroffenen Menschen (Sozial- verträglichkeit) und gegenüber der natürlichen Umwelt (Naturverträglichkeit) ana- lysiert und bewertet.

Analog zum FHL ermöglicht das CRR eine Bewertung von Unternehmen hin- sichtlich ihrer ökologischen und sozialen Performance. Dabei wird auch die gene- relle Positionierung des Unternehmens in Bezug auf die globalen Bemühungen zur Lösung ökologischer und sozialer Herausforderungen analysiert und im Kon- text einer nachhaltigen Entwicklung beleuchtet. Dies geschieht implizit auf der Ba- sis der drei Hauptdimensionen des FHL, der Kultur-, Natur- und Sozialverträglich- keit.

Hinsichtlich der Kulturverträglichkeit steht die Verantwortung des Unterneh- mens gegenüber der Gesellschaft und den Kulturen im Mittelpunkt. Untersucht wird erstens die Einstellung des Unternehmens zur ethischen Verantwortung. Da- bei geht es um ethische Unternehmensziele, den Umgang mit Zielkonflikten in Be- zug auf die Verfolgung kurzfristiger ökonomischer und langfristiger ethischer Ziele sowie um Managementsysteme zur kontinuierlichen Verbesserung. Zweitens wird die Wahrnehmung gesellschaftlicher Verantwortung analysiert, was konkret die Verantwortung für das Gemeinwesen, die Position gegenüber kulturellen Instituti- onen (Religion, Kunst, Sport, Sponsoring) sowie die Kommunikation mit NGO's und den Beitrag zur Erhaltung der kulturellen Vielfalt betrifft. Untersucht wird drit- tens auch die bei Auslandsaktivitäten, besonders in Schwellen- und Entwicklungs- ländern, wahrgenommene Verantwortung. Das betrifft etwa das Ausnützen niedri- ger Sozialstandard zur Produktion oder zum Absatz von Produkten, die Evaluation politischer und sozialer Konsequenzen der Unternehmensaktivitäten sowie das Verhalten gegenüber Staaten mit Menschenrechtsverletzungen und/oder autoritä- ren Regimen. Viertens nimmt die Untersuchung die Unternehmensverantwortung in Bezug auf eine kultureigene Entwicklung in den Blick. Untersucht wird hier die kulturelle Anpassung der Produkte und Dienstleistungen, die Nutzung von lokalen Ressourcen, das Unterbinden der kulturellen Vielfalt bzw. die Förderung einer weltweiten Einheitskultur durch Produkte und Dienstleistungen sowie die Verdrän- gung von traditionellen Strukturen durch Produkte und Dienstleistungen. Schließ- lich bildet die Frage nach fairen Wirtschaftsbeziehungen, also nach den ethischen und sozialen Standards in der Beziehung zu Lieferanten, nach Kartellverstößen, Korruption und irreführender Werbung einen weiteren Schwerpunkt der Kulturver- träglichkeitsbewertung.

Die Verantwortung des Unternehmens gegenüber den von den Unterneh- mensaktivitäten betroffenen Menschen ist Gegenstand der Sozialverträglichkeits- prüfung. Im Blickfeld der Untersuchung sind Managementsysteme, etwa das Un- ternehmensleitbild und Unternehmensziele, Audits oder Sozialberichterstattungen sowie die Beziehungen zu den Mitarbeitern und gesellschaftlich benachteiligten Gruppen (Ausländern, ethnische Minderheiten, ältere Menschen, Behinderten, Frauen, Kinder ...). Die Bewertung der Kultur- und Sozialverträglichkeit von Unter- nehmen wird bei der praktischen Umsetzung unter dem Titel „Social-Cultural-

Rating" zusammengezogen, da sich die Untersuchungsgegenstände in vielerlei Hinsicht überschneiden.

Mit der Naturverträglichkeit schließlich wird die Verantwortung der Unternehmen gegenüber der natürlichen Mitwelt untersucht. Grundlage ist eine ökologische Bilanzanalyse, bei der die Rohstoff-, Energie- und Entsorgungskosten, die Wasser- und Abwasserkosten, umweltbezogene Rückstellungen, die Existenz einer Umwelthaftpflichtversicherung und allfällige Umweltstrafen analysiert werden. Geprüft wird auch das Umweltrisiko bzw. die Einhaltung relevanter Umweltauflagen. Insbesondere geht es dabei um Maßnahmen zur Minimierung von Umweltrisiken, Umweltskandalen, Altlasten und der Förderung von Umweltrechtssicherheit. Darüber hinaus geht es auch um die Frage, ob und wenn ja in welchem Ausmaß ein Umweltmanagement existiert. Umweltmanagement äußert sich etwa in der Verfolgung von Umweltzielen, der Implementierung von Umweltbeauftragten, der Teilnahme an Öko-Audits, dem Vorhandensein eines Öko-Controlling, der Berücksichtigung von Umweltstandards im Ausland, in der Bereitschaft zu Kooperationen, in der Ausbildung der Mitarbeiter und in der Berücksichtigung ökologischer Beschaffungsrichtlinien. Neben organisatorischen und strukturellen Untersuchungsfeldern stehen auch die erzeugten Produkte und angebotenen Dienstleistungen eines Unternehmens auf dem Prüfstand. Dabei werden die Produkte und Dienstleistungen hinsichtlich ihrer unmittelbaren und induzierten Umweltauswirkungen untersucht und Maßnahmen sowie Ziele zur ökologischen Produkt- und Dienstleistungsentwicklung bewertet. Die Erhebung und die Interpretation von Umweltdaten wie Energie- und Wasserverbrauch, Abwassermenge, Abfallaufkommen und -zusammensetzung sowie Emissionen in die Luft ist vor allem für den branchen-internen Vergleich von Bedeutung.

Damit sind die drei Dimensionen des FHL klar in der Kriteriologie des CRR abgebildet. Die einzelnen Untersuchungsbereiche (Kultur-, Natur- und Sozialverträglichkeit) werden dabei hinsichtlich ihrer Relevanz für die einzelnen Branchen gewichtet, da die einzelnen Branchen mit unterschiedlichen ökologischen und sozialen Herausforderungen konfrontiert sind. So macht es beispielsweise nicht viel Sinn, der Vermeidung von Schadstoffemissionen bei einem Softwarekonzern das gleiche Gewicht beizumessen als bei einem Unternehmen aus der chemischen Industrie. Die Bewertung der Untersuchungsbereiche erfolgt auf einer Skala von D- bis A+ (D-, D, D+, C-, C, C+, B-, B, B+, A-, A, A+); D- bedeutet, dass keine bzw. kaum nennenswerte Aktivitäten festgestellt werden konnten, A+ bedeutet, dass das Unternehmen die Anforderungen vollständig erfüllt. Das Social-Cultural Rating und das Environmental Rating stellen jeweils eine eigene Bewertungsgröße dar, um die Aussagekraft der ökologischen und sozial-kulturellen Beurteilung eines Unternehmens zu erhalten. Um das Unternehmen in seiner gesamten Nachhaltigkeitsperformance mit anderen Unternehmen vergleichbar zu machen, wird ein abschließendes Gesamtrating erstellt.

Die Gesamtratings (performance ratings) schließlich bilden die Grundlage für eine Best-in-Class-Reihung (comparative ranking). Damit werden die bewerteten Unternehmen in eine Relation zu ihrem Mitbewerbern in derselben Branche gesetzt und es wird ersichtlich, welche Unternehmen innerhalb einer Branche dem Leitbild einer nachhaltigen Entwicklung mehr entsprechen und welche weniger. Das ist nicht nur von Bedeutung für die Anleger, sondern bewirkt auch einen „Nachhaltigkeitswettbewerb" zwischen den untersuchten Unternehmen. Da die Unternehmen mit ihren Mitbewerbern vergleichbar werden und jedes Unternehmen einen Rangplatz zugewiesen bekommt, werden Unternehmen dazu angeregt, ihren Rang zu verbessern. So wird ein „ethischer Wettbewerb in die Branche hineingetragen, durch den zunehmend eine ethische Durchdringung der gesamten Wirtschaft in Gang gesetzt wird".[295]

Der Best-in-Class-Ansatz ist freilich nicht unumstritten, wird damit doch auch das jeweils „nachhaltigste" Rüstungsunternehmen prinzipiell Gegenstand eines möglichen Investments. Die Tatsache, dass mit dem Best-in-Class-Ansatz auch in Branchen, die nicht gerade zum Inbegriff einer nachhaltigen Entwicklung zählen (etwa die Rüstungs-, Automobil- oder Erdölbranche), kleinschrittige Veränderungen hin zu einer nachhaltigen Entwicklung gefördert werden, reicht Anlagern oft nicht aus. In der Praxis der nachhaltigen Geldanlage haben deshalb Ausschlusskriterien, welche ganze Branchen von vornherein ausschließen, einen hohen Stellenwert. Im Zuge des CRR wird deshalb auch definiert, ob und in welchem Umfang Unternehmen in abzulehnenden Geschäftsbereichen tätig sind. Dieses „Negativ-Screening" bezieht sich auf kontroverse Geschäftsfelder und kontroverse Geschäftspraktiken gleichermaßen. Kontroverse Geschäftsfelder sind die Produktion von Abtreibungsmedikamenten sowie die Durchführung von Abtreibungen, die Herstellung von Alkohol und Tabak, der Betrieb eigener Atomkraftwerke und die Produktion zentraler AKW-Komponenten, die Produktion hochgefährlicher Biozide laut WHO-Definition, die chlororganische Massenproduktion, die Embryonenforschung, das Glückspiel, die Produktion von genverändertem Saatgut, die Produktion und den Handel von Rüstungsgütern, die Produktion und den Handel von Tierpelzen und Pornografie. Kontroverse Geschäftspraktiken beziehen sich auf Grobe Arbeitsrechts-Verletzung der "ILO Declaration on Fundamental Principles and Rights at Work" durch das Unternehmen und/oder Zulieferer, auf die Nutzung von Kinderarbeit durch das Unternehmen und/oder Zulieferer über die von der ILO als zulässig angesehenen Formen hinaus, auf kontroverse Wirtschaftspraktiken wie grobe Verstöße in Bereichen wie Korruption, Bilanzfälschung oder Kartellrecht, auf grobe Verletzung der Menschenrechte durch das Unternehmen und/oder Zulieferer, auf kontroverses Umweltverhalten wie das Betreiben oder Finanzieren von ökologisch besonders kontroversen Anlagen wie Staudämmen, Pipelines oder Minen oder besonders rücksichtsloses Umweltverhalten sowie auf das Anwendung von Tierversuchen zum Test von Endprodukten im Bereich Consumer Goods, die nicht gesetzlich vorgeschrieben sind. Diese Ausschlusskriterien werden nicht in die Bewertung von Unternehmen mit einbezogen, sondern nur zusätzlich erhoben. Damit wird dem Umstand Rechnung getragen, dass Anleger

---

[295] Hoffmann J., Scherhorn G., Saubere Gewinne. So legen Sie ihr Geld ethisch-ökologisch an, Breisgau 2002, S. 41.

bezüglich der Relevanz und Dringlichkeit verschiedener Ausschlusskriterien durchaus unterschiedlicher Meinung sein können.

3.5.5   Zur Problematik der Datenerhebung

Die objektive Bewertung und der Vergleich von Unternehmen im Zuge des CRR sind maßgeblich auf den Zugang von verlässlichen Daten und Informationen angewiesen. Unternehmen neigen in ihrer (Nachhaltigkeits-) Berichterstattung dazu, ein möglichst positives Bild der eigenen Nachhaltigkeitsstrategie zu vermitteln. Deshalb ist die Ratingagentur auf einen mehrstufigen Ratingprozess verwiesen, der auch externe Informationsquellen mit einbezieht.

Das CRR beginnt mit einer Ankündigung des Ratings bei Unternehmen. Diese haben darauf hin die Möglichkeit, Informationen zur Verfügung zustellen. Auf das Versenden eines umfangreichen Fragebogens wird zunehmend verzichtet: da das CRR bereits seit mehreren Jahren Unternehmen bewertet, besteht bereits eine gute Datenbasis bezüglich der Nachhaltigkeitsanstrengungen der Unternehmen, die durch aktuelle (Nachhaltigkeits-) Berichte der Unternehmen aktualisiert werden. Unter Einbeziehung von Telefoninterviews zur Klärung offener Fragen und der Recherche bei internationalen NGO's, wissenschaftlichen Institutionen und öffentlichen Behörden sowie einer Sichtung der Medienberichte über das Unternehmen wird ein erstes Rating erstellt. Bereits hier entscheidet sich, ob das Unternehmen die Mindestanforderungen erfüllt. Werde diese nicht erfüllt – zum Beispiel wenn das Unternehmen nicht kooperativ ist oder die Datenlage zu wenig transparent ist, bildet dieses Rating bereits die Rating-Endversion. Werden die Mindestanforderungen jedoch erfüllt, wird das Rating dem Unternehmen unterbreitet, welche die Möglichkeit für ein Feedback bzw. eine Kommentierung erhält. Dabei können negative Ergebnisse des Ratings mit zusätzlichen Informationen korrigiert oder nicht berücksichtigte Bereiche ergänzt werden. Von Seiten der Ratingagentur wird das Rating daraufhin überarbeitet. Die vom Unternehmen eingebrachten Hinweise werden wiederum mittels Telefoninterviews, Datenbank- und Medienrecherchen überprüft und bewertet. Bevor es zu einer Endversion des Ratings kommt wird dieser Prozess wiederholt. Damit soll einerseits dem Unternehmen die Möglichkeit gegeben werden, alle für eine Bewertung relevanten Information einzubringen und andererseits ein Dialog und damit eine Sensibilisierung für Nachhaltigkeitsfragen erreicht werden.

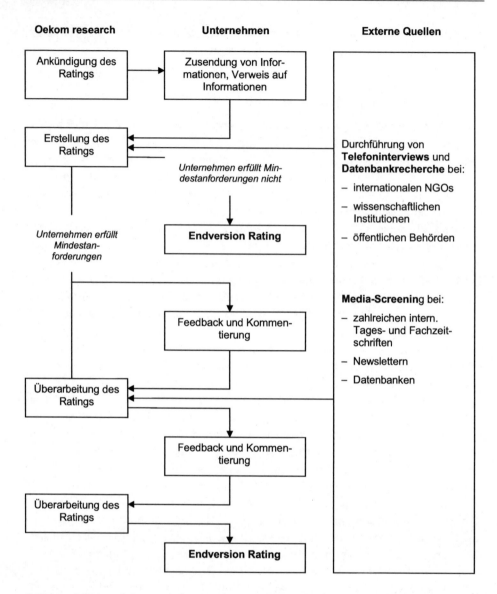

Abbildung 2: Datenerhebung und Ratingprozess beim CRR, Quelle: oekom-research AG (http://www.oekom-research.de/ag/german/index_research.htm).

Das CRR erweist sich somit als ein komplexes und effizientes Instrumentarium für die Bewertung der Nachhaltigkeitsperformance von Unternehmen. Anleger und insbesondere die Anbieter von nachhaltigen Geldanlageprodukten können damit auf eine wichtige Entscheidungshilfe zurückgreifen.

Die Bewertung von Unternehmen unter Nachhaltigkeitsgesichtspunkten bleibt jedoch eine heikle Sache. Unvollständige Recherchen oder auch Vorurteile gegenüber einzelnen Branchen und Unternehmen können zu fehlerhaften Ergebnissen führen. Innerhalb des Ratingprozesses sind daher Kontrollmechanismen und

Maßnahmen zur Qualitätssicherung besonders wichtig. Für ein Nachhaltigkeitsrating ist die wirtschaftliche und personelle Unabhängigkeit der Ratingagentur eine wesentliche Voraussetzung. Darüber hinaus müssen die Ratingprozesse umfassend und präzise zugleich sein und alle für die Nachhaltigkeitsperformance relevanten Tatbestände einbeziehen. Außerdem müssen die untersuchten Unternehmen einheitlich bewertet werden, um auch die Vergleichbarkeit einzelner Ergebnisse zu gewährleisten. Innerhalb des CRR stellen diese drei Forderungen – Unabhängigkeit, Vollständigkeit und Vergleichbarkeit – zentrale Prinzipien des Ratingprozesses dar.[296]

Von Seiten der bewerteten Unternehmen und der Investoren hängt die Glaubwürdigkeit des Ratingansatzes sehr mit dessen Nachvollziehbarkeit und Transparenz zusammen. Indem das Rating eine elementare Entscheidungshilfe für Investoren darstellt, muss es alle für den Ratingprozess relevanten Informationen in verständlicher Weise aufbereiten und der Öffentlichkeit zugänglich machen. Dagegen führen einige Ratingagenturen jedoch vor allem zwei Argumente ins Feld: erstens könne aufgrund der Komplexität und des Umfanges des Ratingprozesses eine detaillierte und zugleich für alle verständliche Erläuterung nicht erfolgen. Zweitens sei die Preisgabe des genauen Ratingprozesses geschäftsschädigend – Mitbewerber oder Nachahmer könnten sich den Ratingprozess aneignen und als Konkurrenten auftreten.

Gegenüber dem ersten Argument ist einzuräumen, dass einige Ratingansätze tatsächlich eine enorme Komplexität erreicht haben und deshalb nicht mehr auf einige wenige Sätze zu reduzieren sind. Eine lückenlose Dokumentation der Verfahren, Methoden und Kriterien würde zudem die meisten Investoren überfordern. Dennoch muss festgehalten werden, dass die Transparenz und Nachvollziehbarkeit gegeben sein muss, wenn Ratingprozesse eine glaubwürdige Entscheidungshilfe für Investoren sein sollen. Der Verweis auf eine interne Qualitätssicherung oder ein externes Expertenkomitee ist nicht ausreichend, da auch derartige Maßnahmen eine transparente und nachvollziehbare Darlegung des Ratingprozesses nicht ersetzen können. Eine in den Raum gestellte Überforderung der Öffentlichkeit kommt zudem einer Unterschätzung des derzeitigen wissenschaftlichen Forschungsstandes gleich.

Das zweite Argument bedarf ebenfalls eines Widerspruchs. Die weltweit angewendeten Ratingansätze basieren sicherlich auf individuellen Problemlösungsverfahren und jeweils eigenen Entwicklungen. Dennoch sind die unterschiedlichen Ratingansätze in Fachkreisen ohnehin bekannt – schon alleine durch den Wechsel von Analysten einer Ratingagentur zu einer anderen kommt ein entsprechender Informationsaustausch zustande. Auch jetzt wäre die Nachahmung eines Ratingansatzes schon möglich, die Veröffentlichung der Verfahren und Methoden würde demnach keine signifikante Erhöhung des Nachahmungsrisikos bedeuten.

Für beide Argumente ist zudem noch anzumerken, dass bezüglich der Nachvollziehbarkeit und Transparenz der jeweiligen Ansätze gestufte Veröffentli-

---

[296] http://www.oekom-research.com/ag/german/index_research.htm (Abfrage am 14.9.2006).

chungsverfahren eine praktikable Lösung darstellen können. Dabei würden auf einer ersten Ebene eher allgemeine Informationen zum Ratingansatz veröffentlicht und auf den jeweils nächsten Ebenen immer spezifischere und detailliertere Informationen folgen. Dies hätte den Vorteil, dass Investoren die Informationstiefe, die sie zur Beurteilung der Glaubwürdigkeit benötigen, selbst bestimmen können und trotzdem – vor allem für den wissenschaftlichen Bereich – die Möglichkeit besteht, Grundlagenprobleme zu erforschen. Je detaillierter und präziser diese Informationen werden, um so weniger ist dafür die Breitenwirksamkeit der Informationen erforderlich. Wichtiger erscheint die Bereitschaft der Ratingagenturen, auf wissenschaftliche Anfragen einzugehen und den Dialog mit der Wissenschaft aktiv zu fördern.

Die oekom research AG ist der wissenschaftlichen Aufarbeitung des CRR gegenüber sehr aufgeschlossen. Die prinzipielle Offenheit und Bereitschaft zum Dialog mit Investoren und der Wissenschaft zeigt sich auch daran, dass die laufende Qualitätsprüfung und Weiterentwicklung des CRR seit vielen Jahren Gegenstand der Arbeit der „Projektgruppe ethisch-ökologisches Rating" der Johann Wolfgang Goethe-Universität in Frankfurt am Main ist. Diese Offenheit und Dialogbereitschaft mit der Wissenschaft hat nicht nur zu einem hohen Bekanntheitsgrad des CRR in der scientific community geführt, sondern auch die Glaubwürdigkeit bei Investoren erhöht.

4   Die Praxis der nachhaltigen Geldanlage: eine Analyse von Nachhaltigkeitsindizes

Die nachhaltige Geldanlage bietet die Möglichkeit, wirtschaftliche Prozesse zu steuern und zu gestalten und damit zu einer Transformation wirtschaftlicher Prozesse beizutragen. Das Corporate Responsibility Rating der oekom research AG stellt ein Instrument zur Bewertung von Unternehmen in Hinblick auf deren Beitrag für eine am Leitbild nachhaltiger Entwicklung ausgerichtete Wirtschaft dar. Damit ist jedoch nur *eine* Zugehensweise zur Bewertung unternehmerischer Verantwortung aufgezeigt. In der Praxis sind Anleger mit einer Vielzahl von Konzepten zur Messung von Nachhaltigkeit konfrontiert – diese unterscheiden sich teilweise deutlich voneinander, weshalb eine Analyse dieser Konzepte erforderlich erscheint. Die Vielzahl der Ansätze im Rahmen der nachhaltigen Geldanlage erfordert von Investoren eine bewusste und gezielte Entscheidung für einen konkreten Ansatz.

Aristoteles grenzt die Entscheidung klar vom Begehren (epithymia) bzw. vom Wollen (boulêsis) und vom bloßen Meinen (doxa) ab.[297] Die Entscheidung (prohairesis) erfordert demnach zweierlei: einerseits bezieht sie sich auf das uns Mögliche und andererseits betrifft sie nicht Ziele, sondern die Wege zum Ziel.[298] Bezogen auf die Entscheidung des Investors bedeutet das, dass die nachhaltige Geldanlage eine Möglichkeit zur Gestaltung und Steuerung wirtschaftliche Prozesse darstellt und dass die nachhaltige Geldanlage nicht das *Ziel* des Investors, sondern das *Mittel* zur Erreichung seines Ziels – nämlich die Förderung nachhaltiger Wirtschaftsweisen – darstellt. Bei Wahlmöglichkeiten zwischen verschiedenen Ansätzen der nachhaltigen Geldanlage kommt es darauf an, diejenige Handlungsweise zu wählen, von der wir am sichersten wissen, dass sie gut ist.[299]

Die Bandbreite verschiedener Zugehensweisen zur Messung von Nachhaltigkeit lässt sich am Beispiel von Nachhaltigkeitsindizes veranschaulichen. Nachhaltigkeitsindizes kommen bei der nachhaltigen Geldanlage eine zentrale Bedeutung zu, da immer mehr Finanzdienstleistungsunternehmen und Kapitalanlagegesellschaften sich bei der Gestaltung ihrer nachhaltigen Geldanlageprodukte – insbesondere ihrer Nachhaltigkeitsfonds – an Indizes orientieren, die Unternehmen hinsichtlich ihrer sozialen und ökologischen Verantwortlichkeit bewerten.

Nachhaltigkeitsindizes stellen eine Auflistung von Unternehmen dar, die sich aufgrund der jeweiligen Bewertungsergebnisse für nachhaltige Investments eignen. Auf der Grundlage eines Ratingprozesses werden Unternehmen nach bestimmten Kriterien untersucht – erfüllen sie diese, werden sie in den Index aufgenommen, erfüllen sie diese nicht oder nicht mehr, werden sie aus dem Index ausgeschlossen. Nachhaltige Geldanlageprodukte orientieren sich an Nachhaltigkeitsindizes: die in einem Nachhaltigkeitsindex befindlichen Unternehmen bilden

---

[297]   Aristoteles, Nikomachische Ethik, III, 1111b20-b30 sowie 1111b30-1112a13.

[298]   Wolf U., Aristoteles' Nikomachische Ethik, Darmstadt 2002, S. 126 ff.

[299]   Aristoteles, Nikomachische Ethik, III, 1112a7.

gleichzeitig jene Anlagetitel, in welche tatsächlich investiert wird. Während der Index lediglich eine Auflistung von Unternehmen darstellt, die den jeweiligen Kriterien entsprechen, wird bei nachhaltigen Geldanlageprodukten real in diese Unternehmen investiert. Die Bewertung der Unternehmen erfolgt auf der Basis je eigener Methoden und Verfahren, denen auch unterschiedliche Wertepräferenzen zugrunde liegen.

Im Rahmen dieses Dissertationsvorhabens wurde vom Autor im Jahr 2005 eine Untersuchung der 11 weltweit führenden Nachhaltigkeitsindizes durchgeführt. Die Studie mit dem Titel „Nachhaltigkeitsindizes. Die Bewertung von Unternehmen nach sozialen und ökologischen Kriterien und die Einschätzung des Marktes für nachhaltige Geldanlage aus der Sicht der Anbieter von Nachhaltigkeitsindizes" verfolgte das Ziel, die Methoden und Kriterien verschiedener Ansätze der Unternehmensbewertung unter Nachhaltigkeitsgesichtspunkten und das dabei vorherrschende Verständnis nachhaltiger Wirtschaftsweisen zu untersuchen. Die Studie gibt auch interessante Rückschlüsse hinsichtlich der Mittlerrolle der Anbieter von Nachhaltigkeitsindizes, da diese Unternehmen nicht primär nach finanziellen, sondern vor allem nach sozialen und ökologischen Kriterien bewerten und dabei über einen umfassenden Einblick in die gegebenen Handlungsspielräume und -möglichkeiten von Unternehmen verfügen. Gleichzeitig besitzen die Anbieter von Nachhaltigkeitsindizes auch eine detaillierte Kenntnis der Motivation und Erwartungen der Investoren und Stakeholder, die sie ebenfalls in die Bewertung einfließen lassen. Die Anbieter von Nachhaltigkeitsindizes verfügen deshalb über ein spezifisches Marktwissen und eine differenzierte Wahrnehmung marktspezifischer Vorgänge. Ihre Einschätzung der Chancen des Marktes für nachhaltige Geldanlagen ist deshalb aufschlussreich.

Gegenstand dieses Kapitel ist die Zusammenfassung und Kommentierung der Studie. Die dabei verwendeten Zahlen, Daten und Informationen beziehen sich auf den Zeitpunkt der Erstellung der Studie (Februar 2005).

4.1   Die Methode der Studie

Die Studie enthält zwei Teile. Der erste Teil untersucht die Verfahren und Methoden, die zur Erstellung von Nachhaltigkeitsindizes führen. Die Anbieter von Nachhaltigkeitsindizes wurden dafür mit einer Beschreibung ihrer Vorgehensweise, ihrer Methodik und ihrer Kriterien konfrontiert, und zwar auf der Basis öffentlich verfügbarer Informationen. Diese hatte die Möglichkeit, die Beschreibungen zu kommentieren, zu ergänzen oder zu korrigieren. Anhand der sich daraus ergebenden Profile wurden die Nachhaltigkeitsindizes nach bestimmten Merkmalen und Unterscheidungskriterien einer Analyse unterzogen.

Der zweite Teil der Studie ist das Ergebnis eines Fragebogens, der an die Anbieter von Nachhaltigkeitsindizes versendet wurde.[300] Ziel dieses Fragebogens

---

[300]   Siehe Anhang A.

war die Klärung zentraler Nachhaltigkeitsbegriffe vor dem Hintergrund unterschiedlicher Verstehensweisen und Zugänge. Darüber hinaus ging es bei dem Fragebogen darum, eine Einschätzung der Anbieter von Nachhaltigkeitsindizes bezüglich der Chancen einer größeren Bedeutung der nachhaltigen Geldanlage zu erlangen.

Sieben der elf Anbieter von Nachhaltigkeitsindizes haben diese Untersuchung aktiv unterstützt. Ein Anbieter (Calvert Social Index) hat auf mehrmalige Anfrage überhaupt nicht reagiert, zwei Anbietern (Ethinvest Environmental Index, FTSE4Good Index) war eine Mitarbeit aus zeitlichen und personellen Gründen nicht möglich, ein Anbieter (Jantzi-Social-Index) hat eine Mitarbeit zugesagt, jedoch den Fragebogen nicht retourniert. Die Analyse dieser vier Nachhaltigkeitsindizes erfolgte im Rahmen der öffentlich zugänglichen Informationen. In die Untersuchung einbezogen waren ursprünglich 12 Nachhaltigkeitsindizes, wobei einer – der Westpac-Monash Eco Index – ausgeschieden wurde, nachdem sich herausstellte, dass er nicht mehr aktiv betreut wird.

Nachhaltigkeitsindex	Fragebogen beantwortet:
Advanced Sustainable Performance Indices	Ja
Calvert Social Index	Nein
Dow Jones Sustainability Indexes	Ja
Domini 400 Social Index	Ja
Ethibel Sustainability Index	Ja
Ethical Index	Ja
Ethinvest Environmental Index	Nein
FTSE4GOOD	Nein
Jantzi Social Index	Nein
Natur-Aktien-Index	Ja
Umweltbank-Aktienindex	Ja
Westpac-Monash Eco Index	Nein (ausgeschieden)

Tabelle 1: In die Studie einbezogene Nachhaltigkeitsindizes.

4.2   Kurzprofile der untersuchten Nachhaltigkeitsindizes

Die in der Studie untersuchten Anbieter von Nachhaltigkeitsindizes unterscheiden sich auch in Hinblick auf ihre Aufgaben- und Unternehmensprofile. Die nachfolgenden Kurzprofile sollen deshalb einen groben Überblick über die Struktur und Geschäftsphilosophie der Anbieter von Nachhaltigkeitsindizes bieten. Die Angaben beziehen sich dabei auf den Erstellungszeitpunkt der Studie (Februar 2005), haben sich in der Zwischenzeit aber nicht wesentlich geändert.

4.2.1   Advanced Sustainable Performance Index (ASPI)

Der Advanced Sustainable Performance Index (ASPI) wird von der Agentur Vigeo mit Sitz in Bagnolet, Frankreich, veröffentlicht und verwaltet. Gegründet wurde Vigeo im Jahr 2002, das Unternehmen befindet sich im Besitz von 52 Eigentümern bzw. Eigentümergruppen aus den Bereichen Unternehmen, Anlageverwalter bzw. Pensionsfondsmanager und Gewerkschaften, wobei kein Eigentümer einen über 2% hinausgehenden Kapitalanteil am Unternehmen besitzt und keiner der drei Eigentümergruppen einen Anteil von mehr als 45 % am Gesamtkapital von Vigeo kumulieren darf. Das 15-köpfige Board of Directors spiegelt auch die Eigentümerstruktur wider: jeweils drei Mitglieder stammen aus den drei Eigentümerbereichen (Unternehmen, Anlageberater bzw. Pensionsfondsmanager, Gewerkschaften), 6 zusätzliche, unabhängige Mitglieder kommen aus dem zivilgesellschaftlichen Bereich. Insgesamt hat Vigeo 42 Angestellte, 15 davon sind Analysten, 6 sind Auditoren im Bereich Corporate Social Responsibility. Darüber hinaus verfügt das Board of Directors über einen wissenschaftlichen Beirat, bestehend aus fünf Personen.

Vigeo bewertet die Unternehmen nach 5 Stakeholderthemen:

- Gesellschaft (regional – national – international)
- Corporate Governance
- Kunden und Lieferanten
- Gesundheit, Sicherheit und Umwelt
- Human Resources und internationale Arbeitnehmerschutzstandards

Vigeo selbst beschreibt diesen Ansatz als einen „stakeholder centered approach". Jeder der fünf Themenbereiche wird einer Leadership-Implementation-Results-Analyse (L-I-R-Analyse) unterzogen, wobei erstens die jeweiligen Themenbereiche hinsichtlich ihrer Berücksichtigung bzw. ihrer Behandlung auf der Ebene der allgemeinen Geschäftspolitik und Unternehmensstrategie untersucht werden, zweitens geprüft wird, ob und in wie fern diese Politik in Prozessen und Strategien der Unternehmenstätigkeit implementiert wird, und drittens die sich daraus ergebenden Resultate untersucht werden. Alle fünf Themenbereiche werden einzeln in Bezug auf diese drei Ebenen hin bewertet und mit eine Punktezahl versehen (4=Pioneer, 3=Advanced, 2=Average, 1=Below Average, 0=Unconcerned). Aus den erzielten Punktezahlen der verschiedenen Bereiche wird ein geometrischer Durchschnitt errechnet, der dann das Rating für die Einordnung in den Index ergibt. Da dieser Durchschnitt geometrisch errechnet wird, erhält ein Unternehmen, das nur in einem der Themenbereiche mit 0 bewertet worden ist, auch als Endergebnis 0. Damit kann ein Unternehmen, das zumindest in einem der Themenbereiche als „unconcerned" eingestuft wird, auch nicht in den Index gelangen.

Der ASPI Eurozone verfolgt die finanzielle Performance von 120 führenden, nachhaltig agierenden europäischen Unternehmen, wobei es sich um die 120 Sustainability Leader des Dow Jones Euro Stoxx handelt. Die Höhe der Marktkapitalisation ist kein Kriterium für die Indextauglichkeit, was bedeutet, dass auch klein- oder mittelkapitalisierte Unternehmen (small- und mid-caps) in den Index gelangen können. Alle im Index enthaltenen Unternehmen werden veröffentlicht und Vigeo hat sich auch als sehr kooperativ in Hinblick auf Anfragen erwiesen. Mit dem „stakeholder centered approach" ist es möglich, Unternehmen auf die für Investoren und sonstige gesellschaftliche Gruppen relevanten Fragestellungen hin zu untersuchen. Hervorzuheben bei diesem Ansatz ist, dass den in den untersuchten Unternehmen getätigten Bemühungen um Verbesserungen gegenüber Stakeholderanliegen besondere Aufmerksamkeit gewidmet wird. Damit wird das Management direkt angesprochen und gefordert.

4.2.2 Calvert Social Index

Calvert Group, Ltd. ist eine Kapitalanlagegesellschaft mit Sitz in Bethesda, Maryland, USA, und verfügt über eine breite Palette von Kapitalanlageprodukten, darunter auch Investmentfonds, welche soziale Kriterien berücksichtigen und auf Basis des Calvert Social Index gemanagt werden. Calvert verfügt über ein hausinternes „Social Research Department" mit 16 Personen, welches Unternehmen unter Berücksichtigung sozialer Kriterien untersucht. Calvert Social Group hat leider keine Auskunft über seine Eigentümerstruktur gegeben. Calvert analysiert Unternehmen mit dem so genannten „Social Audit", welches die folgenden Themenfelder umfasst:

- Corporate Governance Richtlinien: Calvert investiert nur in Unternehmen, die Corporate Goverance Richtlinien haben und anwenden.
- Arbeitsplatzbedingungen: vor allem Sicherheit am Arbeitsplatz und Entlohnung.
- Umwelt: Unternehmen müssen die gesetzlichen Auflagen einhalten und darüber hinaus auch zeigen, dass sie sich dafür einsetzen, ihren negativen Einfluss auf die Umwelt zu reduzieren.
- Produktsicherheit und -auswirkungen: Calvert investiert nicht in Unternehmen, die Feuerwaffen, Tabak, Alkohol, Pornografie, Casinospiele oder militärische Rüstungsgüter produzieren. Dagegen bemüht sich Calvert Unternehmen in den Index aufzunehmen, die Güter produzieren oder handeln, welche die Gesundheit und Lebensqualität der Konsumenten steigert, die Qualitätskontrolle betreiben und Konsumentenzufriedenheit anstreben, die prompt reagieren, um Probleme im Bereich der Produktsicherheit zu korrigieren, die sich im Bereich der Werbung rechtschaffen verhalten und die Tierversuche vermeiden bzw. bemüht sind, sie einzuschränken, falls sie aus gesetzlichen Gründen unumgänglich sind.
- Internationale Operationen und Menschenrechte
- Rechte der indigenen Bevölkerung
- Community Relations

Leider wird die methodische Vorgehensweise bei der Bewertung der Unternehmen unter diesen Gesichtspunkten wird nicht weiter erläutert. Auch die genannten Themenfelder werden nicht näher ausgeführt bzw. präzisiert. Auf eine darauf hinzielende Anfrage antwortete Calvert: „... it comes down to a 'yes' or 'no' for index membership: a company is added to the index if it meets our criteria in all seven areas (environment, workplace practices, human rights, indigenous peoples' rights, product safety and integrity, community impact, and governance). Calvert Social Research analysts make the determinations about whether companies meet those criteria, with oversight from an internal committee responsible for the social decisions regarding the index, and the Index committee".[301] Damit ist jedoch keine ausreichende Transparenz geschaffen, um die Qualität des Ratingvorganges zu bewerten.

Calvert untersucht die 1000 größten US-Unternehmen, welche an der NYSE (New York Stock Exchange) und an der NASDAQ (National Association of Securities Dealers Automated Quotations) gelistet sind. Der CSI beinhaltete per Februar 2005 641 Unternehmen, die auch veröffentlicht werden. Das bedeutet, dass knapp zwei Drittel der größten in den USA gehandelten Unternehmen im CSI enthalten sind. Zusammen mit der mangelnden Bereitschaft, Auskunft bezüglich der methodischen und kriteriologischen Vorgehensweise zu erteilen, kann diese großzügige Aufnahme von Unternehmen in den Index als Hinweis auf eine eher oberflächliche Unternehmensbewertung gedeutet werden. Calvert kann nicht belegen, weshalb zwei Drittel der 1000 größten in den USA gehandelten Aktiengesellschaften als sozial und ökologisch verantwortlich agierende Unternehmen einzustufen sind.

4.2.3 Dow Jones Sustainability Indexes (DJSI) bzw. Dow Jones STOXX Sustainability Indexes (DJSTOXX SI)

Die Dow Jones Sustainability Indizes wurden 1999 gegründet und sind das Ergebnis einer Kooperation von Dow Jones Indexes, STOXX Ltd. und SAM Group Holding AG (SAM), wobei die Zusammensetzung der verschiedenen Dow Jones Sustainability Indizes auf dem Auswahlverfahren von SAM beruht. SAM wurde 1995 gegründet und hat seinen Sitz in Zürich, Schweiz. Neben der Bewertung von Unternehmen auf der Basis nachhaltiger Kriterien und der Erstellung sowie dem Management von Nachhaltigkeitsindizes betreut SAM auch private und institutionelle Investoren. SAM's Eigentümerstruktur besteht zu 60 % aus privaten Investoren, zu 30 % aus Managementbeteiligungen und 10 % aus institutionellen Investoren. Das Analystenteam von SAM besteht aus 17 Personen, insgesamt arbeiten im Unternehmen 56 Personen. Zusätzlich unterstützt wird SAM von einem Expertenteam, bestehend aus 16 Personen.

Anhand des von SAM entwickelten "Corporate Sustainability assessment" (CSA), einem Verfahren zur Bewertung von Unternehmen, werden "Sustainability Leader" definiert. Ausgegangen wird dabei von einer Analyse ökonomischer, ökologischer und sozialer Trends, die den langfristigen Erfolg eines Unternehmens beeinflussen. Dem Ergebnis dieser Analyse wird ein Set von gewichteten Kriterien in drei Dimensionen (Ökonomie-Ökologie-Soziales) erstellt, die einerseits alle Branchen gleichermaßen betreffen und andererseits auch branchenspezifisch sind. Anhand dieser Kriterien wird die Nachhaltigkeitsperformance gemessen und

---

[301] Email vom 24. März 2004.

eine Punktezahl ermittelt. Innerhalb der jeweiligen Branchen werden damit die in Sachen Nachhaltigkeit führenden Unternehmen auf der Basis des Best-in-Class-Prinzips ermittelt. Die Kriterien und ihre Gewichtung sind:

Ökonomie	%	Ökologie	%	Soziales	%
Verhaltenskodizes	4,2	Umweltpolitik	4,8	Corporate Citizenship	2,4
Corporate Governance	4,2	Ökoeffizienz	3,6	Stakeholderbeziehungen	3,6
Kundenbeziehungen	3,0	Umweltberichte	1,8	Arbeitsbedingungen	3,0
Investorenbeziehungen	3,6	Industriespez. Kriterien	)	Humankapital	3,0
Risiko-/Krisenmanagement	4,2			Wissensmanagement	3,0
Measurement Systems	4,2			Sozialberichte	1,8
Strategische Planung	4,2			Mitarbeiterförderung	3,0
Industriespezifische Kriterien	)			Lieferantenstandards	2,4
				Industriespezifische Kriterien	)

) Industriespezifische Kriterien sind branchenabhängig.

Ökonomische, ökologische und soziale Kriterien sind gleich gewichtet, das heißt, dass den drei Dimensionen Ökonomie, Ökologie und Soziales vom Ansatz her die gleiche Bedeutung zugemessen wird. Die generellen Kriterien sind mit 60 %, die industriespezifischen Kriterien mit 40 % gewichtet.

Der CSA verwendet keine Negativkriterien. Dennoch werden verschiedene Subindizes geführt, die Alkohol, Tabak, Glücksspiel, Rüstung und Feuerwaffen als Negativkriterien berücksichtigen und Unternehmen ausschließen, die in diesen Bereichen tätig sind.

Die DJSI Familie ist vom DJ Global Index abgeleitet und enthält die Top 10 % der größten 2500 Unternehmen des DJ Global Index. In der DJSI Familie sind also 250 Unternehmen enthalten. Der DJ Stoxx Sustainability Index beschreibt demnach die finanzielle Performance der 250 führenden europäischen Unternehmen in ökonomischer, ökologischer und sozialer Hinsicht. Alle in den Indizes enthaltenen Unternehmen werden veröffentlicht und auch sonst ist SAM bemüht, Informationen bezüglich Methodik und Kriteriologie bei der Unternehmensbewertung bereit zu stellen. Das CSA dient als gutes Beispiel für einen Ratingprozesses, welcher die ökonomische Bedeutung ökologischer und sozialer Themenfelder in den Vordergrund stellt. Die Bewertung von Unternehmen ist vom Interesse geleitet, jene Unternehmen zu definieren, welche in Hinblick auf ihre ökologischen und sozialen Risiken und Chancen das beste ökonomische Erfolgspotential enthalten. Damit werden jedoch ökologische und soziale Themenfelder auf ihre ökonomische Relevanz reduziert. Die Problematik einer solchen Sichtweise wird in Kapitel 5.1 ausführlich dargestellt.

4.2.4   Domini 400 Social Index

Der 1990 erstmals veröffentlichte Domini 400 Social Index wird gemanagt von KLD Research & Analytics, Inc., Boston, USA. KLD hat 34 Mitarbeiter, davon 20 Analysten. Daneben gibt es das „Index Committee", welchem die Entscheidung über den Verbleib und die Aufnahme von Unternehmen im bzw. in den Index obliegt. Es besteht aus acht Personen. KLD ist im Besitz von vier Personen, Haupteigentümer ist der Präsident und CEO von KLD, Peter Kinder. Der Domini 400 Social Index ist eine Kombination aus Negativ- und Positivkriterien. Demnach werden Unternehmen ausgeschlossen, die:

- Feuerwaffen (bei mehr als 15 % des Gesamtumsatzes) und militärische Waffensysteme (bei mehr als 2 % des Gesamtumsatzes) verkaufen
- substantielle Einnahmen aus der Produktion von Alkohol oder Tabak erzielen
- Einnahmen aus Glücksspielprodukten oder Glücksspiel erzielen
- Nutzen aus dem Bau bzw. der Existenz von Atomkraftwerken ziehen bzw. elektrischen Strom aus Atomkraftwerken beziehen, aus deren Existenz sie Nutzen ziehen.

Über diese Ausschlusskriterien hinaus wird die soziale und ökologische Verantwortlichkeit von Unternehmen unter den Gesichtspunkten der Corporate Citizenship, der Umwelt, der Geschlechter- und Minderheitenpolitik, der Arbeitnehmerbeziehungen, der Sicherheit und Nützlichkeit von Produkten oder der Geschäftstätigkeit außerhalb der USA mittels Positivkriterien erhoben

Nicht automatisch führen Defizite in einem dieser Bereiche zum Ausschluss des Unternehmens – vielmehr wird versucht, die Schwächen und Stärken eines Unternehmens gleichermaßen zu berücksichtigen. Damit werden also positive und negative Bewertungsergebnisse abgewogen.

Eine besondere Bedeutung bei der Bewertung der Unternehmen kommt dem DS 400 Index Komitee zu: dieses derzeit aus acht Personen bestehende Gremium, das sich mindestens einmal im Monat trifft, entscheidet auf Basis einer Unternehmensbewertung über die Aufnahme eines Unternehmens in den Index bzw. über dessen Ausschluss vom Index. Darüber hinaus ist das Komitee für die laufende Weiterentwicklung der Unternehmensbewertungs-Richtlinien verantwortlich.

Der DS 400 verfolgt die finanzielle Performance von 400 vornehmlich großkapitalisierten US-Unternehmen. Ca. 250 Unternehmen stammen aus dem S&P 500, ca. 100 Unternehmen kommen nicht aus dem S&P 500, ca. 50 Unternehmen sind aufgrund ihres außergewöhnlichen sozialen Engagements und/oder aus Gründen der Branchenrepräsentation im Index enthalten. Damit besteht auch für Unternehmen, die nicht im S&P-Index enthalten sind, die Möglichkeit zur Aufnahme. Die im Index aufgelisteten Unternehmen sind der Öffentlichkeit zugänglich und KLD reagiert sehr kooperativ auf den Ratingprozess betreffende Anfragen. Ökologische Problemstellungen werden weniger differenziert behandelt, die soziale Verantwortung von Unternehmen bildet den Schwerpunkt der Unternehmensbewertung. KLD zählt zu den Pionieren der Unternehmensbewertung nach sozialen Kriterien und ist auch gegenwärtig ein engagierter Akteur bei der Verbreitung nachhaltiger Geldanlagen.

4.2.5   Ethibel Sustainability Index

Ethibel ist eine im Jahr 1992 gegründete und als Research- und Beratungsagentur für sozial verantwortliche Geldanlagen tätige Non-Profit-Organisation mit Sitz in Brüssel, Belgien. Im Jahr 2000 hat Ethibel die Forschungs- und Bewertungstätigkeiten mit der Gründung des Unternehmens „Stock at Stake" ausgelagert. Ethibel und Stock at Stake werden als Ethibel Group bezeichnet. Das Board of Directors von Ethibel umfasst 8 Personen, wovon einige Mitglieder Ethibel repräsentieren. Das Board of Directors trifft die Letztentscheidung bezüglich der Aufnahme oder des Ausschlusses von Unternehmen. Dabei wird das Board of Directors von einem Expertenkomitee beraten, welches derzeit aus 8 unabhängigen Mitgliedern besteht. Ethibel hat 15 Mitarbeiter und erhält für die Bewertung von Unternehmen aus der Asien-Pazifik-Region Unterstützung von 2 Subunternehmen.

Ethibel trennt ganz bewusst den Bereich des „Screenings" von dem der Bewertung von Unternehmen. Das Screening wird von Stock at Stake vor allem unter der Berücksichtigung der folgenden Gesichtspunkte zur Klärung der gesellschaftlichen Verantwortung eines Unternehmens durchgeführt:

- Der internen Sozialpolitik (Arbeitsbedingungen, Entlohnungspolitik, Fortbildungsmaßnahmen ...).
- Der Umweltpolitik (interne Organisation und Produktionsprozess).
- Der externen Gesellschaftspolitik, vor allem in Hinblick darauf, was das Unternehmen zu einer nachhaltigen, umweltfreundlichen und menschenwürdigen Entwicklung der Gesellschaft beiträgt. Daneben wird untersucht, ob ein Unternehmen in Technologien oder Praktiken involviert ist, die unvereinbar sind mit einer nachhaltigen Gesellschaft im weitesten Sinn (z. B. Waffenhandel und -produktion, Atomenergie, Gentechnik ...).
- Der ethisch-ökonomische Unternehmenspolitik, vor allem ob ein Unternehmen sein wirtschaftliches Potential bewahrt und verstärkt, ob ein Unternehmen seinen vertraglichen Verpflichtungen nachkommt bzw. ob es langfristige und konstruktive Beziehungen zu Kunden, Lieferanten, Aktionären und Behörden anstrebt.

Unterschieden wird dabei zwischen einer sektoren- und regionenspezifischen Analyse. Grundlage des Ratingsystems ist ein Benotungssystem von 0 („deutlich unterdurchschnittlich") bis 6 („herausragend, das Unternehmen ist ein Pioneer auf diesem Gebiet"). Für jedes Themenfeld wird ein arithmetischer Durchschnitt errechnet, es wird jedoch keine Gesamtwertung aller vier Themenfelder durchgeführt, um einen differenzierten Vergleich mit anderen Unternehmen zu ermöglichen. Das Ergebnis dieser Analyse ist die Diskussionsbasis für das „Register Komitee", welches derzeit aus 8 Mitgliedern besteht und den Vorstand berät. Der Vorstand von Ethibel – derzeit bestehend aus 7 Personen – fällt die endgültige

Entscheidung, ob ein Unternehmen in das Investment Register aufgenommen bzw. von diesem ausgeschlossen wird.

Die ESI Indizes bestehen aus einem globalen Aktienindex (Global) und drei regionalen Indizes (Americas, Europe, Asia Pazific). Die Indizes sind so gestaltet, dass sie die Sektorengewichte des S&P Global 1200 annähernd wiedergeben und enthalten Nachhaltigkeits-Pioniere und Best-in-Class-Unternehmen. Per Februar 2005 waren 198 Unternehmen im Index enthalten, fast alle davon stammten aus dem S&P Global-Universum. Ethibel veröffentlicht alle in den Indizes enthaltenen Unternehmen und erweist sich als sehr kooperativ bei der Klärung auftretender Fragen. Der Ratingansatz umfasst relevante ökologische und soziale Themenbereiche und basiert auf einer differenzierten Kriteriologie. Das Vermeiden einer Gesamtwertung verhindert jedoch einen gesamtunternehmerischen Vergleich. Da der Vorstand letztlich über die Aufnahme bzw. über den Ausschluss von Unternehmen entscheidet, geht dabei eine wesentliche Vergleichsmöglichkeit für die Investoren verloren.

4.2.6   Ethical Index

Der Ethical Index ist ein Produkt der im Jahr 2000 gegründeten E. Capital Partners S.p.A. mit Sitz in Mailand, Italien. Das Management Board besteht aus 8 Personen und repräsentiert die Eigentümerstruktur, (7 Eigentümer, denen insgesamt 70 % gehören, sowie die Gruppo RE, der 30 % gehören). Das Team von E. Capital Partners besteht aus 32 Personen, wovon 11 Personen in der Analyse von Unternehmen tätig sind. Die Bewertungsmethodologie sowie der Rating-Prozess von E. Capital Partners wird geprüft und befürwortet von einem Komitee der katholischen Kirche (Linea Ethica). Die Unternehmen des Ethical Index werden anhand eines dreistufigen Prozesses ermittelt. Zuerst werden im Zuge eines Negativscreenings Unternehmen ausgeschlossen, die in folgende Bereiche involviert sind:

- Tabak: ausgeschlossen werden Produzenten von Tabakwaren, wenn der mit Tabak erzielte Umsatz 2 % des Gesamtumsatzes übersteigt.
- Rüstungsgüter: ausgeschlossen werden Produzenten von Rüstungsgütern nach UN-Deklaration, wenn der mit Rüstungsgütern erzielte Umsatz 2 % des Gesamtumsatzes übersteigt.
- Alkohol: ausgeschlossen werden Produzenten von alkoholischen Getränken, wenn der mit alkoholischen Getränken erzielte Umsatz 2 % des Gesamtumsatzes übersteigt.
- Glücksspiel: ausgeschlossen werden Anbieter von kommerziellem Glücksspiel, wenn der mit kommerziellem Glücksspiel erzielte Umsatz 2 % des Gesamtumsatzes übersteigt.
- Pornografie: ausgeschlossen werden Anbieter von Pornografie. Pornografie wird definiert als „.... everything that offends against decency, moral sense and

human dignity, such as videos, television shows, printed and on-line (via internet) materials, night clubs and sexy shops".[302]

- Atomenergie: ausgeschlossen werden Produzenten von Atomenergie, wenn der mit Atomenergie erzielte Umsatz 2 % des Gesamtumsatzes übersteigt.

Mit dem darauf folgenden Positivscreening werden ökologische und soziale Analyseaspekte berücksichtigt:

Ökologische Analyseaspekte:	Umweltstrategie
	Umweltmanagement
	Produkte
	Produktionsprozess
Soziale Analyseaspekte:	Gesellschaftliche Verantwortung
	Mitarbeiter
	Markt
	Corporate Governance

Die ethische Gesamtbewertung eines Unternehmens erfordert die Berücksichtigung beider Aspekte, die in Summe aus 171 qualitativen und quantitativen ökologischen und sozialen Indikatoren bestehen. Jeder Indikator wird in Hinblick auf seine Erfüllung einer Bewertung unterzogen, für jeden der acht Analyseaspekte (vier ökologische und vier soziale) kann eine Maximalpunktezahl von 15 erreicht werden, die summierten Punkte dieser acht Analyseaspekte ergeben die Gesamtpunktezahl, also maximal 120 Punkte. Das heißt, dass jeder Einzelindikator gleich stark gewichtet ist, was bedeutet, dass die Umweltstrategie eines Unternehmens mit den Produkten, die das Unternehmen herstellt, gleich bewertet wird. Abschließend werden die Unternehmen hinsichtlich der erzielten Resultate branchenspezifisch gereiht (Best-in-Class).

Der Ethical Index Global enthält die weltweit nach Börsenkapitalisierung größten 300 Unternehmen, der Ethical Index Euro die europaweit nach Börsenkapitalisierung größten 150 Unternehmen, die das Screening von E. Capital Partners erfolgreich durchlaufen haben.

Eine Veröffentlichung aller im Index enthaltenen Unternehmen erfolgt nicht. E. Capital Partners veröffentlicht auch keine Unternehmensprofile und begründet dies wie folgt: „Company profiles are not published on E. Capital Partners Website, while synthetic extracts of these reports can be obtained, case by case, upon request." Dies ist bedauerlich, weil damit den Investoren wesentliche Informationen vorenthalten werden. Darüber hinaus bleiben Methodik und Kriteriologie erklärungsbedürftig – der Verweis auf ein Komitee der katholischen Kirche ist kein Ersatz für Transparenz und Information.

---

[302] Anfragebeantwortung per Email vom 30.5.2003.

4.2.7   Ethinvest Environmental Index

Der Ethinvest Environmental Index wurde vom australischen Online-Magazin Ethical Investor entwickelt, welches von Michael Walsh, Executive Director von „The Lifecraft Group", veröffentlicht wird. Ob der Index noch betreut wird bzw. wie die dahinter stehenden personellen und organisatorischen Ressourcen aussehen, konnte leider nicht eruiert werden – Michael Walsh hat jegliche Auskunftserteilung in Zusammenhang mit dieser Untersuchung abgelehnt und dies damit begründet, dass „... we are a commercial organisation struggling to survive with no government funding – very different to a university. I could spend all day answering questions from University people, who get paid wages. But who pays me? Our clients. This is what I was trying to say. First you are not a client of ours as far as I can tell. Second I cannot see any commercial incentive in this exercise. And third the subject of the enquiry, the Index itself has very limited commercial value".[303] Der Ethinvest Environmental Index ist schwerpunktmäßig auf australische Unternehmen ausgerichtet und arbeitet sowohl mit Negativkriterien, als auch mit Positivkriterien.

Demnach werden Unternehmen ausgeschlossen, die in plantagenfreie Forstwirtschaft, Uran-Abbau und umweltschädigende Aktivitäten involviert sind, hingegen werden Unternehmen in den Index aufgenommen, die einen positiven Einfluss auf die Umwelt ausüben, wie etwa durch Abfall-Wiederverwertung, durch Reduktion des Verbrauchs nicht erneuerbarer Energieträger, durch Förderung alternativer Energieträger oder durch Reduzierung der Umweltverschmutzung.

Über das methodische Vorgehen bei der Unternehmensbewertung konnten keine Informationen erhoben werden, da Informationen darüber nicht veröffentlicht werden und der Indexanbieter nicht bereit war, Anfragen zu beantworten.

Der Ethinvest Environmental Index ist auf Unternehmen beschränkt die im australischen S&P/ASX 200 (Standard & Poors / Australian Stock Exchange) enthalten sind. Per Mai 2003 waren im Index 26 Titel vertreten. Eine aktuelle Aufstellung der Unternehmen war ebenso wenig verfügbar wie detaillierte Hinweise zum Ratingprozess selbst. Insgesamt handelt es sich um einen sehr intransparenten Ratingansatz der die Vermutung nahe legt, dass eine ausdifferenzierte Methodik und Kriteriologie nicht vorliegt.

4.2.8   FTSE4Good

Anbieter des im Jahr 2001 erstmals veröffentlichten FTSE4Good ist die FTSE Group mit Sitz in London. Für die Bewertung der Unternehmen nach sozialen und ökologischen Kriterien wurde das Ethical Investment Research Service (EIRiS) und sein Netzwerk von internationalen Partnerorganisationen beauftragt. EIRiS ist eine gemeinnützige Organisation und wurde 1983 von Kirchen und diversen Organisationen gegründet. Gegenwärtig hat EIRiS 40 Mitarbeiter in sechs Abteilun-

---

[303] Email vom 3. November 2004.

gen (Administration, Research, Kundenservice, Öffentlichkeitsarbeit, IT, Internationale Beziehungen). Die Entscheidung über die Aufnahme bzw. den Ausschluss eines Unternehmens in den bzw. vom Index obliegt dem FTSE4Good Policy Committee, welches derzeit aus 17 Personen besteht. Die im FTSE4Good enthaltenen Unternehmen werden anhand des „Company Assessment Process" untersucht. Unternehmen müssen folgende Kriterien erfüllen, um in den Index aufgenommen zu werden:

- Sie müssen den Anforderungen des Prinzips der nachhaltigen Entwicklung entsprechen (ökologische Nachhaltigkeit)
- Sie müssen positive Beziehungen zu den Stakeholdern unterhalten (Soziales bzw. Beziehungen zu Anspruchsgruppen)
- Sie müssen die Menschenrechte einhalten und unterstützen (Menschenrechte)

Diese Positivkriterien orientieren sich inhaltlich an 10 Deklarationen:

1. Universal Declaration of Human Rights
2. The OECD Guidelines for Multinational Enterprises
3. The UN Global Compact
4. CERES (Coalition for Environmentally Responsible Economies)
5. Amnesty International Human Rights Principles for Companies
6. The Caux Round Table Principles for Business
7. The Global Sullivan Principles
8. Ethical Trading Initiative
9. SA 8000
10. Global Reporting Initiative Sustainability Guidelines

Demgegenüber werden Unternehmen nicht in den Index zugelassen, wenn sie:

- Tabakproduzenten sind,
- Atomwaffen bzw. Atomwaffenkomponenten produzieren,
- Besitzer oder Betreiber von Atomkraftwerken sind oder
- in die Gewinnung oder Aufbereitung von Uran involviert sind.

Für das Screening von Unternehmen nach diesen Positiv- und Negativkriterien ist EIRiS zuständig. Bei der Bewertung von Unternehmen geht man davon aus, dass diese aufgrund ihrer industrie- und branchenspezifischen Ausrichtung jeweils einen unterschiedlich starken Einfluss auf umwelt- und gesellschaftspolitische Prozesse bzw. auch unterschiedliche Möglichkeiten der Einflussnahme haben. Dementsprechend wird zwischen High, Middle und Low Impact Sectors unterschieden. Je stärker die konkreten Auswirkungen der Unternehmenstätigkeit auf umwelt- und gesellschaftspolitische Prozesse sind, desto stringenter werden die Kriterien angewendet.

Die Positivkriterien (ökologische Nachhaltigkeit, Soziales, Menschenrechte) beziehen sich jeweils auf die drei Dimensionen der Strategie, des Managements und der Berichterstattung. Innerhalb dieser Dimensionen wird mittels wesentlicher und wünschenswerter Indikatoren die Unternehmensleistung gemessen. Auf Basis dieser Bewertung entscheidet das FTSE4Good Policy Committee über den Verbleib, den Ausschluss und die Neuaufnahme von Unternehmen.

Die handelbaren FTSE4Good Indizes bestehen aus weltweiten, europäischen, britischen und US-amerikanischen Indizes, welche die jeweils nach Marktkapitalisierung größten 50 bzw. 100 Unternehmen der dazugehörigen Benchmark-Indizes enthalten. Alle in den Indizes enthaltenen Unternehmen werden veröffentlicht, allerdings blieben einige Fragen bezüglich Methodik, Kriteriologie und der konkreten Entscheidungsfindung des Policy Committee unbeantwortet, da eine Beantwortung von Anfragen sowohl von der FTSE Group als auch von EIRiS aus Zeit- und Kapazitätsgründen nicht möglich war.

4.2.9   Jantzi Social Index

Der Jantzi Social Index (JSI) wurde im Jahr 2000 von Michael Jantzi Research Associates (MJRA) erstmals veröffentlicht und wird von MJRA in Zusammenarbeit mit Dow Jones Indexes und State Street Global Advisers gemanagt. MJRA wurde 1992 von Michael Jantzi gegründet, die Bewertungskriterien wurden in Zusammenarbeit mit einem Beraterstab entwickelt. Über die Mitarbeiter- und Eigentümerstruktur von MJRA sowie in Bezug auf die Methodologie konnten keine Informationen eingeholt werden, da MJRA sich an der Untersuchung nicht beteiligte und somit keine Anfragen beantwortete.

Der Index schließt Unternehmen aus, die Atomstrom produzieren, Tabakprodukte herstellen und in die Waffenproduktion involviert sind. Außerdem werden Unternehmen auch dann nicht in den Index aufgenommen, wenn sie bestimmte Anforderungen nicht erfüllen, wie zum Beispiel die Bedürfnisse und Anliegen der Ureinwohnen zu berücksichtigen, auf fragwürdige oder betrügerische Geschäftpraktiken zu verzichten oder sichere Produkte zu produzieren. Dem gegenüber werden Unternehmen mit einer guten sozialen und ökologischen Performance in den Index aufgenommen.

Der JSI ist auf 60 Unternehmen beschränkt, die im kanadischen S&P/TSX Composite Index (Toronto Stock Exchange) enthalten sind. Alle im Index aufgelisteten Unternehmen werden zwar veröffentlicht, da Anfragen jedoch nicht beantwortet wurden blieben einige Fragen offen. Die auf der Homepage veröffentlichten Informationen reichten nicht aus, um Methodik und Kriteriologie zu erschließen.

4.2.10   Naturaktienindex

Der Naturaktienindex (NAI) wurde im Jahr 1997 von der Redaktion des Monatsmagazins Natur & Kosmos, München, und dem Öko-Invest-Verlag, Wien, konzipiert. Gegenwärtig wird der Index von Securvita, Gesellschaft zur Entwicklung alternativer Versicherungskonzepte mbH, Hamburg betreut.

Eine Vorauswahl der Unternehmen, die in den NAI aufgenommen werden sollen, erstellt Securvita selbst. Die Entscheidung, ob ein betreffendes Unternehmen tatsächlich eine Aufnahme im NAI findet, fällt der NAI-Ausschuss, der zum Untersuchungszeitpunkt aus 6 Mitgliedern bestand. Für den Fall, dass der Ausschuss über zuwenig Informationen verfügt, um eine Entscheidung zu treffen, erstellt die imug Beratungsgesellschaft mbH mit Sitz in Hannover ein auf die Positiv- und Negativkriterien des NAI bezogenes Unternehmensprofil. Die Positivkriterien des NAI sind:

- Das Unternehmen bietet Produkte oder Dienstleistungen an, die einen wesentlichen Beitrag zur ökologisch und sozial nachhaltigen Lösung zentraler Menschheitsprobleme leisten.
- Das Unternehmen ist Branchen-Vorreiter im Hinblick auf die Produktgestaltung.
- Das Unternehmen ist Branchen-Vorreiter im Hinblick auf die technische Gestaltung des Produktions- und Absatzprozesses.
- Das Unternehmen ist Branchen-Vorreiter im Hinblick auf die soziale Gestaltung des Produktions- und Absatzprozesses.

Ein Unternehmen kommt nicht in den NAI, wenn eines der folgenden Negativkriterien zutrifft:

- Erzeugung und Vermarktung von Atomenergie oder Atomtechnologie.
- Herstellung und Vermarktung von Rüstungsgütern im engeren Sinne bzw. von technischen Geräten für die militärische Nutzung, wenn dies mehr als 5 % des Gesamtumsatzes beträgt.
- Diskriminierung von Frauen und sozialen und ethnischen Minderheiten.
- Unterbinden gewerkschaftlicher Tätigkeiten.
- Kinder- oder Zwangsarbeit (auch bezogen auf Zulieferer).
- Unternehmenstätigkeiten in einem Land, in dem anerkannte Protestbewegungen Betriebe dazu auffordern, nicht tätig zu sein.
- Durchführung oder Unterstützung von Versuchen an Wirbeltieren (außer, wenn diese gesetzlich vorgeschrieben sind).
- Freisetzung gentechnologisch veränderte Pflanzen, Tier- oder Bakterienarten bzw. Verarbeitung, Herstellung und Handel mit entsprechenden Agrarprodukten oder Hilfsstoffen für die Lebensmittelproduktion.
- Produktion ausgesprochen gesundheits- und umweltschädigender Produkte bzw. entsprechende Produktionsweisen, die die Erzeugung solcher Produkte unterstützen (Pestizide, fossile Kraft- und Brennstoffe, FCKW).
- Werbung für ausgesprochen gesundheits- und umweltschädigendes Verhalten bezogen auf das Kerngeschäft eines Unternehmens.
- Verweigerung der Veröffentlichung gesundheits- und umweltrelevanter Kennzahlen.
- Wiederholter und dauerhafter Verstoß gegen rechtliche Vorschriften.

Damit ein Unternehmen in den NAI aufgenommen werden kann, müssen zwei der vier angeführten Positivkriterien erfüllt sein und darf kein Negativkriterium tangiert werden (auch nicht über Beteiligungen).Der NAI enthält 25 börsennotierte internationale Unternehmen, die nach Einschätzung des NAI-Ausschusses als Öko-

Vorreiter eingestuft worden sind. 75 % der Unternehmen haben einen Jahresumsatz von mehr als 100 Mio. USD, 25 % der Unternehmen verfügen über einen Jahresumsatz von weniger als 100 Mio. USD. Die im NAI enthaltenen Unternehmen werden veröffentlicht, Anfragen wurden engagiert und kompetent beantwortet. Die Kriteriologie ist weniger breit gefächert als bei anderen Ansätzen, eine differenzierte und strukturierte Methodik besteht nicht: der NAI-Ausschuss beurteilt die Unternehmen eigenständig und von Fall zu Fall, wobei das Hauptaugenmerk auf ökologischen Kriterien liegt und ein Nachhaltigkeitsansatz im umfassenden Sinn nicht vorliegt. Dennoch bedeutet die Klassifizierung von Öko-Vorreitern – zumal es sich dabei hauptsächlich um vergleichsweise kleine Unternehmen handelt – einen engagierten Ansatz zur Förderung von Öko-Technologien.

4.2.11   UmweltBank-Aktienindex

Die Unternehmen des 2002 erstmals von der Umweltbank, Nürnberg, publizierten UmweltBank-Aktienindex (UBAI) werden von der Wertpapierabteilung der UmweltBank selbst analysiert. Die Auswahl der Unternehmen, die in den UBAI aufgenommen werden bzw. von diesem ausgeschlossen werden, wird beratend und kontrollierend begleitet vom dreiköpfigen Umweltrat der UmweltBank. Die Umweltbank ist eine Aktiengesellschaft und notiert im Freiverkehr der Frankfurter Börse, sie gehört rund 4000 Aktionären und stillen Gesellschaftern. Die UBAI Titel werden in einem ersten Schritt nach Positivkriterien ausgewählt. In den UBAI werden nur Unternehmen aufgenommen, deren überwiegende Geschäftstätigkeit in der Produktion, dem Handel, dem Anbieten von Dienstleistungen, der Finanzierung oder eines sonstigen Angebot in einem oder mehreren der nachfolgenden Aufgabengebiete besteht:

- Energiesparmaßnahmen
- Regenerative Energiegewinnung, Blockheizkraft
- Umweltfreundliches Bauen
- Kreislaufwirtschaft/Recycling
- Schadstoffverringerung und -beseitigung
- Nachhaltige Wirtschaftsweise

In einem zweiten Schritt erfolgt eine Prüfung der Unternehmen nach den folgenden Negativkriterien:

- Großkraftwerke (Kohle, Atomenergie)
- Produktion und/oder Handel von Waffen oder Militärgütern
- Produktion und/oder Handel umweltschädlicher Produkte oder Technologien
- Nichteinhaltung von Umweltauflagen
- Sozial unverträgliche Projekte (z.B. Produktion auf Basis von Kinderarbeit).

Die Unternehmen werden ausschließlich anhand dieser Positiv- und Negativkriterien untersucht, eine umfassende Fundamentalanalyse oder ein ökonomisches

Rating erfolgt nicht. Die Auswahl der Positiv- und Negativkriterien ist eng mit der Geschäftsphilosophie der UmweltBank selbst verknüpft.

Der UBAI enthält ausschließlich börsennotierte deutsche Unternehmen, zum Untersuchungszeitpunkt waren das 16 Unternehmen, die sich auf das Thema Ökologie und nachhaltiges Wirtschaften spezialisiert haben und von der Umwelt-Bank auch veröffentlicht werden. Wie beim Naturaktienindex liegt auch beim UmweltBank-Aktienindex weder eine differenzierte Kriteriologie und Methodik vor noch wird ein umfassender Nachhaltigkeitsansatz vertreten. Vor dem Hintergrund des ganzheitlichen Ansatzes der Umweltbank, die sowohl Investments als auch Finanzierungen unter Nachhaltigkeitsgesichtspunkten tätigt, erhält der Umwelt-Bank-Aktienindex jedoch eine gewisse Plausibilität und Glaubwürdigkeit.

4.2.12 Zur Informationsqualität und Transparenz von Nachhaltigkeitsindizes

Nachhaltigkeitsindizes dienen häufig der Erstellung nachhaltiger Geldanlageprodukte, vor allem nachhaltiger Investmentfonds. Von daher kommt ihnen eine wesentliche Bedeutung bezüglich der konkreten Ausgestaltung und des Gestaltungs- und Steuerungspotentials von darauf basierenden Investmentfonds zu. Um über die Nachhaltigkeitsqualität von Geldanlageprodukten – wie eben nachhaltiger Investmentfonds – eine Aussage tätigen zu können, bedarf es der Kenntnis der kriteriologischen und methodischen Hintergründe, auf deren Basis Investmentfonds erstellt werden. Erst von daher ist es möglich, die Gestaltungs- und Steuerungsmöglichkeiten ethischer Geldanlageprodukte zu beurteilen. Vor allem für nachhaltig orientierte Investoren stellt dies eine Herausforderung dar, die unter dem Blickwinkel beschränkter zeitlicher, finanzieller und fachspezifischer Ressourcen kaum zu bewältigen ist. Systematische Untersuchungen wie die hier behandelte Studie sollen dazu beitragen, Investoren hinsichtlich ihrer Beurteilung verschiedener Geldanlageprodukte zu unterstützen.

Auffallend ist die Vielzahl der unterschiedlichen Zugehensweisen, Methoden und Kriterien bei der Erstellung von Nachhaltigkeitsindizes, deren Beurteilung von einer möglichst umfassenden und detaillierten Informationsmöglichkeit abhängig ist. Die von den Nachhaltigkeitsindizes dazu gebotene Transparenz ist unterschiedlich ausgeprägt und reicht von aktivem Engagement bis hin zur völligen Negierung von Anfragen. Dies kann bereits ein erster Hinweis auf die Qualität der verschiedenen Nachhaltigkeitsindizes sein. Transparenz und Informationsbereitschaft signalisieren zumindest ein gewisses Maß an Seriosität, wohingegen Intransparenz und die Weigerung der Informationsbereitstellung ein Anzeichen für konzeptive Mängel sein kann. Dass es verschiedene Ansätze und Methoden gibt, im Rahmen der Geldanlage Nachhaltigkeitsziele zu erreichen, ist unbestritten und rechtfertigt die Vielzahl der unterschiedlichen Konzeptionen. Darüber hinaus tragen verschiedene Konzeptionen dazu bei, unterschiedliche Möglichkeiten der Gestaltung und Steuerung wirtschaftlicher Prozesse zu analysieren und zu diskutieren. Die wissenschaftlich-konstruktive Auseinandersetzung mit verschiedenen

Zugehensweisen, Methoden und Kriterien bei der Erstellung von Nachhaltigkeitsindizes – und damit nachhaltigen Geldanlageprodukten – unterstützt dabei deren
laufende Verbesserung und Weiterentwicklung. Unabdingbare Voraussetzung von
Seiten der Anbieter nachhaltiger Geldanlageprodukte ist allerdings die Bereitschaft
zum Dialog.

4.3 Die Methoden und Vorgehensweisen bei der Erstellung von Nachhaltigkeitsindizes

4.3.1 Investmentuniversen

Allen untersuchten Nachhaltigkeitsindizes liegt ein mehr oder weniger detaillierter
Ratingprozess zugrunde. In den meisten Fällen verfügen die Anbieter von Nachhaltigkeitsindizes über hauseigene Ratingagenturen bzw. sind sie mit diesen iden-
tisch (in-house-rating). Nur in einem Fall wird explizit zwischen dem Anbieter und
einer externen Ratingagentur unterschieden (FTSE4Good), in einem Fall wird eine
externe Ratingagentur bei Bedarf hinzugezogen (Naturaktien-Index). Hinsichtlich
des Umfangs der untersuchten Unternehmen gibt es vor allem regionale Unterscheidungen. So untersuchen einige Nachhaltigkeitsindizes Unternehmen weltweit, andere beschränken ihr Untersuchungsfeld auf bestimmte Regionen (Europa, USA). Auch variiert die Zahl der in Nachhaltigkeitsindizes enthaltenen Unternehmen stark: während der Calvert Social Index 641 US-Unternehmen enthält,
besteht der Umweltbank-Aktienindex lediglich aus 16 börsenotierten deutschen
Unternehmen. Einige Nachhaltigkeitsindizes erstellen zusätzlich Subindizes nach
regionalen oder kriteriologischen Differenzierungen.

Index	Indexuniversum
Advanced Sustainable Performance Indices	Eurozone (120 Unternehmen aus Ländern der europäischen Währungsunion).
Calvert Social Index	USA (die 1000 größten Unternehmen aus NYSE und NASDAQ).
Dow Jones Sustainability Indexes	Weltweit und Europa (die 250 bzw. 120 größten Unternehmen des DJ Global Index bzw. DJ STOXX 600).
Domini 400 Social Index	USA (400 meist großkapitalisierte Unternehmen).
Ethibel Sustainability Index	Weltweit und regional, v. a. aus S&P Global 1200.
Ethical Index	Weltweit und Europa (300 bzw. 150 der größten Unternehmen).
Ethinvest Environmental Index	Australien (40 Unternehmen aus dem S&P/ASX 200 Index).
FTSE4GOOD	Weltweit, regionale Unterindizes (die 50 bzw. 100 größten Unternehmen aus dem FTSE All World Developed Index).
Jantzi Social Index	Kanada (60 Unternehmen des S&P/TSX Compo-site Index).

Natur-Aktien-Index	Weltweit (25 börsennotierte internationale Unternehmen).
Umweltbank-Aktienindex	Deutschland (dzt. 16 börsennotierte Unternehmen).

Tabelle 2: Indexuniversen

Es fällt auch auf, dass die meisten Nachhaltigkeitsindizes vornehmlich oder ausschließlich großkapitalisierte Unternehmen berücksichtigen, um ein möglichst liquides und finanzmarkttypisches Anlagespektrum abzubilden. Indizes, die kleine und mittlere Unternehmen bevorzugen, wollen vor allem Anlagemöglichkeiten in branchen- oder themenspezifisch herausragenden Unternehmen ermöglichen. Die Chancen- und Risikoprofile dieser beiden Ausrichtungen sind jeweils unterschiedlich. Ein Index, der möglichst großkapitalisierte Unternehmen enthält, eignet sich besonders für Veranlagungsprodukte (Investmentfonds), die größere Volumina zu verwalten haben. Hingegen kann ein aus wenigen, mit geringer Börsekapitalisierung ausgestatteten Titeln erstellter Nachhaltigkeitsindex nicht die Basis für breite Publikumsfonds sein. Ein weiterer Grund für eine Indexbildung aus großkapitalisierten Unternehmen wurde bereits angedeutet: großkapitalisierte Unternehmen finden sich auch in herkömmlichen Indizes und Anlageprodukten und je mehr Unternehmen auch in anderen Indizes enthalten sind, umso stärker korrelieren Nachhaltigkeitsindizes auch mit anderen Indizes in Hinblick auf die Risiko- und Renditekennzahlen. In der Folge ist dabei eine ähnliche Performanceentwicklung zu erwarten, was durchaus sinnvoll sein kann, weil damit den nachhaltig orientierten Investoren eine aus Risiko- und Renditegesichtspunkten vergleichbare Alternative zu herkömmlichen Anlageprodukten geboten wird. Allerdings verleiten derartige Überlegungen dazu, möglichst viele Unternehmen als sozial und ökologischer verantwortlich einzustufen, um eben ein für risikoaverse Anleger attraktives Anlageinstrument anbieten zu können. Damit gleichen sich Nachhaltigkeitsindizes und herkömmliche Indizes jedoch immer mehr, es kommt zu einer Nivellierung der Unterscheidungsmerkmale und es ist zu befürchten, dass die verwendeten Nachhaltigkeitskriterien stark aufgeweicht werden, sodass letztlich die meisten in einem Aktienmarkt vertretenen Unternehmen als nachhaltig eingestuft werden. Der Calvert Social Index enthält 641 der 1000 größten börsenotierten US-Unternehmen. Im Umkehrschluss wird damit postuliert, dass ca. zwei Drittel der größten US-amerikanischen Unternehmen ökologisch und sozial verantwortlich agieren. Die Trennschärfe zu herkömmlichen Investments geht dabei ebenso weitgehend verloren, wie die mit der nachhaltigen Geldanlage indizierten Steuerungs- und Gestaltungsmöglichkeiten.

Dazu kommt, dass vor allem Unternehmen der Finanzwirtschaft und Informationstechnologie die in Nachhaltigkeitsindizes am häufigsten anzutreffenden Branchen darstellen. Diesen Branchen wird offensichtlich in besonderer Weise ökologisches und soziales Verantwortungsbewusstsein zugeschrieben. Auf den ersten Blick produzieren diese Branchen im Vergleich zu anderen Wirtschaftszweigen

auch tatsächlich kaum ökologisch oder sozial bedenkliche Produkte und mit Umweltverschmutzung und mit Kinderarbeit werden Bankhäuser in der Regel nicht
direkt in Verbindung gebracht. Die Schlüsselrollen von Banken und Finanzdienstleistungsunternehmen bei der Finanzierung nicht-nachhaltiger Wirtschaftsweisen
bleibt dabei jedoch unberücksichtigt. Eine nachhaltige Geldanlage, die eine am
Leitbild nachhaltiger Entwicklung ausgerichtete Wirtschaft zum Ziel hat, kann jedoch diese zentrale Frage nicht übergehen.

4.3.2   Positiv- und Negativkriterien

Positivkriterien stellen Anforderungen dar, die ein Unternehmen zu erbringen hat
und welche das Erreichen von Nachhaltigkeitsziele unterstützen. Negativkriterien
hingegen beschreiben Produkte, Produktionsprozesse oder Wirtschaftsaktivitäten,
die einer nachhaltigen Entwicklung zuwider laufen. Alle untersuchten Nachhaltigkeitsindizes werden auf der Basis von Positivkriterien erstellt, mit Ausnahme eines
Nachhaltigkeitsindizes (ASPI, Advanced Sustainable Performance Index) verwenden alle zusätzlich auch Negativ- bzw. Ausschlusskriterien. Der Best-in-Class-
Ansatz kommt bei vier der untersuchten Nachhaltigkeitsindizes zur Anwendung
(Dow Jones Sustainability Indexes, Ethibel Sustainability Index, Ethical Index,
Jantzi Social Index[304]).

Die verwendeten Positiv- wie Negativkriterien unterscheiden sie von Index zu
Index und lassen eine unterschiedliche schwerpunktmäßige Ausrichtung der Indizes erkennen. Vor allem Indizes, die sich auf US-amerikanische Unternehmen
konzentrieren, setzen verstärkt auf soziale Positivkriterien. Ökologische Kriterien
werden vergleichsweise nachrangig eingesetzt. Bei zwei Nachhaltigkeitsindizes
von deutschen Anbietern überwiegen hingegen ökologische Kriterien. Dies kann
als Hinweis auf kulturspezifische bzw. historische Ursachen gewertet werden.[305]
Die ersten Modelle ethischer Geldanlage zu Beginn des 20. Jahrhunderts in den
USA berücksichtigten ausschließlich soziale Kriterien (Produktion und Vertrieb von
Alkohol oder Tabak, Glückspiel und Waffen), wohl auch deshalb, weil sich die ökologische Frage zu diesem Zeitpunkt kaum stellte. Soziale Faktoren waren es auch
in den siebziger und achtziger Jahren (Vietnamkrieg, Anti-Apartheidsbewegung),
die in den USA im Mittelpunkt einer ethischen Geldanlage standen. Hingegen e-
tablierte sich vor allem ab den 80er Jahren des 20. Jahrhunderts in Europa eine
breite Umweltbewegung, die in Zusammenhang mit der einsetzenden Nachhaltigkeitsdebatte die erste Ära der Umwelttechnologie- und Ökofonds einläutete.

---

[304] Der Indexanbieter hat hierfür den „Best-of-Sector"-Ansatz entwickelt, der jedoch mit dem Best-
in-Class-Ansatz insbesondere in Hinblick auf die jeweils verfolgten Zielsetzungen vergleichbar
ist.

[305] Schäfer H., Sozial-ökologische Ratings am Kapitalmarkt. Transparenzstudie zur Beschreibung
konkurrierender Konzepte zur Nachhaltigkeitsmessung auf deutschsprachigen Finanzmärkten,
Düsseldorf 2003, S. 19 ff.

Index	Schwerpunktsetzung bei den Positivkriterien
Advanced Sustainable Performance Indices	Soziale und ökologische Kriterien
Calvert Social Index	Vorwiegend soziale Kriterien
Dow Jones Sustainability Indexes	Soziale, ökologische und ökonomische Kriterien
Domini 400 Social Index	Vorwiegend soziale Kriterien
Ethibel Sustainability Index	Soziale, ökologische und ökonomische Kriterien
Ethical Index	Soziale und ökologische Kriterien
Ethinvest Environmental Index	Ausschließlich ökologische Kriterien
FTSE4GOOD	Soziale und ökologische Kriterien
Jantzi Social Index	Soziale und ökologische Kriterien
Natur-Aktien-Index	Vorwiegend ökologische Kriterien
Umweltbank-Aktienindex	Vorwiegend ökologische Kriterien

Tabelle 3: Schwerpunktsetzung bei Positivkriterien

Auch bei den angewendeten Ausschluss- bzw. Negativkriterien können unterschiedliche Schwerpunktsetzungen festgestellt werden. Die am häufigsten berücksichtigten Ausschlusskriterien beziehen sich auf die Produktion und/oder den Handel mit Alkohol, Tabak, Glückspiel, Pornografie und Waffen. Eine kategorische Anwendung dieser Ausschlusskriterien hat sich in der Praxis als problematisch erwiesen, da sich die direkte oder indirekte Involvierung eines Unternehmens in einem von Ausschlusskriterien betroffenen Geschäftsfeld in Hinblick auf transnationale Konzernstrukturen und vor allem Finanzbeteiligungen eher als Regel denn als Ausnahme erweist. Deshalb wird die Involvierung in kontroverse Geschäftsfelder oder Geschäftspraktiken erst ab Erreichen eines entsprechenden Umsatzanteiles (z.B. 2, 5 oder 10 % des Gesamtumsatzes) zu einem Ausschlusskriterium. Bei den einzelnen Nachhaltigkeitsindizes sind dabei Schwerpunktsetzungen hinsichtlich ökologischer und sozialer Themenbereiche festzustellen.

Index	Schwerpunktsetzung bei Negativkriterien
Advanced Sustainable Performance Indices	Keine Negativkriterien
Calvert Social Index	Vorwiegend soziale Kriterien
Dow Jones Sustainability Indexes	Subindizes: soziale Kriterien
Domini 400 Social Index	Vorwiegend soziale Kriterien
Ethibel Sustainability Index	Vorwiegend soziale Kriterien
Ethical Index	Vorwiegend soziale Kriterien
Ethinvest Environmental Index	Ausschließlich ökologische Kriterien
FTSE4GOOD	Vorwiegend soziale Kriterien
Jantzi Social Index	Soziale und ökologische Kriterien
Natur-Aktien-Index	Soziale und ökologische Kriterien
Umweltbank-Aktienindex	Soziale und ökologische Kriterien

Tabelle 4: Schwerpunktsetzung bei Negativkriterien

Die Schwerpunktsetzungen sowohl bei Positiv- als auch bei Ausschlusskriterien können als Hinweis auf kulturelle Prägungen interpretiert werden. Beispielsweise wird Alkohol als ein für die Gesellschaft schädliches Produkt in den Vereinigten Staaten wesentlich rigoroser ausgeschlossen als in Europa, wo die Produktion und der Konsum von Alkohol gesellschaftlich wesentlich mehr akzeptiert zu sein scheint. Für eine nachhaltige Geldanlage wird es jedoch zu einem Problem, wenn ökologische Kriterien eine untergeordnete oder gar keine Rolle spielen.

4.3.3   Die Funktion und Bedeutung von Beratungs- und Entscheidungsgremien

Eine wichtige Funktion bei der Erstellung von Nachhaltigkeitsindizes nehmen Beratungs- und Entscheidungsgremien ein. Der Aufgabenbereich dieser Personenkomitees reicht von der Erstellung einer Kriteriologie und Methodologie für die Unternehmensbewertung bis hin zur konkreten Entscheidung bezüglich der Aufnahme eines Unternehmens in einen Index bzw. des Ausschlusses von einem Index.

Index	Gremien und Funktion
Advanced Sustainable Performance Indices	Scientific Committee: Supervision der Methodologie.
Calvert Social Index	Calvert Social Index Committee: berät zur Aufnahme bzw. zum Ausschluss von Unternehmen.
Dow Jones Sustainability Indexes	DJSI Index Design Committee: entscheidet über den Ausschluss von Unternehmen.
Domini 400 Social Index	DS 400 Index Committee: entscheidet alle Veränderung im DS 400 Index.
Ethibel Sustainability Index	Committee of Experts: berät das Board of Directors, welches die letzte Entscheidung bezüglich der Ausnahme bzw. des Ausschlusses eines Unternehmens fällt.
Ethical Index	Linea Ethica: ein Komitee bestehend Vertretern katholischer Ordensgemeinschaften, welches Änderungen in der Methodologie und im Ratingprozess begleitet.
Ethinvest Environmental Index	Keine Angaben.
FTSE4GOOD	FTSE4Good Policy Committee: fällt die Entscheidung über die Aufnahme bzw. den Ausschluss von Unternehmen.
Jantzi Social Index	Keine Angaben.
Natur-Aktien-Index	NAI-Ausschuss: entscheidet über die Aufnahme oder den Ausschluss von Unternehmen.
Umweltbank-Aktienindex	Vorstand der Umweltbank: entscheidet über die Aufnahme oder den Ausschluss von Unternehmen.

Tabelle 5:   Beratungs- und Entscheidungsgremien bei der Erstellung von Nachhaltigkeitsindizes.

Entscheidungs- und Beratungsgremien haben damit einen großen Einfluss auf die Ausgestaltung von Nachhaltigkeitsindizes. Grundsätzlich ist das Einbeziehen von wissenschaftlichen Ausschüssen, Beiräten oder Expertengremien zu begrüßen: sie können sowohl kritischen als auch innovativen Einfluss auf die Ausgestaltung der Ratingprozesse ausüben und dazu beitragen, diese objektiver und umfassender zu gestalten. Allerdings können die subjektiven Prioritäten und Werthaltungen der einzelnen Beiräte und Experten eine relativierende oder gar aufhebende Wirkung auf die Ergebnisse des Ratingverfahrens haben. Vor allem wenn sie über keine ausreichende fachliche Qualifikation verfügen, kann dies zu unbefriedigenden Ergebnissen führen. Wissenschaftliche Ausschüsse, Expertengremien und Beiräte können demnach eine ambivalente Funktion haben, indem sie einerseits die Qualität eines Ratings durch die kritische Reflexion und Verbesserung von Abläufen, Verfahren, Kriterien und Methoden optimieren können, andererseits können sie aber durch ihre Einflussnahme auf die Aufnahme oder den Ausschluss von Unternehmen die Bedeutung einer kriteriengestützten und objektiven Unternehmensbewertung schmälern. Vor diesem Hintergrund fällt auf, dass gemessen am Einfluss der Beratungs- und Entscheidungsgremien deren Aufgaben, Kompetenzen und Qualifikationen nicht ausreichend dokumentiert sind. Bei einigen Nachhaltigkeitsindizes entsteht sogar der Eindruck, dass der Ratingprozess lediglich eine (ausschließliche oder zusätzliche?) Hilfestellung für die Entscheidungsgremien darstellt. Gerade in solchen Fällen sind eine ausführliche Beschreibung der konkreten Aufgaben, Funktionen, Qualifikationen und Kompetenzen von Beratungs- und Entscheidungsgremien sowie eine Klärung des Verhältnisses von Rating und Entscheidungsgremium erforderlich.

4.3.4   Vorläufiges Zwischenergebnis

Die Untersuchung der Methoden und Vorgehensweisen bei der Erstellung von Nachhaltigkeitsindizes belegt die relative Heterogenität der Ansätze und Verfahren. Zwar ist es das erklärte Ziel eines jeden Ansatzes, Indizes aus nachhaltig agierenden Unternehmen zu erstellen, dennoch wird dieses Ziel mit unterschiedlichen Verfahren, Methoden und Kriterien angestrebt. Diese Heterogenität ist zunächst einmal begrüßenswert, weil sie einerseits auf die Komplexität der Nachhaltigkeitsmessung hinweist und andererseits Diskussionsansätze zu verschiedenen Wegen und Möglichkeiten der Gestaltung und Steuerung wirtschaftlicher Prozesse liefert.

Die Heterogenität der Ansätze verweist aber auch auf zentrale Probleme und Fragestellungen der Nachhaltigkeitsmessung. Die meisten Nachhaltigkeitsindizes konzentrieren sich auf große Unternehmen, die Aufnahme von kleinen und mittleren Unternehmen in den Index bildet hingegen eine Ausnahme. Darüber hinaus ist der Trend erkennbar, dass Nachhaltigkeitsindizes „marktübliche" Zusammensetzungen anstreben, um in Hinblick auf Risiko- und Ertragskennzahlen mit „normalen" Indizes zu korrelieren. Beides führt in einigen Fällen dazu, dass Nachhaltigkeitsindizes „normalen" Indizes mitunter auffallend ähnlich sind und damit die Trennschärfe zu herkömmlichen Investments weitgehend verloren geht.

Interessant ist auch, dass Unternehmen der Finanzwirtschaft und Informationstechnologie in Nachhaltigkeitsindizes am stärksten gewichtet sind. Hier scheint die Begründung, dass Unternehmen aus diesen Branchen selten unmittelbar in ökologische und soziale Skandale verwickelt sind, auf den ersten Blick zuzutreffen. Das Leitbild der Nachhaltigkeit zielt jedoch auf eine umfassende Transformation wirtschaftlicher Prozesse und dabei ist auch die mittelbare Rolle von Unternehmen im Rahmen ökologischer und sozialer Herausforderungen zu berücksichtigen. Banken sind zentrale Akteure auf den Finanzmärkten sowie Kreditgeber ökologisch und sozial fragwürdiger Projekte und Unternehmen der Informationstechnologie sind gerade in der letzten Zeit in Bezug auf den Schutz der Menschenrechte – wie zum Beispiel in China – massiv kritisiert worden.[306] Unternehmen der Finanzwirtschaft und Informationstechnologie, die gleichzeitig in mehreren Nachhaltigkeitsindizes aufscheinen, dürfen deshalb nicht vorschnell als besonders nachhaltig agierende Unternehmen eingestuft werden.

Heterogen gestalten sich die Nachhaltigkeitsindizes auch hinsichtlich der verwendeten Positiv- und Negativkriterien. Ökologische und soziale Kriterien entsprechen dabei den unterschiedlichen Prioritäten der Indexgestalter und zeichnen ein je eigenes Spektrum nachhaltigen Wirtschaftens. Für die konkrete Ausgestaltung der Kriterien aber auch für die Verfahren insgesamt oft mit- oder hauptverantwortlich sind in vielen Fällen Beratungs- und Entscheidungsgremien. Insgesamt kann also an dieser Stelle festgehalten werden, dass sich Nachhaltigkeitsindizes in Hinblick auf ihre inhaltliche und methodische Ausrichtung doch deutlich voneinander unterscheiden.

4.4   Zum Verständnis zentraler Nachhaltigkeitsbegriffe

Als ein grundsätzliches Problem bei der Analyse von Nachhaltigkeitsindizes hat sich ergeben, dass Nachhaltigkeit unterschiedlich definiert und interpretiert wird. „Nachhaltigkeit" oder „nachhaltige Entwicklung" sind so Begriffe, denen in Hinblick auf ihre ökologische, ökonomische und soziale Dimension unterschiedliche Bedeutungen beigemessen werden.[307] Die Studie untersuchte deshalb das bei den Anbietern von Nachhaltigkeitsindizes vorherrschende Verständnis wichtiger Begrifflichkeiten, um Aufschluss über deren Verständnis von Nachhaltigkeit und nachhaltiger Entwicklung zu erlangen.

---

[306] U. a. berichtet „Die Zeit" über die Überwachung von Journalisten und privaten Medienunternehmern in China mit Hilfe westlicher Internetfirmen: Blume G., Die neuen Kulturrevolutionäre, Die Zeit vom 18.5.2006 (http://www.zeit.de/2006/21/china_xml?page=1, Abfrage am 24.09.2006).

[307] Tremmel J., Nachhaltigkeit als politische und analytische Kategorie. Der deutsche Diskurs um nachhaltige Entwicklung im Spiegel der Interessen der Akteure, München 2003, S. 100-114.

4.4.1 Nachhaltige, ethische oder sozial verantwortliche Geldanlage?

Eine Geldanlage, die soziale und/oder ökologische Kriterien berücksichtigt, wird unterschiedlich bezeichnet. Nachhaltige, ethische, ethisch-ökologische oder sozial verantwortliche Geldanlage sind nur einige der häufigsten Termini. Eine Differenzierung ist in der Fachliteratur durchaus üblich, allerdings divergieren diese Zuschreibungen mitunter deutlich. Die Anbieter von Nachhaltigkeitsindizes sehen indes keine nennenswerten Unterschiede bezüglich einer nachhaltigen, ethischen oder sozial verantwortlichen Geldanlage. Bei allen drei Bezeichnungen sehen sie ökologische, ökonomische und soziale Handlungsfelder gleichermaßen berücksichtigt. Besonders aufschlussreich ist das vorherrschende Verständnis, wonach die nachhaltige Geldanlage die Folgen ökologischer und sozialer Handlungs- und Themenbereiche auf die Chancen und Risiken der ökonomischen Performance von Unternehmen bewertet. Nach dem Verständnis der meisten untersuchen Nachhaltigkeitsindizes werden die ökologischen und sozialen Implikationen auf ihren Nutzen für das Unternehmen und damit für den Investor beurteilt. Das primäre Ziel nachhaltiger Geldanlage ist damit nicht mehr eindeutig bestimmt: ist es eine am Leitbild der nachhaltigen Entwicklung ausgerichtete Wirtschaft oder ist es der Nutzen für Unternehmen und Investoren?

Besonders in Hinblick auf die Motivation der am Leitbild der Nachhaltigkeit orientierten Investoren erscheint es zumindest fraglich, ob den Ansprüchen von Investoren, die mit ihrer Geldanlage zu einer sozial und ökologisch verantwortlicheren Wirtschaftsweise beitragen wollen, mit einer am ökonomischen Nutzen orientierten Auswahl von Geldanlagemöglichkeiten ausreichend Rechnung getragen wird. Grundsätzlich bergen Nutzenabwägungen die Gefahr, dass positive und negative Nutzen gegeneinander aufgerechnet werden und eine Gesamtnutzenbetrachtung bzw. Nutzenoptimierung zu ethisch nicht vertretbaren Situationen führen kann. Damit ist nicht gesagt, dass sozial und ökologisch verantwortlich agierende Investoren kein Interesse an der Erzielung von Gewinnen haben. Entscheidend aber ist, dass eine ausschließlich am persönlichen Nutzen orientierte Ethik eigentlich keine Ethik mehr ist und damit dem Anliegen einer Geldanlage unter der Berücksichtigung ethischer Prämissen nicht gerecht wird.

4.4.2 Die ökologische, ökonomische und soziale Verantwortung von Unternehmen

Hinsichtlich der Zuschreibung sozialer, ökologischer und ökonomischer Verantwortlichkeit von Unternehmen werden von den Anbietern von Nachhaltigkeitsindizes unterschiedliche Prioritäten gesetzt.

Unter sozialer Verantwortlichkeit von Unternehmen werden am ehesten die Handlungsfelder im Bereich von Mitarbeiterbeziehungen bzw. Arbeitsbedingungen, Stakeholdern und Menschenrechten verstanden. Der Bedeutung von karitativen Spenden bzw. der Einhaltung bestehender rechtlicher Vorschriften wird für die soziale Verantwortlichkeit eines Unternehmens demgegenüber ein relativ geringer Stellenwert beigemessen. Die Einhaltung bestehender rechtlicher Vorschriften wird im Allgemeinen als Selbstverständlichkeit angesehen, die der sozialen Verantwortlichkeit von Unternehmen vorgelagert ist.

Hinsichtlich der ökologischen Verantwortlichkeit von Unternehmen werden vor allem ökologisch verantwortlicher Produktionsprozesse genannt. Auch hier wird die Einhaltung von Gesetzen als selbstverständlich erachtet, der Bereich der Gen- und Biotechnologie wird als wenig bedeutsam eingestuft.

Ebenfalls uneinheitlich wird die ökonomische Verantwortlichkeit von Unternehmen bewertet. Dem Wohlergehen der Stakeholder bzw. verantwortlichen Geschäftpraktiken wird dabei die größte Bedeutung zuerkannt, der Shareholder-Value und die Arbeitsplatzsicherung werden ebenfalls als wichtig erkannt, jedoch in unterschiedlicher Akzentuierung.

Die unterschiedliche Bewertung sozialer, ökologischer und ökonomischer Verantwortung von Unternehmen verstärkt den Eindruck unterschiedlicher Schwerpunktsetzungen bei Nachhaltigkeitsindizes. Das hat letztlich auch einen Einfluss auf die Umsetzung der von am Leitbild der Nachhaltigkeit orientierten Investoren verfolgten Erwartungen und Ziele.

4.4.3   Corporate Social Responsibility

Corporate Social Responsibility (CSR) hat in den letzten Jahren als Bezeichnung der Verantwortung von Unternehmen gegenüber der Gesellschaft an Bedeutung gewonnen.[308] CSR benennt im Wesentlichen die drei Dimensionen der ökonomischen, sozialen und ökologischen Verantwortlichkeit. Mit Ausnahme eines Anbieters von Nachhaltigkeitsindizes (welcher der ökonomischen Dimension gegenüber der sozialen und ökologischen Dimension eine leicht geringere Bedeutung beimisst) bezeichnen alle Befragten diese drei Dimensionen als gleich bedeutsam. Dennoch haben die Befragten unterschiedliche Definitionen für CSR gewählt, einerseits solche, welche die ökonomische Dimension als gleichrangig oder gar nicht thematisieren, andererseits solche, welche die soziale und ökologische Dimension der ökonomischen unterordnen, wie zum Beispiel die Definition: "We focus on the concept of corporate sustainability which we define as a business approach to create long-term shareholder value by embracing opportunities and managing risks that derive from economic, environmental and social trends." Diese Definition verweist auf ein „ökonomisches" Verständnis von CSR, welches das soziale und ökologische Engagement nach dessen ökonomischer Relevanz be-

---

[308]   Vgl. u. a.: Fetzer J., Die Verantwortung der Unternehmung, Gütersloh 2004; Wieser C., „Corporate Social Responsibility" – Ethik, Kosmetik oder Strategie? Über die Relevanz der sozialen Verantwortung in der Strategischen Unternehmensführung, Wien 2005; Bethin C., Corporate Social responsibility (CSR) in Europa, in: Behrent M., Wieland J. (Hg.), Corporate Citizenship und strategische Unternehmenskommunikation in der Praxis, DNWE Schriftreihe Nr. 11, München 2003, S. 55-85; Europäische Kommission, Die soziale Verantwortung der Unternehmen: ein Unternehmensbeitrag zur nachhaltigen Entwicklung, Luxemburg 2002.

wertet („Materialität sozialer und ökologischer Kriterien"[309]). Dem gegenüber bevorzugen einige der Befragten Definitionen, die der ökonomischen Bedeutung des sozialen und ökologischen Engagements keinen gesonderten Wert beimessen, z.B.: "A 'socially responsible' company will be one that not only fully complies with the obligations of applicable legislation and conventions, but one that integrates social and environmental factors into its global strategic decision making policies and practices."

Auch in der Präzisierung der CSR werden unterschiedliche Schwerpunktsetzungen bei Nachhaltigkeitsindizes deutlich. Insbesondere die ökonomische Interpretation von CSR deckt sich mit der bisherigen Beobachtung einer am ökonomischen Nutzen orientierten Qualifizierung ökologischer und sozialer Verantwortungsfelder. Damit verstärkt sich der Eindruck einer „Materialität" ökologischer und sozialer Verantwortungsfelder, welche davon ausgeht, dass sich die Berücksichtigung sozialer und ökologischer Aspekte langfristig für Unternehmen auch ökonomisch bezahlt macht. Einige Anbieter von Nachhaltigkeitsindizes gehen einen Schritt weiter und messen jenen sozialen und ökologischen Bereichen, die unmittelbaren Einfluss auf die ökonomische Dimension haben, besondere Bedeutung zu. Soziale und ökologische Aspekte, die hinsichtlich ihrer ökonomischen Relevanz unbedeutend oder indifferent sind, werden dagegen weniger gewichtet oder gar nicht berücksichtigt. Eine derartige „Materialisierung" sozialer und ökologischer Kriterien birgt die Gefahr einer Vernachlässigung jener sozialen und ökologischen Aspekte, die sich ökonomisch nicht oder nur wenig zu Buche schlagen. Auf die Problematik eines solchen nutzenorientierten Verständnisses wurde bereits im Abschnitt 4.3.1 eingegangen.

4.4.4   Nachhaltige Entwicklung/Sustainable Development

Der Begriff der „Nachhaltigen Entwicklung" bzw. „Sustainable Development" erscheint hinsichtlich der mehrheitlichen Akzeptanz der Definition von nachhaltiger Entwicklung des Brundtland-Reports von den Anbietern von Nachhaltigkeitsindizes weitgehend einheitlich definiert. Mehrheitlich stimmen die Anbieter von Nachhaltigkeitsindizes der Brundtland-Definition von Nachhaltiger Entwicklung zu: „Sustainable development meets the needs of the present without compromising the ability of future generations to meet their own needs. " Dies deckt sich auch mit der Aussage aller Befragten, dass die drei Dimensionen (Soziales – Ökologie – Ökonomie) gleich bedeutend sind. Der Brundtland-Report beschreibt damit eine Form des Wirtschaftens, welche die Verbesserung der Lebensumstände benachteiligter Bevölkerungsgruppen mittels eines von sozialer und ökologischer Verantwortlichkeit getragenen und die Leistungsfähigkeit der natürlichen Ressourcen berücksichtigenden Wirtschaftswachstums zum Ziel hat. Einige Anbieter von Nachhaltigkeitsindizes bringen bei der Bewertung von Unternehmen jedoch Krite-

---

[309]   Vgl. Beloe S., Scherer J., Knoepfel I., Values for Money. Reviewing the Quality of SRI
Research, SustainAbility, 2004.

rien und Methoden in Anwendung, die Sinn und Ziel nachhaltigen Wirtschaftens in der optimierten Gewinnerwirtschaftung von Unternehmen vermuten lassen. Natürlich ist es plausibel und durchaus wünschenswert, dass Unternehmen, die sozial und ökologisch verantwortlich agieren, aus diesem Engagement auch ökonomischen Nutzen ziehen können. Hinsichtlich der ursprünglichen Anliegen der Brundtland-Kommission zeigt sich hier jedoch ein Unterschied in Bezug auf die Ziele nachhaltigen Wirtschaftens, vor allem in Hinblick auf das von der Brundtland-Kommission formulierte Themenfeld inter- und intragenerativer Gerechtigkeit und dem Anliegen der Verbesserung der Lebenssituation benachteiligter Bevölkerungskreise. Insofern besteht zwischen der von den meisten Anbietern von Nachhaltigkeitsindizes gewählten Definition von nachhaltiger Entwicklung und der für die Bewertung von Unternehmen angewendeten Kriterien und Methoden Erklärungsbedarf.

4.5   Zur künftigen Entwicklung nachhaltiger Geldanlagen

Die Bewertung von Unternehmen nach ökologischen und sozialen Kriterien ermöglicht einen wesentlich differenzierteren Einblick in die Rahmenbedingungen und Handlungsmöglichkeiten von Unternehmen, als dies mit einer Finanzanalyse möglich ist. Im Vergleich zu Investoren oder Konsumenten verfügen die Ratingagenturen über präzisere Informationsquellen und entsprechende finanzielle, personelle und technische Ressourcen. Damit sind Ratingagenturen in der Lage, sich ein umfassendes Bild über die ökologische und soziale Performance von Unternehmen zu bilden. Die Ratingagenturen sind darüber hinaus in den Investoren- und Stakeholderdialog eingebunden, was es ihnen ermöglicht, deren Erwartungen und Anliegen in der Bewertungsmethodik zu berücksichtigen. Diese Mittlerrolle lässt auch vermuten, dass die Anbieter von Nachhaltigkeitsindizes eine umfassende Kenntnis der Interessen und Ziele der verschiedenen Akteure besitzen, die für eine Einschätzung des Marktes für nachhaltige Geldanlagen wertvolle Erkenntnisse liefern können.

4.5.1   Einschätzung des Marktes für nachhaltige Geldanlagen

Alle Anbieter der in die Untersuchung einbezogenen Nachhaltigkeitsindizes gehen davon aus, dass die nachhaltige Geldanlage in Zukunft eine wesentlich größere Bedeutung haben wird als heute. Überwiegend ist man auch der Meinung, dass die Unternehmensbewertung anhand von Positivkriterien zunehmen wird und Ausschlusskriterien künftig eine geringere Rolle spielen werden, auch wenn derzeit fast alle Nachhaltigkeitsindizes auf der Basis von Ausschlusskriterien erstellt werden. Der Best-in-Class-Ansatz dürfte sich mehr und mehr durchsetzen und man geht auch von einer zunehmenden Vereinheitlichung und Standardisierung der Ratingansätze aus. In vielerlei Hinsicht decken sich diese Ergebnisse mit der in Abschnitt 3.1.3 vorgestellten Studie, die jedoch in Bezug auf Privatanleger auch weiterhin noch an der Notwendigkeit von Ausschlusskriterien festhält.[310] Die Bewertung von Unternehmen und Nachhaltigkeitsgesichtspunkten würde sich demnach insofern ändern, dass Positivkriterien und der Best-in-Class-Ansatz zu den bestimmenden Bewertungsfaktoren werden und Ausschlusskriterien zumindest eine geringere Relevanz aufweisen werden. Das bedeutet auch, dass darauf vertraut wird, dass sich ein Wettbewerb zwischen den Unternehmen entwickeln wird, der eine am Leitbild nachhaltiger Entwicklung orientierte Wirtschaft fördert. Für die mit der nachhaltigen Geldanlage beabsichtigten Steuerungs- und Gestaltungsmöglichkeiten wirtschaftlicher Prozesse bedeutet das, dass auf Dialog statt auf Konfrontation und Boykott gesetzt wird. Dabei würden sich Unternehmen bemühen, die jeweils „Besten" – und schon gar nicht die „Schlechtesten" – ihrer Branche zu sein und laufend versuchen, ihre Nachhaltigkeitsperformance zu verbessern. Um dies zu erreichen, müssen sich die Unternehmen um einen Dialog mit den unterschiedlichen Anspruchsgruppen (NGO's, Gewerkschaften, …) bemühen. Die damit initiierte Entwicklung von Unternehmen hin zu Formen nachhaltigen Wirtschaftens erscheint unter diesem Gesichtspunkt Ziel führender als ein Boykott nicht nachhaltig wirtschaftender Unternehmen, bei dem in Unternehmen mit kontroversen Geschäftsfeldern überhaupt nicht investiert wird und dadurch Dialogmöglichkeiten erschwert werden.

Diese Annahme wird durch ein weiteres Ergebnis der Untersuchung gestützt. Da die Ratingagenturen im Zuge der Unternehmensbewertung einen umfangreichen Einblick in die Handlungsspielräume von Unternehmen erlangen, wurden sie um eine Einschätzung ersucht, inwiefern Unternehmen bereit sind, Formen nachhaltigen Wirtschaftens freiwillig umzusetzen. Für mehr als die Hälfte der befragten Anbieter von Nachhaltigkeitsindizes ist es offensichtlich, dass Unternehmen sich lediglich aus strategischen Gründen mit Nachhaltigkeitsthemen beschäftigen, vor allem zur Hebung des Images. Unternehmen erkennen demnach keinen direkten ökonomischen Nutzen in der Berücksichtigung sozialer und ökologischer Kriterien, wohl aber einen indirekten Nutzen für das Image des Unternehmens und seiner Produkte. Tatsächlich dürfte ökologisches und soziales Engagement für Unternehmen kurzfristig wohl eher einen Kostenfaktor darstellen, der sich erst mittel- oder langfristig in einer finanziell feststellbaren Mehrperformance niederschlägt. Mehrheitlich sind die Befragten der Ansicht, dass Investoren- und Konsumentendruck am ehesten geeignet sind, um Unternehmen zu nachhaltigen Wirtschaftsweisen zu bewegen. Der Best-in-Class-Ansatz ermöglicht den Investoren und Konsumenten eine Orientierung hinsichtlich der unterschiedlich ausgeprägten ökologischen und sozialen Verantwortung von Unternehmen. Investoren und Konsumenten wählen demnach jeweils die „Besten" und erzeugen dadurch eine Nachfrageverschiebung zu Gunsten nachhaltig agierender Unternehmen, wo hingegen Unternehmen, die nicht unter den Besten sind, mit einer geringeren Nachfrage – sowohl von Seiten der Investoren als auch von Seiten der Konsumenten – kon-

---

[310] Studie der ABN AMRO Asset Management (Deutschland) GmbH, Frankfurt/Main, Pressemitteilung vom 2. Mai 2006.

frontiert sind. Dies entspricht der Einschätzung der Befragten, dass der Druck von Investoren und Konsumenten am ehesten dazu beitragen kann, dass sich nachhaltige Wirtschaftsstile gegenüber nicht-nachhaltigen durchzusetzen beginnen. Und auch wenn sich Unternehmen „nur" aus strategischen Überlegungen mit Nachhaltigkeitsthemen beschäftigen, gilt: „Wer sich aus strategischen Gründen auf Ethik einlässt, der wird von dem, worauf er sich einlässt, nicht völlig unbeeindruckt bleiben".[311] Strategische Entscheidungen in Unternehmen werden zwar in der Regel nach rein ökonomischen Gesichtspunkten getroffen, dennoch sind es Individuen, die – einzeln oder gemeinsam mit anderen – hinter diesen Entscheidungen stehen.

Zu berücksichtigen ist darüber hinaus, dass die verschiedenen Faktoren – z. B. Investoren- und Konsumentendruck, strategisches Verhalten von Unternehmen, gesteigertes Verantwortungsbewusstsein bei Unternehmen – in einem wechselseitigen Verhältnis stehen, in welchem ein Faktor den anderen beeinflusst. Welchen Einfluss diese Wechselbeziehungen im Einzelnen auf den Wirtschaftsstil von Unternehmen haben, bedarf weiterer Forschung.

4.5.2   Zur Performance nachhaltiger Geldanlagen

Dass nachhaltige Geldanlagen gleichzeitig eine profitable Sache sind, davon sind alle Befragten der Untersuchung überzeugt. Tatsächlich spricht auch eine Reihe von Gründen dafür, dass sie eine langfristig bessere Renditeentwicklung aufweisen werden als herkömmliche Anlageformen. Durch die Vorwegnahme künftiger gesetzlicher Bestimmungen oder die Reduktion von Prozessrisiken können Kosten eingespart werden, welche die Ertragslage von Unternehmen beeinflussen. Eine Studie der oekom-research AG belegt die „finanzielle Überlegenheit nachhaltiger Unternehmen".[312] Demnach besteht eine Korrelation zwischen positiven sozialen Kennzahlen und dem Return on Investment bzw. dem Gewinn pro Aktie. So zeigte sich beispielsweise bei Öl- und Gasfirmen, die im Bereich Gesundheit, Sicherheit und Chancengleichheit positiv bewertet wurden ein überdurchschnittlich hoher Return on Investment. Auch das UN-Umweltprogramm UNEP hat im Juni 2004 bestätigt, dass Nachhaltigkeitskriterien positive Auswirkungen auf die Erträge der Aktionäre haben.[313] Generell aber gibt es sowohl Argumente, die für aber auch gegen eine bessere Performance von nachhaltigen Geldanlageprodukten sprechen.[314] Insofern bleibt demnach die Einschätzung künftiger Performancevorteile

---

[311]   Hoffmann J., Zur Bedeutung der Kulturverträglichkeit, in: Hoffmann J. u. a. (Hg.), Ethische Kriterien für die Bewertung von Unternehmen. Frankfurt-Hohenheimer Leitfaden, Frankfurt 1997, S. 276.

[312]   Newsletter Juni 2005: http://www.oekom-research.de/ag/german/index_news-center.htm.

[313]   Buchter H., Rücksicht zahlt sich aus, in: Die Zeit Nr. 4 vom 20.1.2005.

[314]   Vgl. Grieble P., Ethisch-ökologische Geldanlage. Einflussmöglichkeiten durch Beachtung von ethisch-ökologischen Gesichtspunkten bei der Anlage von Geld, Frankfurt/Main 2001, S. 88 bis 115, insbes. S. 93-94.

nachhaltiger Geldanlagen eher im Bereich der Spekulation. Ein rückblickender Vergleich nachhaltiger und herkömmlicher Geldanlagemöglichkeiten ist darüber hinaus nicht unproblematisch, da vergleichbare nachhaltige Geldanlageprodukte erst seit wenigen Jahren bestehen und kurze Vergleichszeitreihen zu Fehlinterpretationen führen können.

4.6   Wie viel Nachhaltigkeit steckt in Nachhaltigkeitsindizes?

Die Steuerung und die Gestaltung wirtschaftlicher Prozesse ist eines der Hauptanliegen nachhaltig orientierter Geldanleger. Nachhaltige Geldanlagen zielen darauf ab, diese Einflussmöglichkeiten zu institutionalisieren und zu professionalisieren und dazu beizutragen, nachhaltige Wirtschaftsweisen zu fördern. Die untersuchen Nachhaltigkeitsindizes belegen die Breite der verschiedenen Ansätze nachhaltiger Geldanlagen.

Gleichzeitig beschreibt die Untersuchung auch ein zentrales Problem: was „Nachhaltigkeit" oder „nachhaltige Entwicklung" tatsächlich ist, wird unterschiedlich definiert. Auffallend ist, dass sich die meisten Nachhaltigkeitsindizes am Drei-Säulen-Modell nachhaltiger Entwicklung (Ökologie-Ökonomie-Soziales) orientieren und dabei eine Dominanz der ökonomischen Säule festzustellen ist. Nachhaltig ist, was sich rechnet. Ökologische und soziale Implikationen werden auf ihre ökonomische Relevanz hin qualifiziert, der „Nutzen" ökologischer und sozialer Kriterien steht im Vordergrund. Das dieser Vorgehensweise zugrunde liegende Nachhaltigkeitsverständnis definiert die sich aus sozialen und ökologischen Themenfeldern ergebenden ökonomischen Chancen und Risiken eines Unternehmens als das Ziel nachhaltigen Wirtschaftens.

Nachhaltigkeit erhält damit eine Zuschreibung, die sich nicht mehr mit dem ursprünglichen, in der Brundtlanddefinition aus dem Jahre 1987 formulierten Leitbild nachhaltigen Wirtschaftens deckt, welche auf eine auf Wirtschaftswachstum basierende Verbesserung des Lebensstandards benachteiligter Bevölkerungsgruppen unter der Berücksichtigung begrenzter Ressourcen abzielt. Das von Nachhaltigkeitsindizes angewendete Nachhaltigkeitsverständnis legt die Befürchtung nahe, dass Nachhaltigkeit – auch im Verständnis von Investoren – nur noch verkürzt oder in abgewandelter Form berücksichtigt wird und die Bedeutung von Nachhaltigkeitsindizes auf ökonomische Nutzenüberlegungen reduziert wird. Letztlich bedeutet das eine Umdeutung bzw. Fehlinterpretation des Leitbildes nachhaltiger Entwicklung. Die Fokussierung auf die ökonomischen Vorteile nachhaltigen Wirtschaftens mag in guter Absicht erfolgt sein – etwa um die Idee der nachhaltigen Geldanlage aus dem Randbereich in das Zentrum der Kapital- und Finanzmärkte zu heben. Und selbstverständlich ist es auch begrüßenswert, wenn nachhaltiges Wirtschaften zugleich ökonomisch vorteilhaft ist. Allerdings fördert eine solche Verstehensweise von Nachhaltigkeit einen folgenschweren Irrtum, wonach alles, was sich nicht als Gewinn verbuchen lässt, nicht nachhaltig ist. Eine solche Position ist aus ethischer Perspektive nicht haltbar. Für die Ethik – und ebenso für das Leitbild der Nachhaltigkeit – besteht das Ziel wirtschaftlicher Prozesse in der Förderung gegenwärtigen und zukünftigen menschlichen Lebens. Nachhaltigkeit schließt finanzielle Gewinne nicht aus, aber sie ordnet sie dem höheren Ziel der Sicherung der ökologischen und sozialen menschlichen Existenzvoraussetzungen unter. Damit ist auch klar, dass nicht alles, was nachhaltig ist, finanzielle Gewinne zur Folge haben muss. Schließlich muss uns die Verantwortung für gegenwärtige und künftige Generationen auch etwas wert sein. Das Leitbild der Nachhaltigkeit beinhaltet eine ökonomische Perspektive, die jedoch an ökologische und soziale Parameter rückgebunden ist und nachhaltiges Wirtschaften erst ausmacht. Viele der untersuchten Nachhaltigkeitsindizes lassen diese Sichtweise vermissen.

5 Der Wert des Wertes – zum Verhältnis zwischen Nachhaltigkeit und Ökonomie

Geldanlagen haben für gewöhnlich das Ziel, Finanzkapital in seinem Wert zu erhalten oder zu vermehren. Damit unterscheiden sich Geldanlagen von sonstigen Verwendungsmöglichkeiten finanzieller Mittel wie etwa Spenden, wo ein Nutzen im finanziellen Sinne für den Spender im Regelfall überhaupt nicht vorliegt. Auch Nachhaltige Geldanlagen verfolgen die Absicht, vorhandenes Finanzkapital zu erhalten oder zu vermehren, wobei Nachhaltigkeit den für die Renditeerwirtschaftung maßgeblichen Referenzrahmen darstellt. Die bisherigen Ausführungen haben gezeigt, dass der Bestimmung des Verhältnisses zwischen finanziellen Interessen und Nachhaltigkeitserfordernissen eine zentrale Bedeutung zukommt.

Ziel dieses Kapitels ist es, anhand der Debatte um die Materialisierung ökologischer und sozialer Themenfelder sowohl deren Eigenständigkeit als auch die Nachrangigkeit ökonomischer Themenfelder im Rahmen nachhaltiger Geldanlagen aufzuzeigen. Darüber hinaus gilt es darzulegen, dass die Bewältigung der Probleme und Defizite der nachhaltigen Geldanlage eng mit der Bildung für eine nachhaltige Entwicklung verknüpft ist, die wiederum selbst Materialisierungstendenzen ausgesetzt ist.

5.1 Zur Materialität ökologischer und sozialer Themenfelder: Values *for* Money oder Values *and* Money?

Die Praxis der Bewertung von Unternehmen unter Nachhaltigkeitsgesichtspunkten unterliegt seit Jahren einem latent schwelenden Auffassungsstreit. Dabei geht es um die Frage, welchen Zweck ein Nachhaltigkeitsrating überhaupt hat. Diese so simpel erscheinende Frage hat sich in der gegenwärtigen Diskussion der nachhaltigen Geldanlage als eine weit reichende Problematik entpuppt. In den Anfängen der Unternehmensbewertung galt die Aufmerksamkeit der Ratingagenturen zwei zentralen Anliegen von Investoren: erstens wollten die Investoren dem zerstörerischen Einfluss von Unternehmen auf gesellschaftliche Prozesse etwas entgegensetzen. Unternehmen, die Waffen, Tabak und Alkohol produzieren oder Glücksspiel anbieten, zerstören – so die ersten, religiös motivierten Investorengruppen in den USA des beginnenden 20. Jahrhunderts – den Zusammenhalt und somit das Gelingen von Gesellschaften. Zweitens war es den Investoren ein dringendes Anliegen, dass die Ausrichtung ihrer Geldanlagen auch ihren ethischen Überzeugungen entspricht. Ratingagenturen reagierten darauf, indem sie die Verflechtung von Unternehmen in diesen Geschäftszweigen aufzeigten und bewerteten.

Die Geschichte der so indizierten Geldanlage zeigt, dass sich die Investorenanliegen im Laufe der Zeit und unter sich wandelnden Kontexten auch änderten: während der südafrikanischen Apartheid galt die Aufmerksamkeit der Investoren etwa der Störung von Geschäftsinteressen des südafrikanischen Regimes, um einen politischen Kurswechsel zu unterstützen. Mit dem Aufkommen der ökologischen Krise erweiterten sich diese Investoreninteressen auf Nachhaltigkeitsthemen wie Umweltverschmutzung, Ressourcenverschwendung oder Zerstörung der Biodiversität. Angestrebt wurden Formen der Geldanlage, welche nachhaltige Wirtschaftsstile fördern. Zunehmend wurde auch argumentiert, dass diese Einschränkung in der Auswahl von Geldanlageoptionen für die Investoren nicht bedeutet, dass sie auf Rendite verzichten müssen. Im Gegenteil – langfristig werden jene Unternehmen bessere Gewinne erwirtschaften, die sich als gesellschaftsfähig erweisen. Um das Interesse auch nicht nachhaltig orientierter Investoren zu gewinnen, wurde diese Seite nachhaltiger Geldanlagen, nämlich ihre Rendite fördernde Komponente, stark betont. Was ursprünglich als „Türöffner" für den Zugang zu den großen Finanzplätze gedacht war, entwickelte sich bald zu einem zentralen Pro-Argument bei der Bewerbung nachhaltiger Geldanlagen. Ökologische und soziale Themenfelder beeinflussen demnach den Unternehmenserfolg – ihnen mehr Aufmerksamkeit zu widmen, kann die Rendite des Investors beeinflussen. Damit wurde neben der Gestaltung ökonomischer Prozesse im Sinne einer nachhaltigen Entwicklung den Nachhaltigkeitsratings eine zweite Zielbestimmung hinzugefügt, wonach die Einbeziehung ökologischer und sozialer Kriterien zur Erhöhung der Renditechancen bei Geldanlagen beiträgt.

Eine vorläufige Spitze dieser Argumentationsform stellt die Studie *Values for Money* von Mistra, der Swedish Foundation for Strategic Environmental Research und SustainAbility, einer in London ansässigen Beratungsagentur, dar.[315] Die Studie untersucht 11 europäische und 4 nordamerikanische Ratingorganisationen, welche Unternehmen nach ökologischen und sozialen Kriterien bewerten, wobei die Studie davon ausgeht, dass „issues that are *material* to key stakeholder groups can very quickly become financially material to a company".[316] Und weiter: „The relationship between key sustainability issues and investment value drivers is clearly vital for SRI and *mainstream investors interested in the financial performance of their investments*" [Hervorhebung KG]. Tatsächlich gibt es auch mehrere Beispiele die belegen, dass nicht nachhaltig agierende Unternehmen sowohl von Konsumenten als auch Investoren gemieden worden sind und dadurch finanzielle Einbussen hinnehmen mussten. Was hier jedoch zum Ausdruck kommt ist eine Umkehrung der Interessen: ökologische und soziale Kriterien sind nicht deshalb von Bedeutung, weil sie die Nachhaltigkeitsperformance eines Unternehmens messen und so Investoren die Möglichkeit bieten, eine nachhaltige Wirtschaftsweise zu fördern bzw. eine nicht nachhaltige Wirtschaftsweise zu vermeiden, sondern weil sie die finanzielle Performance eines Unternehmens beeinflussen. Damit wird der Nutzen ökologischer und sozialer Bewertungsfelder ökonomisch definiert – und zwar für den *mainstream investor*. Die Bewertung von Unternehmen nach

---

[315] Beloe S., Scherer J., Knoepfel I., Values for Money: Reviewing the Quality of SRI Research, London 2004.

[316] Ebda., S. 7 [Hervorhebung KG].

ökologischen und sozialen Kriterien wandelt sich somit von einem Steuerungsinstrument nachhaltig orientierter Investoren zu einem Renditeoptimierungsinstrument. Es geht nicht mehr darum, als Investor in wirtschaftliche Prozesse gestaltend und steuernd einzugreifen, sondern darum, den *return on investment* zu verbessern. Dies wird auch klar, wenn die Autoren gleich im nächsten Satz schreiben: „Identifying these sustainability issues and understanding how they link with investment value drivers in many ways represents the ‚holy grail' for this form of analysis".

Wo liegt nun das Problem? Es ist richtig, dass ein Aspekt des Nachhaltigkeitsratings darauf rekurriert, dass ökologische und soziale Faktor den Börsenkurs eines Unternehmens beeinflussen. Auch ist richtig, dass Nachhaltigkeitsratingagenturen ihre Unternehmensbewertungen an den Interessen und Anliegen der (nachhaltig orientierten) Investoren auszurichten haben, wenn sie deren Anliegen mit ihrem Ratingprozess unterstützen wollen.

Aber die „Materialität" ökologischer und sozialer Kriterien hinsichtlich ihrer Auswirkung auf die Performance eines Investments zu definieren, entspricht wohl den Interessen der *mainstream investors*, verfehlt jedoch die Zielvorstellungen nachhaltig orientierter Investoren ganz maßgeblich.[317] ‚Social investment research' consists of information gathered on how corporations perform on issues such investors consider in the investment process – in deciding whether to buy, sell or hold securities or in engaging with companies. Users look to this research for specific insights on how companies deal with particular classes of social and environmental challenges. They also look to it for a picture of the corporation's culture and the quality of its management."[318] Das Nachhaltigkeitsrating hat demnach Unternehmen unter dem Blickwinkel jener kulturellen, ökologischen und sozialen Themenfelder zu befragen, welche für die Anlageentscheidung nachhaltig orientierter Investoren maßgeblich sind. Ratingagenturen, welche diese spezifischen Untersuchungsbereiche unberücksichtigt lassen bzw. nur solche Konfliktfelder aufzeigen, die Auswirkungen auf den Börsenkurs eines Unternehmens haben, liefern daher kein Nachhaltigkeitsrating mehr, sondern lediglich die „soft facts" für ein Finanzrating. Ein solches Rating verfehlt die Bedürfnisse nachhaltig orientierter Geldanleger und bietet für diese keine verwertbaren Informationen. Denn für wen Atomkraftwerke eine zentrale Gefährdung gegenwärtiger und zukünftiger Generationen darstellen, wird auch dann nicht in die Atomenergiewirtschaft investieren, wenn es keinen Hinweis auf eine negative Korrelation zwischen Atomkraft und Börsenkurswert gibt.

Values for Money verortet moralische Kriterien nicht etwa in der Würde des Menschen oder im Gelingen gesellschaftlichen Zusammenlebens, sondern innerhalb der ökonomischen Funktionslogik. *„While recognising that a range of social,*

---

[317] Auf diesen entscheidenden Punkt hat Peter D. Kinder, der Präsident von KLD Research & Analytics Inc., in seiner Entgegnung auf die Studie Values for Money hingewiesen: Kinder P. D., Values *and* Money. A Research Practitioner's Perspective on Value for Money, Boston 2004.

[318] Ebda., S. 5.

environmental and economic issues may be of relevance to different stakeholder groups, these issues are only considered to be material where they have actual or potential impacts on a company's investment value".[319] Damit wird aber nicht nur die Ebene des Drei-Säulen-Modells nachhaltiger Entwicklung verlassen, sondern darüber hinaus ein Ein-Säule-Modell konzipiert, dessen einzige Säule der Shareholder-Value ist.

Für das Leitbild nachhaltiger Entwicklung bedeutet das eine signifikante Umdeutung der ursprünglichen Intention. Wie bereits eingangs geschildert (vgl. 1.3) stellt die „Gründungsformel" von Nachhaltigkeit bzw. nachhaltiger Entwicklung, der Brundtland-Bericht von 1987, keine Definition im engeren Sinne dar, sondern einen relativ offenen und anschlussfähigen Aktionsrahmen zur Verbesserung der Lebenssituation benachteiligter Menschen unter Bedingungen, welche die Tragfähigkeit der Biosphäre nicht überlasten. Erforderlich sind deshalb Explikationen, welche Nachhaltigkeit bzw. nachhaltige Entwicklung zeit- und kontextbezogen verständlich machen. Derartige Explikationsverfahren können – interessensbedingt – voneinander abweichen, wie sich das zum Beispiel an der Unterscheidung zwischen starker und schwacher Nachhaltigkeit zeigt. Während das Konzept der starken Nachhaltigkeit einen ökologischen Schwerpunkt setzt und dem Modell dreier gleich gewichteter Nachhaltigkeitssäulen skeptisch bis ablehnend gegenübersteht,[320] hat sich im gegenwärtigen Nachhaltigkeitsdiskurs das Drei-Säulen-Modell weitgehend durchgesetzt und sich in der politischen und wirtschaftlichen Praxis eher ein Nachhaltigkeitsverständnis etabliert, welches tendenziell dem Konzept der schwachen Nachhaltigkeit zugeneigt ist. Außerdem lässt sich in Hinblick auf die Anwendung des Drei-Säulen-Modells teilweise feststellen, dass die ökonomische Säule – wenn schon nicht theoretisch, dann auf jeden Fall faktisch – stärker berücksichtigt wird als die ökologische oder soziale Säule. *Values for Money* steigert dies noch einmal, indem nur noch eine Säule, nämlich die ökonomische Säule, als relevant erachtet wird.

Darüber hinaus führt diese Fokussierung auf die ökonomische bzw. finanzielle Materialität des Nachhaltigkeitsratings zu weiteren Problemen. Falls Korrelationen ökologischer und sozialer Aspekte mit finanziellen Kriterien festgestellt werden, sollen dann jene ökologischen und sozialen Kriterien, bei denen keine Korrelation festgestellt wurde, fallen gelassen werden und im Rahmen nachhaltiger Geldanlagen auch nicht mehr berücksichtigt werden? Das würde zur Folge haben, dass Nachhaltigkeitsthemen, wie zum Beispiel die Emission von Treibhausgasen – so keine Korrelation mit der Börsenkursentwicklung eines Unternehmens festgestellt wird – keine Rolle mehr spielen. Ein Unternehmen, das beispielsweise auf kostenintensive technische Verfahren verzichtet, um die Emission von Treibhausgasen zu reduzieren, könnte unter Umständen im Vergleich zu seinen Mitbewerbern, die

---

[319]   Beloe S., Scherer J., Knoepfel I., Values for Money: Reviewing the Quality of SRI Research, London 2004, S. 7 [Kursivsetzung im Original].

[320]   Tremmel J., Nachhaltigkeit als politische und analytische Kategorie. Der deutsche Diskurs um nachhaltige Entwicklung im Spiegel der Interessen der Akteure, München 2003, S. 155f.

hohe Kosten aufwenden, um Emissionsreduktionen zu erzielen, zumindest kurz-
oder mittelfristig einen höheren Gewinn pro Aktie ausweisen. Das Umgehen oder
Vermeiden umweltrelevanter Investitionen könnte demnach zu einem gewinnstei-
gernden Faktor und so Teil eines – wohl offensichtlich falschen – Nachhaltigkeitsratings werden.

Auch stellt sich die Frage, ob und wie der Einfluss von Nachhaltigkeitskriterien
auf die finanzielle Performance von Unternehmen quantifizierbar ist. Davon hängt
nämlich die Gewichtung ökologischer, ökonomischer und sozialer Kriterien bei der
Bewertung von Unternehmen ab. Würde das dann bedeuten, dass die Gewichtung
ökologischer, ökonomischer und sozialer Kriterien bei der Bewertung von Unternehmen davon abhängig ist, welchen – wie auch immer quantifizierbaren – Einfluss die einzelnen Themenfelder auf die Ertragslage eines Unternehmens haben?

Values for Money suggeriert zu wissen, was Investoren vom Nachhaltigkeitsrating erwarten und unterstellt, dass künftig nur diejenigen Ratingagenturen reüssieren können, welche die Materialität ökologischer und sozialer Themenfelder auf
den Geschäftserfolg von Unternehmen analysieren. In Hinblick auf das Nachhaltigkeitsrating erachtet *Values for Money* die Zeit reif für einen Generationen-
wechsel: „Moreover, SRI analysts themselves acknowledge that the opportunity to
leverage social and environmental issues into mainstream investment decision-
making lies in crafting ‚second generation' tools and methodologies that respond
to this growing appetite in the mainstream“.[321] Es geht also nicht darum, Unternehmen zu identifizieren, in die nachhaltig orientierte Investoren – so unterschiedliche ihre Prioritäten hinsichtlich einzelner Nachhaltigkeitsthemen auch sein mögen – zu investieren bereit sind, sondern darum, die Idee der Unternehmensbewertung nach ökologischen und sozialen Kriterien in das Finanzrating von Unternehmen zu integrieren, um die Rendite eines Investments zu optimieren. Die Zielgruppen eines so verstandenen Ansatzes zur Unternehmensbewertung sind demnach die *mainstream investors* und nicht die ethisch oder nachhaltig orientierten
Investoren. *Values for Money* verkennt damit das eigentliche Ziel nachhaltiger
Geldanlagen: nachhaltig orientierten Investoren geht es in erster Linie nicht um die
Optimierung oder Maximierung ihrer Rendite, sondern um eine Geldanlage, die
nachhaltige Wirtschaftsweisen fördert und nicht nachhaltige Wirtschaftsweisen
verhindert.

Die in dieser Diskussion vertretenen Positionen erinnern auch an die in Punkt
2.4 behandelte Frage unterschiedlicher wirtschaftsethischer Zugänge und Verstehensweisen des Verhältnisses von Ethik und Ökonomik. Nach dem von Karl Homann vertretenen Konzept muss Nachhaltigkeit einen Nutzen abwerfen, wenn sie
sich durchsetzen will. Ein Vorrang der Ethik wird dabei abgelehnt, vielmehr muss
sich Ethik der Funktionslogik des Marktes unterwerfen. Demgegenüber argumentiert Peter Ulrich, dass die Funktionslogiken des Marktes dahin gehend zu korrigieren sind, dass sie die Umsetzung des Leitbildes der Nachhaltigkeit möglich ma-

---

[321]   Beloe S., Scherer J., Knoepfel I., Values for Money: Reviewing the Quality of SRI Research,
London 2004, S. 3.

chen. Ethik ist dabei wirtschaftlichen Vorgängen immer schon vorgängig und reorganisiert die wirtschaftliche Ordnung unter dem Aspekt nachhaltiger Wirtschaftsweisen. Die Materialisierung ökologischer und sozialer Themenfelder entspricht demnach den Vorstellungen Homanns: diejenigen Themenfelder werden sich als „nachhaltig" durchsetzen, deren Berücksichtigung einen marktlogischen – also ökonomischen – Nutzen bewirken. Dagegen wird nach Ulrichs Konzeption der integrativen Wirtschaftsethik eine Korrektur dieser Marktlogik vorgenommen, indem Ethik unabhängig von (ökonomischen) Nutzenüberlegungen wirtschaftliche Prozesse am Leitbild der nachhaltigen Entwicklung ausrichtet. Damit wird Wirtschaft gestaltbar durch die Berücksichtigung ökologischer und sozialer Kriterien bei der Geldanlage – unabhängig ob sich diese rechnen oder nicht.

Gegen die Implementierung und Berücksichtigung ökologischer und sozialer Kriterien in die ökonomische Bewertung von Unternehmen ist nichts einzuwenden – schließlich kann auch das zu einer Veränderung der Wirtschaftsweisen von Unternehmen beitragen. Eine ausschließliche Positionierung der nachhaltigen Geldanlage als Materialitätsindikator für den Geschäftserfolg von Unternehmen entspricht aber nicht den Anliegen und Bedürfnissen nachhaltig orientierter Investoren, weil die – hinsichtlich ihrer mangelnden Materialität auf den Unternehmenserfolg hingenommene – Negierung zentraler Nachhaltigkeitsaspekte das Leitbild einer nachhaltigen Entwicklung nicht ausreichend abdeckt. Nachhaltigkeitsratingagenturen stehen vor der Entscheidung: entweder sie orientieren sich an den Interessen und den Bedürfnissen nachhaltig orientierter Investoren und liefern Nachhaltigkeitsinformationen für die verantwortliche, nachhaltige Geldanlage oder sie orientieren sich an *mainstream investors* und ergänzen herkömmliche Finanzratings mit so genannten „soft facts". Für welche dieser beiden Möglichkeiten sich Anbieter von Geldanlageprodukten auch entscheiden: für Investoren muss eindeutig erkennbar sein, wofür das jeweilige Geldanlageprodukt steht. Im ersten Fall ist es das Ziel, Wirtschaft unter Nachhaltigkeitsgesichtspunkten zu gestalten und damit Veranlagungserträge zu erzielen, im zweiten Fall geht es um die Erzielung von Veranlagungserträgen unter renditeoptimierender Einbeziehung selektiver Nachhaltigkeitsgesichtspunkte. Damit wird auch deutlich, dass diese zweite Veranlagungsstrategie keine nachhaltige Geldanlage ist.

5.2   Defizite des Marktes für nachhaltige Geldanlagen

Für nachhaltig orientierte Investoren – für private ebenso wie institutionelle – und den Markt für nachhaltige Geldanlagen selbst ist die Diskussion um die Materialität ökologischer und sozialer Themenfelder von zentraler Bedeutung. Die vorangegangene Untersuchung macht deutlich, dass es letztlich um die Glaubwürdigkeit nachhaltiger Geldanlagen geht. Ratingagenturen und die Anbieter nachhaltiger Geldanlageprodukte müssen vor diesem Hintergrund ihr Nachhaltigkeitsverständnis und ihre Auswahlverfahren transparent und nachvollziehbar kommunizieren. Nur so kann die Glaubwürdigkeit nachhaltiger Geldanlageprodukte erreicht werden, nur so können nachhaltig orientierte Investoren ihre Anlageentscheidungen verantwortlich treffen.

Der Markt für nachhaltige Geldanlagen ist in den letzten Jahren stark gewachsen. Damit ging auch eine Verbreiterung des Angebotes einher: die Bandbreite reicht von nachhaltigen Sparkonten über Investmentfonds mit unterschiedlichen Asset-Klassen bis hin zu Direktbeteiligungsmodellen. In Bezug auf die wohl am meisten verbreitete nachhaltige Anlageform, nämlich Nachhaltigkeitsfonds, haben sich in den letzten Jahren einige Problembereiche des Marktes für nachhaltige Geldanlagen herauskristallisiert.[322]

Einerseits besteht ein Problem darin, dass es keine verbindlichen Standards für die Nachhaltigkeitsberichterstattung von Unternehmen gibt. Unternehmen können viel behaupten und vor allem das, was sie nicht berichten wollen, verschweigen. Während die Nachhaltigkeitsberichte für die meisten Ratingagenturen deshalb lediglich erste Anhaltspunkte liefern, erfolgt die eigentliche Arbeit der Ratingagenturen über die Unternehmensbefragung, die Medienrecherche oder die Recherche bei öffentlichen Einrichtungen, NGO's, Gewerkschaften usw. Bereits hier gibt es qualitative Unterschiede bei den Ratingagenturen und damit ist auch nicht immer gewährleistet, dass der für die Bewertung herangezogene Datenbestand für eine umfassende Nachhaltigkeitsbewertung ausreichend ist.

Außerdem ist festzustellen, dass die Bedeutung von Managementsystemen zur Umsetzung von Nachhaltigkeitsaspekten von Ratingagenturen unterschiedlich eingeschätzt wird. Mit der Übernahme freiwilliger Selbstverpflichtungen zu verantwortlichem unternehmerischen Handelns – wie zum Beispiel im Kontext des Corporate Social Responsibility (CSR) – ist noch nichts über die eigentliche Nachhaltigkeitsperformance von Unternehmen gesagt: „Management systems, per se, offer no garantee of better ethical performance".[323] Interessanterweise haben in der Vergangenheit gerade jene Unternehmen, die für ökologisch und sozial unverantwortliches Handeln kritisiert worden sind, CSR-Codizes unterzeichnet. Da es sich dabei um nicht sanktionsfähige, „freiwillige Selbstverpflichtungen" handelt, die im realen Geschäftsleben nur allzu oft außer Kraft gesetzt werden, wenn wirtschaftliche Interessen dagegensprechen, ist die Aussagekraft von Managementsystemen für das Nachhaltigkeitsrating tatsächlich auch nur von begrenzter Bedeutung.

Aus der Vielzahl der Anbieter für nachhaltige Geldanlagen sind nur die wenigsten Akteure ausschließliche Anbieter nachhaltiger Geldanlageprodukte. Bei den meisten Anbietern handelt es sich um Banken oder Kapitalanlagegesellschaften, die nachhaltige Geldanlageprodukte neben herkömmlichen vertreiben. Nicht alle davon zeichnen sich selbst als nachhaltige Wirtschaftsakteure aus und es ist durchaus üblich, dass eine nicht nachhaltig agierende Bank nachhaltige Investmentfonds anbietet. Für einige nachhaltig motivierte Investoren kann dies ein Ent-

---

[322] Vgl. Mayo E., Doane D., An ethical door policy. How to avoid the erosion of ethics in Socially Responsible Investment, London 2002 (http://www.neweconomics.org/gen/uploads/Ethical%20Door%20Policy.pdf, Abfrage am 19.09.2006).

[323] Ebda., S. 7.

scheidungskriterium bei der Auswahl von nachhaltigen Geldanlageprodukten darstellen. Grundsätzlich ist es aber positiv zu werten, wenn sich Finanzmarktakteure mit Fragen der nachhaltigen Geldanlage befassen. Nur so kann es auch innerhalb von Finanzdienstleistungsunternehmen zu einem gesteigerten Bewusstsein gegenüber Nachhaltigkeitsanliegen kommen.

Darauf, dass Nachhaltigkeit ein sehr geduldiger Begriff ist, wurde bereits hingewiesen. Einige Geldanlageprodukte werden als nachhaltig etikettiert, obwohl sie – manche erst bei näherer Betrachtung – nicht viel mit Nachhaltigkeit zu tun haben. Dass es hier zu Verstimmung und Resignation bei nachhaltig orientierten Investoren kommt, ist verständlich. Oft ist für diese nicht erkennbar, welches Nachhaltigkeitskonzept die Basis für ein Geldanlageprodukt ist und die bereitgestellten Informationen reichen oft nicht aus, sich ein Urteil zu bilden. Das verweist auf ein grundsätzliches Problem der nachhaltigen Geldanlagen: dem Wunsch nach transparenter und nachvollziehbarer Information wird oft nicht oder nur unzureichend entsprochen. Teilweise sind die angewendeten Methoden und Kriterien nur fragmentarisch erläutert, teilweise werden aber auch derart umfassende Materialien zur Verfügung gestellt, dass eine Orientierung für einen Nichtexperten – und manchmal auch für einen Experten – nur schwer möglich ist. Aus ethischer Sicht führt das in ein weiteres Problem: moralisch verantwortliches Handeln bedingt die Freiheit der handelnden Person. Diese Freiheit impliziert auch die Fähigkeit des Menschen, Sachverhalte und Zusammenhänge zu erkennen und zu verstehen, zumindest in einem Ausmaß, welches für eine Gewissensentscheidung erforderlich ist. Gerade die Komplexität der Nachhaltigkeitsmaterie erweist sich dabei als eine besondere Herausforderung an die menschliche Handlungsfähigkeit. Andererseits sind Maßnahmen zur Realisierung nachhaltiger Wirtschafts- und Lebensweisen auf die Akzeptanz, ja, auf die aktive Beteiligung von Bürgern, Wählern, Konsumenten und Investoren verwiesen. Dabei ist nicht nur deren Sachkompetenz erforderlich, sondern auch – und vor allem – deren Kompetenz, komplexe Problemzusammenhänge zu reflektieren und Alternativen und Handlungsmöglichkeiten beurteilen und realisieren zu können. Gerade vor dem Hintergrund unterschiedlicher Nachhaltigkeitsverständnisse bei nachhaltigen Geldanlageprodukten kommt es deshalb wesentlich auf die Fähigkeit der Investoren an, die damit verbundenen Ziele erkennen und beurteilen zu können. Eine Bildung für Nachhaltigkeit erweist sich vor diesem Hintergrund als unverzichtbarer Bestandteil eines Leitbildes nachhaltiger Entwicklung.

5.3   Bildung für nachhaltige Entwicklung

Die Vereinten Nationen haben für den Zeitraum von 2005 bis 2014 die UN-Dekade „Bildung für eine nachhaltige Entwicklung" ausgerufen mit dem Ziel, die in Rio 1992 beschlossenen und in Johannesburg 2002 erneut bekräftigen Prinzipien nachhaltiger Entwicklung weltweit in den nationalen Bildungssystemen zu verankern. In der auf der UN-Konferenz von Rio beschlossenen Agenda 21 wurde dieses Ziel wie folgt beschrieben: „Bildung/Erziehung, öffentliche Bewusstseinsbildung und berufliche Ausbildung stehen mit fast allen Programmbereichen der Agenda 21 in Verbindung; dies gilt in verstärktem Maße für die Bereiche, bei denen es um die Deckung der Grundbedürfnisse und um die Stärkung der personellen und institutionellen Kapazitäten, um Daten und Information, die Wissenschaft und die Rolle wichtiger gesellschaftlicher Gruppen geht."[324] Nachhaltigkeit wird damit als ein alle Bildungsbereiche betreffendes Querschnittsthema zur Stärkung personeller und institutioneller Kompetenzen zur Umsetzung von Nachhaltigkeitszielen beschrieben. Bildung bzw. Ausbildung – inklusive formaler Bildung, öffentlicher Bewusstseinsbildung und berufliche Ausbildung sind dabei als ein Prozess zu sehen, „mit dessen Hilfe die Menschen als Einzelpersonen und die Gesellschaft als Ganzes ihr Potential voll ausschöpfen können. Bildung ist eine unerlässliche Voraussetzung für die Förderung einer nachhaltigen Entwicklung und die Verbesserung der Fähigkeit der Menschen, sich mit Umwelt- und Entwicklungsfragen auseinanderzusetzen".[325]

Interessant dabei ist, dass die Autoren der Agenda 21 Bildung als einen Prozess beschreiben, der die öffentliche Bewusstseinsbildung sowie die berufliche Ausbildung einbezieht. Es geht also darum, allen Menschen die Möglichkeit zu eröffnen, komplexe Sachverhalte und Zusammenhänge zu verstehen und Lösungen mitzugestalten, also Gestaltungskompetenz zu erwerben. „Wer nämlich Gestaltungskompetenz besitzt, verfügt über die Fähigkeiten und Fertigkeiten, notwendige Veränderungsprozesse im Bereich des sozialen, ökonomischen und ökologischen Handelns aktiv und vorausschauend mit zu gestalten."[326] Bildung für Nachhaltigkeit erweist sich somit als ein Konzept zur Befähigung an der Mitwirkung der Weltgestaltung.

Neben dieser funktionalen Verknüpfung ergibt sich auch eine inhaltliche Verbindung zwischen Nachhaltigkeit und Bildung: beiden geht es um die Gestaltung der Zukunft, indem sie sich auf zukünftige Herausforderungen einstellen und Konzepte und Strategien entwickeln, um diese zu bewältigen. Einige dieser zukünftigen Herausforderungen sind bereits bekannt und können daher problemorientiert behandelt werden, einige Herausforderungen, die in Zukunft mit aller Wahrscheinlichkeit noch auf uns zukommen werden und noch nicht bekannt sind, erfordern in erster Linie keine problemorientierten Lösungsstrategien, sondern das Aneignen von Kompetenzen und Ressourcen, die das rechtzeitige Erkennen und Analysieren solcher Probleme ermöglichen (Orientierungswissen). Sowohl bei Bildung als auch bei Nachhaltigkeit wird die Zukunft als eine offene verstanden, die Welt – sowohl die persönliche Lebenswelt als auch die globale Umwelt – wird als prinzi-

---

[324] Konferenz der Vereinten Nationen für Umwelt und Entwicklung im Juni 1992 in Rio de Janeiro, Agenda 21 in deutscher Übersetzung, Kapitel 36, zit. nach:

http://www.agrar.de/agenda/agd21k00.htm (Abfrage am 28.6.2006).

[325] Ebda., 36.3.

[326] Wulsdorf H., Nachhaltigkeit. Ein christlicher Grundauftrag in einer globalisierten Welt, Regensburg 2005, S. 116.

piell gestaltbar erfahren. Die Gestaltung der Zukunft erweist sich somit als eine Klammer, die das Leitbild der Nachhaltigkeit und Bildung zusammen hält. In Bezug auf die Praxis geht es sowohl der Bildung als auch der Nachhaltigkeit ums „gute Leben" bzw. um eine Antwort auf die Frage: „Wie wollen und sollen wir in Zukunft leben?".[327]

Auch wenn „Zukunft" für alle anderen Gesellschaftsbereiche ein ebenso zentrales Thema darstellt, trifft dies auf Bildung und Nachhaltigkeit doch in besonderer Weise zu, da sich diese beiden Themen mehr und mehr als Voraussetzung für die Überlebensfähigkeit der Gesellschaft als Ganze erweisen und die Grundlage für gesellschaftliche, politische, ökologische und wirtschaftliche Zukunftsfähigkeit bilden. Damit kommt der Bildung – wie auch der Nachhaltigkeit – in Hinblick auf die Gestaltung und Ermöglichung zukünftigen friedlichen Zusammenlebens eine herausragende Bedeutung zu.

Darüber hinaus verfügen sowohl Bildung als auch Nachhaltigkeit über eine Schnittstelle zur Ökonomie, welche ein gemeinsames Problem darstellt und bereits mit dem Stichwort „Materialität" umschrieben worden ist. So wie im Bereich der nachhaltigen Geldanlage die Materialität ökologischer und sozialer Themenfelder auf die Gewinnsituation von Unternehmen ein Problem darstellt, lässt sich auch in der Pädagogik eine ähnlich defizitäre Verstehensweise von Bildung aufzeigen.

5.3.1   Materialität der Bildung?

Verfolgt man die laufende politische Bildungsdebatte, fällt auf, dass zwei Hauptintentionen verfolgt werden. Zum einen geht es um eine Förderung der persönlichen Entwicklung, gleichzeitig aber auch um eine Absicherung des Humankapitals.[328] Die Entwicklung der Person zielt dabei vor allem auf die Aneignung persönlicher oder beruflicher Fähigkeiten mit dem Ziel, den Anschluss an neue Entwicklungen – wie im Bereich der Technik oder der Informationsbearbeitung – vor dem Hintergrund der Wettbewerbsfähigkeit zu behalten oder überhaupt zu erlangen. Eine solcherart verstandene Entwicklung der Person ist aber letztlich eine ökonomische Strategie, die der Steigerung des Selbst- und Marktwertes entspricht. In Anspielung auf die Formel L^3 (lebens-langes Lernen) kann diese Strategie mit der Formel W^3 (Wirtschaft, Wachstum und Wettbewerbsfähigkeit) treffend konterkariert werden.[329] Aus einem wirtschaftlichen Blickwinkel erhält Bildung vor allem auf drei

---

[327] Geißler K. A., Von der Nachhaltigkeit zur Forderung von Nachhaltigkeit oder: Vom Beten zum lernen, in: Beer W., Kraus J., Terlinden R. (Hg.), Bildung und Lernen im Zeichen der Nachhaltigkeit. Konzepte für Zukunftsorientierung, Ökologie und soziale Gerechtigkeit, Schwalbach/Ts. 2002, S. 20.

[328] Fischer A., Erweiterung von traditionellen Lehr-Lern-Arrangements, in: Beer W. u. a. (Hg.), Bildung und Lernen im Zeichen der Nachhaltigkeit. Konzepte für Zukunftsorientierung, Ökologie und soziale Gerechtigkeit, Schwalbach/Ts. 2002, S. 60f.

[329] Ebda., S. 61.

Ebenen Relevanz. In Hinblick auf die individuelle Ebene investiert der Mensch in die persönliche Zukunft. Bildung ist somit ein *Chancen-upgrade* am Arbeitsmarkt – je zielorientierter die Ausbildung erfolgt, umso höher ist die Möglichkeit, einen gut bezahlten Job zu finden. Auf betrieblicher Ebene dient Bildung der Steigerung der Produktivität und Rentabilität des Humankapitals. Schließlich bedeutet Bildung auf makroökonomischer Ebene eine Strategie zur Absicherung sowohl des nationalen Wirtschaftswachstums als auch der internationalen Wettbewerbsfähigkeit. Dieses Bildungsverständnis fördert jedoch ein instrumentalistisches Lernen und reduziert den Menschen auf einen Produktions- und Wettbewerbsfaktor. Die vielfältige Dimension von Bildung wird dabei außer Acht gelassen. Mehr noch: der Schwerpunkt der Bildung verlagert sich auf ökonomisch relevante Aspekte, auf Bereiche, die eine „Materialität" in Hinblick auf Arbeitsplätze, Rentabilität und Wettbewerbsfähigkeit besitzen. Diese Engführung vernachlässigt jedoch die vielfältigen Dimensionen von Bildung und deren an der ganzheitlichen Entwicklung menschlicher Fähigkeiten orientierten Ausrichtung.

Insofern besitzen Bildung und das Leitbild der Nachhaltigkeit einen gemeinsamen Konfliktbereich, der sich auch als Ökonomisierung bezeichnen lässt. Dabei wird in nahezu alle Gesellschafts- und Lebensbereiche – und eben auch in Bildung und Nachhaltigkeit — ökonomisches Nutzenkalkül übertragen und absolut gestellt. Was keinen ökonomischen Nutzen oder Ertrag zur Folge hat, ist – zumindest nach dieser Logik – nichts „wert". Dieses Nutzendenken führt jedoch zu einer Umkehrung der ursprünglichen Intention. Für den Bereich der Bildung bedeutet diese Dominanz des Nutzenkalküls eine ebenso große Herausforderung wie für die Nachhaltigkeit. Bildung verfällt damit zu einer Recheneinheit des ökonomischen Kalküls und in einen Rechtfertigungsdruck in Hinblick auf Bildungsthemen, die sich nicht in ökonomischen Nutzen umlegen lassen. Dass Nutzenüberlegungen auch für die Bildung zu berücksichtigen sind, steht außer Zweifel, doch ist es mehr als fraglich, ob rein ökonomisch orientierte Nutzenüberlegungen ein ausreichendes Kriterium zur Beurteilung von Bildungsqualität darstellen können. Die Debatte um die Qualitätssicherung im Bildungsbereich ist daher auch unter dem Einfluss einer weit reichenden Ökonomisierung aller Lebens- und Gesellschaftsbereiche zu sehen, „die letztlich eine Folge der zunehmenden Armut der öffentlichen Hände und damit auch der meist von öffentlichen Zuschüssen abhängigen oder zum öffentlichen Dienst gehörenden Bildungseinrichtungen ist."[330] Die Qualität von Bildung zu sichern bedeutet in dieser Hinsicht die inhaltliche Klärung gesellschaftspolitischer Zielsetzungen und Leitlinien, die eben nicht nur ökonomischen Nutzenüberlegungen, sondern die Förderung der Gestaltungskompetenzen zukünftigen Zusammenlebens zum Gegenstand haben.

---

[330] Beer W., Nachhaltigkeit als Maßstab? Zur Qualitätsdiskussion im Bildungsbereich, in: ders. u. a. (Hg), Bildung und Lernen im Zeichen der Nachhaltigkeit. Konzepte für Zukunftsorientierung, Ökologie und soziale Gerechtigkeit, Schwalbach/Ts. 2002, S. 219.

5.3.2   Voraussetzungen für eine Verbesserung der gesellschaftlichen Handlungsfähigkeit

Um die ökologischen und sozialen Herausforderungen heute und in Zukunft im Sinne einer am Leitbild der nachhaltigen Entwicklung ausgerichteten Weltgestaltung bewältigen zu können, bedarf es massiver Anstrengungen in Hinblick auf Bildung. Das dazu erforderliche Wissen beschränkt sich jedoch nicht auf ein Spezialwissen über die theoretischen Grundlagen nachhaltiger Entwicklung, sondern erfordert eine breite Wissensbasis. Die in Gesellschaft, Technik und Wissenschaft zunehmende Ausdifferenzierung in Spezialbereiche und Disziplinen erfordert natürlich ein entsprechendes Sachwissen, welches nur arbeitsteilig in gesellschaftlichen Kommunikationsverfahren zu bewältigen ist. Dieses Sachwissen ist jedoch lediglich eine Teilvoraussetzung für die Bewältigung jener komplexen Herausforderungen, die sich heute und in Zukunft ergeben. Handlungsfähigkeit ergibt sich erst, wenn dieses Sachwissen auch in konkreten Situationen und unter den Bedingungen pluralistischer Weltbilder und Gerechtigkeitsvorstellungen anwendbar ist. Deshalb bedarf es einer Ergänzung dieses Sachwissens durch ein Orientierungswissen sowie ethischer Orientierung über das gesellschaftliche Zusammenleben und das Verhältnis von Mensch und Natur. Ein so verstandenes Wissen von Nachhaltigkeit ist ein Querschnittwissen, welches dazu befähigen soll, die komplexen sozialen, ökologischen und ökonomischen Wechselwirkungen in ihrer Eigengesetzlichkeit zu erkennen. Die Verbesserung gesellschaftlicher Handlungsfähigkeit erfordert ein problemorientiertes Anforderungsprofil, welches vor allem vier Voraussetzungen bedingt:[331]

Eine erste Voraussetzung bildet die Fähigkeit einer Gesellschaft, nachhaltigkeitsrelevante Sachverhalte zu beschreiben, zu analysieren und zu prognostizieren – und zwar transdisziplinär, transsektoral und transgenerational. Die Aufschlüsselung und das Verstehen komplexer Problemstellungen und Zusammenhänge ist eine Grundvoraussetzung für die Erarbeitung und auch für die Akzeptanz von Problemlösungsstrategien. Das Verstehen eines Problems trägt maßgeblich dazu bei, Gestaltungswille zu mobilisieren. Die Beschreibung, Analyse und Prognose von nachhaltigkeitsrelevanten Sachverhalten erfordert funktionierende Informationssysteme, kommunikative Kompetenz, funktionierende Evaluationsverfahren ebenso wie Diskursmöglichkeiten.

Daran eng anschließend ist die zweite Voraussetzung einer nachhaltig orientierten Gesellschaft zu nennen. Pluralistische Welt- und Wertebilder zu relevanten gesellschaftlichen und ökologischen Fragestellungen erfordern die Fähigkeit, dabei auftretende Wertekonflikte konstruktiv und mit hoher Prozesskompetenz zu gestalten. Ein konstruktiver Umgang mit Wertekonflikte erweist sich schon alleine

---

[331] Vgl. Wachlin K. D., Fähigkeiten für die Zukunft lernen. Überlegungen zur Bedeutung nichtformaler Qualifikation, in: Beer W. u. a. (Hg), Bildung und Lernen im Zeichen der Nachhaltigkeit. Konzepte für Zukunftsorientierung, Ökologie und soziale Gerechtigkeit, Schwalbach/Ts. 2002, S. 116 f.

in Hinblick auf teilweise scheinbar unüberbrückbare gesellschaftliche, politische, kulturelle und religiöse Gegensätze als eine zentrale Herausforderung.

Eine dritte Voraussetzung betrifft die institutionell-technische Ebene von Entscheidungsprozessen. Einerseits muss gewährleistet sein, dass Entscheidungsprozesse über die Grenzen der gleichzeitig bestehenden Systeme hinweg koordiniert werden, andererseits ist die Sicherung gegenwärtigen Wissens für die Entscheidungen künftiger Generationen zu berücksichtigen. Entscheidungen von heute können – auch wenn sie sich als Fehlentscheidungen erweisen – eine wichtige Ressource für Problemlösungsstrategien künftiger Generationen sein.

Die vierte Voraussetzung bezieht sich auf die wohl wahrscheinliche Annahme, dass es zu einigen zentralen gesellschaftlichen, ökologischen, politischen und wirtschaftlichen Fragen zumindest in der nächsten Zeit keinen Konsens geben wird. In vielen Fällen werden Verhandlungen mit Kompromissen enden, deren Qualität wohl auch von den drei erst genannten Voraussetzungen abhängen wird. Wie es der Menschheit gelingen wird, ihr Zusammenleben zukunftsfähig zu gestalten, hängt wesentlich damit zusammen, wie mit Dissensen umgegangen wird. Das Management von Dissensen, der Umgang mit scheinbar unüberbrückbaren Gegensätzen bedeutet eine Herausforderung für die Zukunftsfähigkeit von Zivilisationen.

5.3.3   Gestaltungskompetenz als Herausforderung einer Bildung für Nachhaltigkeit

Der partizipative Beitrag aller Menschen an der Gestaltung eines zukunftsfähigen Miteinanders ist ein zentrales Nachhaltigkeitspostulat. Dafür ist es dringend erforderlich, Gestaltungskompetenzen zu fördern und zu entwickeln. Gemeint sind damit Fähigkeiten und Fertigkeiten, die es ermöglichen, dringend erforderliche Veränderungsprozesse im Bereich des ökologischen, ökonomischen und sozialen Handelns aktiv und vorausschauend mit zu gestalten. Gestaltungskompetenz ist keine Kompetenz für sich, sondern unterteilt sich in mehrere Teilkompetenzen, die Gegenstand von Bildungsprozessen sind.[332]

Die erste Kompetenz beschreibt die Fähigkeit, vorausschauend zu denken. Vorausschauendes Denken impliziert, mit nicht oder nur schwer vorhersehbaren Folgenabschätzungen verantwortlich umzugehen und Zukunftsszenarien zu entwickeln, welche sich – in dubio pro malo[333] – an der pessimistischeren Prognose orientieren.[334] Das betrifft nahezu alle gesellschaftlichen und ökologischen Szenarien, aber auch die ökonomischen. Wie sich die Weltbevölkerung entwickeln wird,

---

[332] Wulsdorf H., Nachhaltigkeit. Ein christlicher Grundauftrag in einer globalisierten Welt, Regensburg 2005, S. 118 f.

[333] Vgl. Jonas H., Technik, Medizin und Ethik. Zur Praxis des Prinzips Verantwortung, Frankfurt/Main 1985, S. 67.

[334] Mark Twain hat das in satirischer Weise auf den Punkt gebracht, als er meinte, dass Prognosen immer schwierig sind – vor allem, wenn sie die Zukunft betreffen.

welchen Temperaturanstieg die Klimaerwärmung zur Folge haben wird oder welche Auswirkungen die stark wachsenden Finanzmärkte auf die Realwirtschaft heben werden, ist aus heutiger Sicht nicht eindeutig vorhersehbar. Die in all diesen Fällen enthaltenen Risiken können jedoch von einer derartigen Tragweite sein, dass auch ein nahezu vernachlässigbares Risiko unvertretbar ist. Ein gewisses Restrisiko lässt sich gerade im technischen Bereich nie ausschließen, allerdings wiegt ein noch so geringes Restrisiko bei einem atomaren Störanfall wesentlich mehr als ein – unkontrollierter – Brand in einem Biomassekraftwerk.

Eine zweite Kompetenz beschreibt die Fähigkeit, interdisziplinär arbeiten zu können. Die Komplexität gesellschaftlicher Herausforderungen, die fortschreitende Arbeitsteilung und die zunehmende Ausdifferenzierung gesellschaftlicher Funktionsbereiche erfordern ein immer größeres Ausmaß an fach- und kompetenzüberschreitenden Problemlösungsstrategien, welche nur interdisziplinär zu bewältigen sind. Interdisziplinarität und darüber hinaus Transdisziplinarität werden demnach in der Bewältigung gesellschaftlicher Herausforderungen eine besondere Bedeutung erlangen. Auch für die Sozialethik bedeutet das eine notwendige Ausweitung fächerübergreifender Forschungsaktivitäten.

Drittens umfasst Gestaltungskompetenz eine Planungs- und Umsetzungskompetenz, welche die Veränderbarkeit und Vorläufigkeit des planungsrelevanten Wissens erfasst. Nebenfolgen und Überraschungseffekte, welche noch nicht bekannt sind und als solche in die Zukunftsplanung nicht mit einbezogen werden können, entziehen sich mehrheitlich einer problem- oder sachorientierten Zukunftsgestaltung. Wohl aber ist es möglich, strategische, organisatorische und krisenbezogene Kompetenzen in einen Planungs- und Umsetzungsprozess zu implementieren.

Weltoffen zu denken ist die vierte Gestaltungskompetenz. So wie globalen Krisen nicht vor Grenzen halt machen, sind auch die Prozesse zur Sicherung der globalen Zukunftsfähigkeit im Kontext verschiedener Weltanschauungen, Kulturen und Religionen verortet. Die weltweiten Interdependenzen gesellschaftlicher und ökologischer Phänomene sind dabei unter Einbeziehung der Erfahrungen und Anliegen von Menschen in anderen Teilen der Welt zu berücksichtigen und zu beurteilen. Weltoffen zu denken bedeutet auch, für Kritik zugänglich zu sein und sich mit anderen Standpunkten respektvoll auseinanderzusetzen.

Die Fähigkeit für Empathie, Mitleid und Solidarität als fünfte Teilkompetenz schärft den Blick für die menschlichen Lebensbedingungen. Das Bemühen um mehr Gerechtigkeit unter Einbeziehung der Perspektive von Benachteiligten ermöglicht eine differenzierte Zugehensweise und eine der jeweiligen Situation angemessene Prioritätensetzung. Der enge Zusammenhang von sozialen und ökologischen Themenfeldern bedarf dabei besonderer Berücksichtigung.

Sechstens bedeutet die Kompetenz, sich und andere motivieren zu können, nicht nur die Fähigkeit, sich selbst und andere für die Anliegen einer nachhaltigen Entwicklung zu mobilisieren, sondern auch die Möglichkeit, sowohl sich selbst zu verändern als auch die andere dazu zu bewegen, Alternativen ihres Handelns aufzugreifen.

Schließlich und siebtens ermöglicht die Fähigkeit zur distanzierten Reflexion über individuelle und kulturelle Leitbilder eine Hinterfragung und Klärung der persönlichen, gesellschaftlichen und kulturellen Antriebsstrukturen und Prioritäten sowie die Korrektur und Überwindung nicht mehr zeitgemäßer Positionen.

Diese Kompetenzen zur Gestaltung von Zukunft benennen jene Fähigkeiten, die sich in Auseinandersetzung mit komplexen und aufeinander verwiesenen Strukturen und Fragestellungen als unverzichtbarer Teil einer Bildung für Nachhaltigkeit erweisen. Als achte Kompetenz könnte in diesem Zusammenhang die Bereitschaft für Selbstbegrenzung eine wesentliche Ergänzung darstellen. Die Komplexität ökologischer und sozialer Herausforderungen bringt es mit sich, dass die Begrenzung oder zumindest die kritische Reflexion der eigenen Ansprüche, Wünsche und Vorstellungen zu einer zentralen Voraussetzung für Handlungsfähigkeit wird. Es muss deshalb das Ziel sein, Bildungsprogramme und -konzepte unter Einbeziehung dieser Gestaltungskompetenzen zu etablieren und umzusetzen, um damit das Fundament für die Bewältigung anstehender Herausforderungen zu schaffen. Die Agenda 21 der UN-Konferenz von Rio de Janeiro (1992) forderte die Nationalstaaten auf, nationale Strategien für den Bildungsbereich zu entwickeln, die eine nachhaltige Entwicklung ermöglichen. Konkret werden die Regierungen darauf hingewiesen, Strategien zu aktualisieren bzw. zu erarbeiten, „deren Ziel die Einbeziehung von Umwelt und Entwicklung als Querschnittsthema auf allen Ebenen des Bildungswesens innerhalb der nächsten drei Jahre ist".[335] Die folgende kurze Analyse der „Österreichischen Strategie für Nachhaltige Entwicklung" und der deutschen „Bund-Länder-Kommission für Bildungsplanung und Forschungsförderung" zeigt, wie unterschiedlich diese Aufforderung umgesetzt werden kann.

5.3.4 Die nationale Umsetzung einer Bildung für Nachhaltigkeit am Beispiel der *Österreichischen Strategie für Nachhaltigkeit* und des Programms *Bildung für eine nachhaltige Entwicklung* der deutschen Bund-Länder-Kommission

Das Bildungsprogramm der Agenda 21 definiert Bildung zur Nachhaltigkeit als eine Querschnittsaufgabe, welche auf verschiedenen Ebenen ansetzt und die Aneignung einer Reihe von Fähigkeiten als zentralen Teil eines am Leitbild der Nachhaltigkeit ausgerichteten Bildungskonzeptes erforderlich macht: „Bildung ist eine unerlässliche Voraussetzung für die Förderung einer nachhaltigen Entwicklung und die Verbesserung der Fähigkeit der Menschen, sich mit Umwelt- und Entwicklungsfragen auseinander zu setzen."[336] Die Agenda 21 enthält auch Hinweise für die Konzeption eines solchen Bildungsverständnisses, die konkrete Umsetzung der damit einher gehenden Zielsetzungen wird jedoch nicht vorgegeben.

---

[335] Konferenz der Vereinten Nationen für Umwelt und Entwicklung im Juni 1992 in Rio de Janeiro, Agenda 21 in deutscher Übersetzung, Kap. 36.5b., zit. nach: http://www.agrar.de/agenda/agd21k00.htm (Abfrage am 28.6.2006).

[336] Konferenz der Vereinten Nationen für Umwelt und Entwicklung im Juni 1992 in Rio de Janeiro, Agenda 21 in deutscher Übersetzung, Kap. 36.3., zit. nach: http://www.agrar.de/agenda/agd21k00.htm (Abfrage am 28.6.2006).

Vielmehr besteht darin die Aufgabe der nationalen Nachhaltigkeitsstrategien, wie z.B. der *Österreichischen Strategie zur Nachhaltigen Entwicklung*.

Die *Österreichische Strategie zur Nachhaltigen Entwicklung. Österreichs Zukunft Nachhaltig Gestalten* umfasst 20 Leitziele, von denen sich zwei Leitziele auf Bildung für Nachhaltigkeit beziehen. Sowohl das Leitziel 1 („Ein zukünftiger Lebensstil – Durch Bildung und Bewusstseinsbildung die Lebensstile am Leitbild Nachhaltiger Entwicklung orientieren und einen Wertewandel initiieren") als auch das Leitziel 4 („Bildung und Forschung schaffen Lösungen – Durch Forschung, Ausbildung und lebenslanges Lernen die Chancen der Wissensgesellschaft nützen") sind Leitziele des Handlungsfeldes „Lebensqualität in Österreich" und sind damit schon einmal auf einen nationalen Kontext konzentriert. Leitziel 1 beschreibt das Programm einer Bildung für Nachhaltigkeit: „Bildung für Nachhaltigkeit umfasst daher sowohl die ethische und Wertdimension des Leitbildes Nachhaltigkeit als auch die spezifischen Kompetenzen, die für seine Umsetzung erforderlich sind."[337] Im Detail geht es dabei vor allem um die Schärfung des öffentlichen Bewusstseins durch eine entsprechende Informationspolitik und die Kennzeichnung von Produkten zur Förderung eines verantwortlichen Konsumverhaltens. Im Leitziel 4 wird das Bildungsverständnis ökonomisch zugespitzt: „Aus- und Weiterbildung sind zentrale Elemente einer aktiven Arbeitsmarktpolitik, die auf eine Erhöhung der Beschäftigungsfähigkeit (…) abzielt und gleichzeitig eine Reduktion des Arbeitskräftemangels (…) anstrebt. Dazu sind das Prinzip des lebenslangen Lernens zu fördern und ein Zugang zur lebensbegleitenden Weiterbildung durch ein verstärktes Bildungsangebot für alle Altersgruppen sicherzustellen."[338] Die *Österreichische Strategie zur Nachhaltigen Entwicklung* subsumiert sehr viel unter Nachhaltigkeit, dabei geht es auch um nachhaltige Kriminalitätsbekämpfung oder die nachhaltige Senkung von Verkehrstoten. Eine entsprechende Breite weist denn auch das Spektrum dessen, was man unter Bildung für Nachhaltigkeit versteht, auf. Prinzipiell fällt alles darunter, tendenziell ist damit aber das bereits oben beschriebene W³-Modell gemeint. Dass ein solches Bildungsverständnis – nicht nur in Bezug auf das Thema Nachhaltigkeit – unzureichend ist, ergibt sich sowohl mit Blick auf die globalen gesellschaftlichen und ökologischen Herausforderungen, als auch in Hinblick auf die Formulierung der Agenda 21, wonach als Ziel die Einbeziehung von Umwelt und Entwicklung als Querschnittsthema vorgeschlagen wird. Das Leitbild der Nachhaltigkeit versteht Ökonomie, Ökologie und Soziales als miteinander untrennbar verknüpfte Bereiche, die nur gemeinsam einer Lösung zugeführt werden können. Zwar wird in der *Österreichischen Strategie für Nachhaltige Entwicklung* auf diese Verknüpfung eingegangen, insgesamt herrscht jedoch ein Bildungsverständnis vor, welches auf ökonomischer Verwertbarkeit und nicht auf die Vermittlung umfassender Kompetenzen zur Förderung von Querschnittswissen ausgerichtet ist.

---

[337] Österreichische Bundesregierung, Österreichs Zukunft Nachhaltig Gestalten. Die Österreichische Strategie zur Nachhaltigen Entwicklung, Wien 2002, S. 25.

[338] Ebda., S. 35.

Dem gegenüber wird in der bereits 1997 erschienen Studie *Nachhaltiges Deutschland* der deutschen Bund-Länder Kommission die Ausgestaltung der „Umweltbildung zu einer Bildung für eine nachhaltige Entwicklung" eingefordert, in der „ökologisches Problembewusstsein" entwickelt werden soll, das der Vernetzung ökologischer Probleme mit ökonomischen und sozialen Fragen gerecht wird.[339] Die Bund-Länder-Kommission (BLK) knüpft mit ihrem Programm *Bildung für eine nachhaltige Entwicklung* (1999) an diese Forderung an, indem sie den Erwerb von Gestaltungskompetenzen für die aktive Mitgestaltung der gemeinsamen Zukunft im Sinne der nachhaltigen Entwicklung zum zentralen Bildungsziel erhebt.[340] In die schulische Praxis sind demnach drei grundlegende Unterrichts- und Organisationsprinzipien zu integrieren, nämlich interdisziplinäres Wissen, partizipatives Lernen und innovative Strukturen.

---

[339] Umweltbundesamt (Hg.): Nachhaltiges Deutschland. Wege zu einer dauerhaft umweltgerechten Entwicklung, Berlin ²1998, S. 316.

[340] Bund-Länder-Kommission für Bildungsplanung und Forschungsförderung (Hg.), Bildung für eine nachhaltige Entwicklung. Gutachten zum Programm von G. de Haan und D. Harenberg, FU Berlin. Materialien zur Bildungsplanung und Forschungsförderung Heft 72. Bonn 1999.

| Lernziel | Unterrichts- und Organisationsprinzipien | Aspekte |

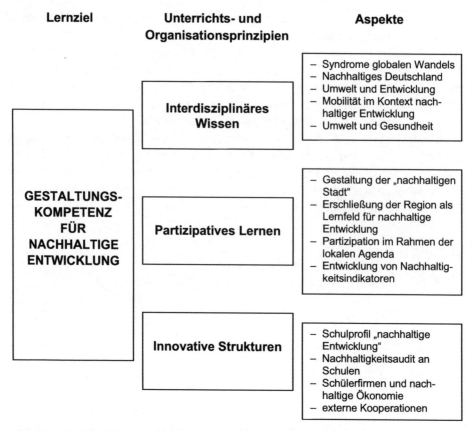

Abbildung 3.: Unterrichts- und Organisationsprinzipien des BLK-Förderprogramms „Bildung für eine nachhaltige Entwicklung" (nach BLK 1999, S. 67 ff.).
Quelle: http://hypersoil.uni-muenster.de/2/01/02.htm.

Interdisziplinäres Wissen beschreibt dabei in erster Linie die Fähigkeit zu vernetztem Denken und bildet gleichsam die Grundlage für Bildungsprozesse im Sinne des Leitbildes „Nachhaltige Entwicklung".[341] Dabei bezeichnet Interdisziplinarität die „Pluralisierung von Wahrnehmungs- und Problemverarbeitungsmechanismen"[342], womit die zur Bewältigung gesellschaftlicher Herausforderungen erforderliche multiperspektivische Sichtweise einbezogen wird. *Partizipatives Lernen* bezieht sich auf die aktive Einbeziehung der Lernenden, wobei durch fächerübergreifende Lernarrangements, praxis- und problembezogene Projektarbeit, selbst ge-

---

[341] Vgl. Rat der Sachverständigen für Umweltfragen (Hg.), Umweltgutachten 1994. Deutscher Bundestag-Drucksache 12/ 6995, Bonn 1994 sowie derselbe (Hg.), Umweltgutachten 1996. Deutscher Bundestag-Drucksache 13/ 4108, Bonn 1996.

[342] Bund-Länder-Kommission für Bildungsplanung und Forschungsförderung (Hg.), Bildung für eine nachhaltige Entwicklung. Gutachten zum Programm von G. de Haan und D. Harenberg, FU Berlin, Materialien zur Bildungsplanung und Forschungsförderung Heft 72, Bonn 1999, S. 107 ff.

steuerte Lernformen, Gruppenarbeit und Medien gestütztes Lernen die Fähigkeiten zur Planung, Kommunikation, Kooperation, kritischen Reflexion, Risikowahrnehmung und -bewertung gefördert werden sollen. Mit *innovativen Strukturen* schließlich sind jene Bereiche angesprochen, welche sowohl die auf Nachhaltigkeit hingerichtete Transformation von Bildungseinrichtung als auch die Vernetzung von Bildungseinrichtungen mit externen Partnern auf der Basis neuer Kommunikations- und Kooperationsstrukturen betreffen.

Das Programm der BLK entwickelt einen am Leitbild der Nachhaltigkeit orientierten Bildungsbegriff, der in der Vermittlung von Gestaltungskompetenzen einen Schwerpunkt findet. Damit geht die BLK auch auf die Vorschläge der Agenda 21 ein, welche die Lehrpläne gründlich zu überarbeiten empfiehlt, damit „ein multidisziplinärer Ansatz gewährleistet ist, der Umwelt- und Entwicklungsfragen sowie ihre soziokulturellen und demographischen Aspekte und Verknüpfungen berücksichtigt".[343]

Die *Österreichische Strategie für Nachhaltige Entwicklung* und das Programm der deutschen Bund-Länder-Kommission *Bildung für eine nachhaltige Entwicklung* haben unterschiedliche Konzepte einer Bildung für Nachhaltigkeit entwickelt, die inhaltlich und in Hinblick auf die Empfehlungen der Agenda 21 stark voneinander abweichen. Während das BLK-Konzept in zentralen Punkten die Vorschläge der Agenda 21 übernimmt, bleibt das Konzept der Österreichischen Strategie für Nachhaltige Entwicklung hinter diesen Empfehlungen zurück. Ohne hier auf die Gründe für diese unterschiedlichen Konzepte eingehen zu können, wird an diesem Beispiel ein in dieser Arbeit bereits mehrfach angesprochenes Problem deutlich. Da das Leitbild der Nachhaltigkeit – und damit auch alle in dessen Kontext über die Jahren entwickelten Implikationen wie die Agenda 21 – keine Definition im engeren Sinne darstellt, sondern einer Explikation bedarf, sind unterschiedliche Verstehensweisen von Nachhaltigkeit möglich. Das führt im gegenständlichen Fall dazu, dass innerhalb eines identischen Kontextes inhaltlich unterschiedlich ausgerichtete Bildungskonzepte entstehen. Dass unterschiedliche Verstehensweisen möglich sind heißt aber noch nicht, dass diese auch legitim sind. Es ist die spezifische Aufgabe der Wissenschaft, auf defizitäre oder falsche Explikationen aufmerksam zu machen und damit der Beliebigkeit in der Auslegung dessen, was Nachhaltigkeit ist, entgegenzutreten.

---

[343] Konferenz der Vereinten Nationen für Umwelt und Entwicklung im Juni 1992 in Rio de Janeiro, Agenda 21 in deutscher Übersetzung, Kap. 36.5b., zit. nach: http://www.agrar.de/agenda/agd21k00.htm (Abfrage am 28.6.2006).

5.4   Erfordernisse für die Förderung der nachhaltigen Geldanlage

Das vorangegangene Beispiel der Bildung für Nachhaltigkeit hat gezeigt, wie sehr es darauf ankommt, defizitäre oder falsche Nachhaltigkeitsverständnisse aufzuzeigen. Auch die Untersuchung von Nachhaltigkeitsindizes bzw. die Materialitätsdebatte haben deutlich gemacht, dass aufgrund der relativen Offenheit des Nachhaltigkeitsleitbildes Explikationen zwar erforderlich sind, aber auch die Gefahr besteht, dass damit eine Verzerrung, ja sogar eine Umkehrung zentraler Nachhaltigkeitsintentionen einhergehen kann.

Auch hat sich gezeigt, dass Bildung für Nachhaltigkeit, welche die Förderung von Gestaltungskompetenz zur Lösung globaler Herausforderungen zum Inhalt hat, eine Schlüsselrolle in der Umsetzung nachhaltiger Wirtschafts- und Lebensweisen einnimmt. Das gilt auch im Bereich nachhaltiger Geldanlagen. Das zunehmende Interesse an nachhaltigen Geldanlagen geht einher mit einer sich ebenfalls vergrößernden Anzahl nachhaltiger Geldanlageprodukte, deren Wirksamkeit in Bezug auf die Erreichung des Ziels der Nachhaltigkeit in erster Linie davon abhängt, welches Nachhaltigkeitsverständnis diesen Produkten jeweils zugrunde liegt. Bildung für Nachhaltigkeit bezieht sich demnach nicht nur auf Investoren, sondern auch auf die Anbieter nachhaltiger Geldanlageprodukte. Einerseits erfordert die Vielzahl verschiedener Nachhaltigkeitsansätze von Investoren die Kompetenz der differenzierten Unterscheidung, um nachhaltige Geldanlageprodukte auf ihre Steuerungseigenschaften hin beurteilen zu können. Die zentrale Frage dabei lautet, ob und welche Steuerungseffekte die jeweiligen Produkte einer nachhaltigen Geldanlage aufweisen. Andererseits erscheint auch eine Sensibilisierung der Anbieter nachhaltiger Geldanlageprodukte in Bezug auf die Ziele einer am Leitbild der Nachhaltigkeit ausgerichteten Geldanlage als notwendig. Die Diskussion um die Materialisierung ökologischer und sozialer Themenfelder zeigt, dass zentrale Nachhaltigkeitsziele umstritten sind.

Gleichzeitig ist aber die Gestaltung und Steuerung wirtschaftlicher Prozesse davon abhängig, ob ein ausreichendes Volumen an Geldern im Sinne einer nachhaltigen Geldanlage veranlagt wird. In Österreich und im deutschsprachigen Raum werden derzeit nur ein bis zwei Prozent aller veranlagten Gelder nachhaltig investiert. Die Möglichkeit der Einflussnahme auf wirtschaftliche Prozesse erfordert aber einen wesentlich höheren Anteil. Es ist deshalb zu fragen, welche zusätzlichen Maßnahmen erforderlich sind, um nachhaltige Geldanlagen zu fördern.

Peter Ulrich benennt drei Orte der Moral des Wirtschaftens in der Gesellschaft.[344] Es sind dies „(1) Die Ebene der Wirtschaftsbürger, die als politische, wirtschaftliche und private Akteure moralisch handeln sollen. (2) Die Ebene der Rahmenordnung, die im nationalen wie internationalen Kontext den *Primat der Politik vor der Logik des Marktes'* durchsetzen soll. (3) Die Ebene der Unterneh-

---

[344] Ulrich P. Integrative Wirtschaftsethik. Grundlagen einer lebensdienlichen Ökonomie, Bern 1997, S. 289-459.

mensordnung, nach der das Gewinnprinzip nicht fallweise, sondern prinzipiell der Forderung der öffentlich verantworteten Legitimität der Unternehmenstätigkeit unterliegt".[345] Anhand dieser drei Ebenen soll versucht werden, Maßnahmen zur Förderung der nachhaltigen Geldanlage zu diskutieren.

Insofern der Wirtschaftsbürger als politischer, wirtschaftlicher und privater Akteur moralisch handeln soll, liegt es nahe, auf seine Verantwortung im Bereich der Geldanlage hinzuweisen. Für Investoren besteht heute eine breite Auswahl an nachhaltigen Geldanlagemöglichkeiten und Renditenachteile sind nach derzeitigem Wissenstand nicht zu befürchten. Warum legen dann so wenige Menschen ihr Geld in nachhaltigen Geldanlageprodukten an? Das Vermögen der privaten Haushalte in Österreich belief sich per Juni 2006 auf 367 Milliarden Euro, wovon etwas mehr als ein Drittel (132 Milliarden Euro) auf Sparkonten lagert.[346] Dass nachhaltige Spareinlagen dabei praktisch keine Rolle spielen[347], hängt sicherlich auch mit der Tatsache zusammen, dass es in Österreich nur ein Bankinstitut gibt – die Bank der Steyler Missionare in Mödling –, welches diese Anlageform anbietet. In Deutschland oder in der Schweiz, wo es mehrere Bankinstitute gibt, die ethische oder nachhaltige Geldanlagen anbieten, waren im Jahr 2005 850 Millionen Euro bzw. 600 Millionen Euro in nachhaltigen Spareinlagen veranlagt – im Vergleich zur Gesamtsumme der veranlagten Gelder ebenfalls ein eher bescheidener Anteil. Bis eine Studie über die Ursachen dieser Ablehnung nachhaltiger Spareinlagenmöglichkeiten Aufschlüsse gibt, lässt sich nur darüber spekulieren. Bei anderen nachhaltigen Geldanlageprodukten – wie zum Beispiel nachhaltige Investmentfonds – ist ebenfalls festzustellen, dass zwar die Wachstumsraten beachtlich sind, der Gesamtanteil am veranlagten Fondsvermögen aber gering ist. Als Maßnahme für die Förderung nachhaltiger Geldanlagen ist jedoch festzuhalten, dass Information, Aufklärung und Bewusstseinsbildung auf jeden Fall zu intensivieren sind. Die bisherigen Maßnahmen haben offensichtlich nicht ausgereicht, um den „moralisch handelnden Wirtschaftsbürger" auf den Plan zu rufen. Dabei ist jedoch festzuhalten, dass die nachhaltige Geldanlage aus ethischer Sicht eine sittliche Pflicht darstellt – Investoren dabei zu helfen, diese Aufgabe bewältigen zu können, ist ein genuiner Beitrag der Sozialethik, der Sozialverkündigung aber auch der Akteure in Bildungsprozessen.

Auf der zweiten Ebene, der Ebene der Rahmenordnung, zeigt sich, dass verbindliche und sanktionierbare Maßnahmen zur Förderung der nachhaltigen Geldanlage bislang ausgeblieben sind. Die im internationalen und nationalen Bereich entwickelten Initiativen zur Förderung nachhaltiger Geldanlagen sind wertvolle Beiträge und tragen zu einer Bewusstseinsbildung bei. Allerdings handelt es sich

---

[345] Gerlach J., Ethik und Wirtschaftstheorie. Modelle ökonomischer Wirtschaftsethik in theologischer Analyse, Gütersloh 2002, S. 189.

[346] Vgl. Presseaussendung der Österreichischen Nationalbank vom 24.10.2006, http://www.oenb.at/de/stat_melders/presse/gesamtwirtschaftlich/2006/pa_gfr_20061024.jsp#tc m:14-47813, Abfrage am 8.11.2006).

[347] Vgl. Forum Nachhaltige Geldanlagen (Hg.), Statusbericht nachhaltige Geldanlagen 2005. Deutschland, Österreich, Schweiz, Berlin 2006, S. 13.

dabei um Initiativen auf freiwilliger und unverbindlicher Basis. So etwa bildet die von UN-Generalsekretär Kofi Annan im Jahr 2005 gestartete Initiative *Pricinples for Responsible Investment* die Absichtserklärung von institutionellen Investoren, ökologische und soziale Kriterien bei Investmentprozessen zu berücksichtigen.[348] Die Initiative möchte dabei vor allem auf die ökonomische Bedeutung ökologischer und sozialer Themenfelder aufmerksam machen und verfällt daher auch einer Materialisierung von Nachhaltigkeitsaspekten. „There is a growing view among investment professionals that environmental, social and corporate governance (ESG) issues can affect the performance of investment portfolios. Investors fulfilling their fiduciary (or equivalent) duty therefore need to give appropriate consideration to these issues ...".[349] Nachhaltigkeitsanliegen werden damit also nur am Rande thematisiert, aber dennoch ist auch diese Initiative zu begrüßen, da sie zur öffentlichen Bewusstseinsbildung beiträgt. Allerdings wird damit die Förderung von Geldanlagen im Sinne der Nachhaltigkeit im eigentlichen Sinne nicht unterstützt.

Dafür, dass rechtlich verbindliche Maßnahmen zur Förderung der nachhaltigen Geldanlage umgesetzt werden, gibt es im Moment keine Hinweise. Dabei wäre gerade auf nationalstaatlicher Ebene eine solche Förderung mittels Anreizsystemen durchaus vorstellbar. So wie der Staat im Rahmen des Bausparens die Schaffung von Eigenheim mit einer Prämie fördert oder im Bereich der Altersvorsorge steuerliche Vergünstigungen bietet, könnten auch nachhaltige Geldanlage gefördert werden. Es wäre etwa denkbar, steuerliche Vergünstigungen bei der Altersvorsorge von der nachhaltigen Veranlagung der Prämiengelder abhängig zu machen oder die Erträge aus nachhaltigen Geldanlagen gegenüber nicht nachhaltigen Anlageformen in Hinblick auf die Kapitalertragssteuer zu begünstigen. Vorstellbar wäre es auch, staatliche Prämien für die private Altersvorsorge davon abhängig zu machen, ob die Prämiengelder auch nachhaltig veranlagt werden. Darüber hinaus könnte der Staat dem Beispiel der Kirchen folgen, die zunehmend auf nachhaltige Geldanlagen setzen und damit der zunehmenden Bedeutung der nachhaltigen Geldanlage entscheidende Impulse verleiht. Dazu fehlt bisher offensichtlich der politische Wille: in der Österreichischen Strategie zur Nachhaltigen Entwicklung wurde zwar eine „Deklarationspflicht von Pensionsfonds hinsichtlich deren Anlagekriterien" in Aussicht gestellt, die es jedoch bis heute nicht gibt.[350]

Die Einführung verbindlicher und sanktionsfähiger Regelungen auf internationaler und/oder nationaler Ebene zur Förderung der nachhaltigen Geldanlage sind das, was in der technischen Aktienanalyse als „Widerstandslinie" beschrieben wird: gelingt es, diese Linie zu durchbrechen, bedeutet das einen massiven Auftrieb für nachhaltige Geldanlagen. Deshalb ist – mehr als bisher – auch die politi-

---

[348] Principles for Responsible Investment. An initiative of the UN Secretary-General implemented by UNEP Finance Initiative and the Global Compact (http://www.unpri.org/files/pri.pdf, Abfrage am 30.10.2006).

[349] Ebda., S. 2.

[350] Österreichische Bundesregierung, Österreichs Zukunft Nachhaltig Gestalten. Die Österreichische Strategie zur Nachhaltigen Entwicklung, Wien 2002, S. 25.

sche Verantwortung in diesem Prozess einzufordern. Tatsächlich verwundert es, dass die Politik dieses Thema noch nicht aufgegriffen hat, da das Bekenntnis zur Nachhaltigkeit von allen politischen Parteien vorliegt. Für die Sozialethik bedeutet das den Auftrag für eine „Einmischung" in den politischen Diskurs – sowohl in Hinblick auf die ethische Dimension nachhaltiger Geldanlagen als auch in Bezug auf die Einforderung politischer Verantwortlichkeit.

Die Unternehmensordnung als dritte Ebene einer Verortung von Moral kann in Bezug auf die nachhaltige Geldanlage noch einmal unterteilt werden. Diese dritte Ebene bezieht sich sowohl auf Unternehmen, sofern sie als Wirtschaftsunternehmen den Nachweis über ihre Nachhaltigkeitsperformance zu liefern haben, als auch auf Unternehmen, sofern sie als unmittelbare Akteure der nachhaltigen Geldanlage Know-how und Geldanlageprodukte zur Verfügung stellen. Nachhaltigkeit hat seit einigen Jahren bei den meisten Unternehmen eine zunehmende Bedeutung erlangt. Es erscheint den Unternehmen wichtig, ihr verantwortliches Handeln in ökologischen und sozialen Belangen gegenüber der Öffentlichkeit – also gegenüber den Konsumenten und Investoren – zu belegen. In den letzten Jahren hat sich die Anzahl und Häufigkeit von Nachhaltigkeitsberichten als Ergänzung zu den Geschäftsberichten deutlich gesteigert, Verhaltenskodizes und die Beteiligung an Initiativen zur Corporate Social Responsibility (CSR) sind bereits eher der Standard als die Ausnahme – vor allem bei börsenotierten Unternehmen. Allerdings gibt es auch für die Nachhaltigkeitsberichterstattung von Unternehmen keine einheitlichen und verbindlichen Standards, sodass anzunehmen ist, dass Unternehmen bemüht sind, ihre Erfolge auf dem Gebiet ökologischer und sozialer Verantwortlichkeit nach außen zu tragen, ihre Misserfolge und Defizite jedoch innen zu behalten. In Hinblick auf die nachhaltige Geldanlage ist es erforderlich, ein möglichst umfassendes und realistisches Bild von der Nachhaltigkeitsperformance vermittelt zu bekommen. Wenn Unternehmen auch langfristig das Vertrauen von Kunden und Anlegern gewinnen wollen, werden sie um mehr Transparenz nicht herum kommen. Ein Unternehmensleitbild und eine CSR-Initiative reichen dazu nicht aus. Gefordert ist vor allem ein proaktives Kommunikationsverständnis gegenüber Stakeholdern und Ratingagenturen sowie eine die eigene Unternehmenstätigkeit besonders berücksichtigende intensive Auseinandersetzung mit Nachhaltigkeitsthemen.

Sofern Unternehmen als Banken Akteure der nachhaltigen Geldanlage sind und Know-how sowie Geldanlageprodukte anbieten, kommt ihnen eine besondere Verantwortung zu. Sie sind Vermittler zwischen den Anlegerbedürfnissen und den Möglichkeiten nachhaltiger Geldanlagen und verfügen daher über Gestaltungsmöglichkeiten, die den Markt für nachhaltige Geldanlagen entscheiden beeinflussen. Nach wie vor ist die Transparenz bei nachhaltigen Geldprodukten insgesamt gesehen stark verbesserungswürdig, vor allem was die Information über Kriterien, Methoden und das Nachhaltigkeitsverständnis im Allgemeinen betrifft. Hinsichtlich der Beratungsqualität und Kompetenz der Mitarbeiter ist zu beobachten, dass Anbieter, die hauptsächlich oder ausschließlich nachhaltige Geldanlageprodukte gestalten und vertreiben über ein hohes Niveau verfügen, wo hingegen Anbieter, die

nachhaltige Geldanlageprodukte als Ergänzung zu herkömmlichen Produkten gestalten und vertreiben, auf einem niedrigen Niveau operieren. Eine Verbesserung
der Information nachhaltig orientierter Investoren ist eine unabdingbare Voraussetzung für die Glaubwürdigkeit und damit für die größere Akzeptanz nachhaltiger
Geldanlagen.

Darüber hinaus ist darauf hinzuweisen, dass nicht immer der Eindruck entsteht,
dass die angebotenen nachhaltigen Geldanlageprodukte – und hier besonders
Produkte wie Investmentfonds – vielfach nicht auf die Bedürfnisse nachhaltig orientierter Investoren ausgerichtet sind. Die Bestimmung von Kriterien in Hinblick
auf deren Auswirkung auf den Geschäftserfolg eines Unternehmens entspricht
nicht den Hauptanliegen nachhaltig orientierter Investoren. Hauptanliegen der
nachhaltigen Geldanlage ist es, Einfluss auf wirtschaftliche Prozesse zu nehmen
und Unternehmen zu nachhaltigen Wirtschaftsweisen zu motivieren, selbst wenn
auch sie in den meisten Fällen Renditen erwirtschaften müssen. Die Materialisierung ökologischer und sozialer Kriterien in Bezug auf ihre ökonomische Relevanz
übersieht, dass Nachhaltigkeitskriterien nicht dazu dienen, bessere Renditen zu
erzielen, sondern zu einer zukunftsfähigen Wirtschaft beizutragen. Tatsächlich
führt die Materialisierung ökologischer und sozialer Kriterien zu einer Misskredite-
rung nachhaltiger Geldanlagen insgesamt, was zur Ablehnung von nachhaltigen
Geldanlageprodukten führt. Die Anbieter von nachhaltigen Geldanlageprodukten
können zu einer Förderung nachhaltiger Geldanlagen beitragen, indem sie die
Anliegen nachhaltig orientierter Investoren ernst nehmen und ihre Produkte darauf
hin konzipieren. Wenn sich daraus zusätzliche Renditevorteile für Investoren ergeben, ist das zu begrüßen – eine vorrangige Ausrichtung auf Renditeinteressen
schadet jedoch der Glaubwürdigkeit der nachhaltigen Geldanlage. Insofern ist es
auch erforderlich, dass sich die Anbieter nachhaltiger Geldanlageprodukte intensi-
ver mit dem Leitbild der Nachhaltigkeit auseinandersetzen und differenzierter in
ihrer Produktgestaltung vorgehen, sowie dieses Wissen an den Kunden weiterge-
ben. Auf diese Weise könnten sie auch wesentlich zur Steigerung des Nachhaltig-
keitsbewusstseins beitragen.

So unterschiedlich die Anforderungsprofile der drei Ebenen in Hinblick auf de-
ren Beitrag zur Förderung nachhaltiger Geldanlagen auch sind, zeigt sich doch auf
allen Ebenen die Notwendigkeit von Gestaltungskompetenz. Auf der *Ebene der
Wirtschaftsbürger* ist diese erforderlich, damit dieser als Investor, Konsument,
Bürger und Wähler in die Lage versetzt wird, zur Nachhaltigkeit beizutragen. Als
Investor in der nachhaltigen Veranlagung von Geldern, als Konsument in der
Auswahl nachhaltig erzeugter Produkte, als Bürger in der Beteiligung am Aufbau
einer nachhaltig agierenden Gesellschaft und als Wähler in der Unterstützung von
politischen Strategien, die am Leitbild der Nachhaltigkeit orientiert sind. Auf der
Ebene der Rahmenordnung bezieht sich Gestaltungskompetenz auf die Fähigkeit
von Politikern, über Legislaturperioden hinweg Strategien zu entwickeln, die ökologische und gesellschaftliche Zukunftsfähigkeit gewährleisten, in dem nachhaltige
Wirtschafts- und Lebensweisen gefördert werden. Gerade in Bezug auf die Brisanz globaler ökologischer und sozialer Szenarien bedeutet das eine Gestal-

tungskompetenz, welche die Spannung zwischen nationalen und globalen Interessen und Standards bestmöglich bewältigt. Schließlich bedeutet Gestaltungskompetenz auf der *Ebene der Unternehmensordnung* die Klärung des Verhältnisses zwischen Unternehmen und Gesellschaft. Dabei gilt es, die Verantwortung von Unternehmen für ein Gelingen menschlichen Zusammenlebens und damit für nachhaltige Wirtschaftsweisen der Gewinnmaximierung vorzuordnen. Unternehmen sind Teil der Gesellschaft – ihr Beitrag für eine nachhaltige Entwicklung ist unverzichtbar. Ihr Zweck besteht nicht nur in der Erwirtschaftung von Gewinn, sondern vor allem in der Mitgestaltung globaler Strategien zur Sicherung der Zukunftsfähigkeit der Gesellschaft.

5.5 Nachhaltigkeit am Finanzmarkt – der Beitrag nachhaltiger Geldanlagen zur Gestaltung einer zukunftsfähigen Welt

Nachhaltigkeit ist ein Zukunftsthema, das heute eine Aktualität besitzt wie nie zuvor. Die UN-Konferenzen von Rio de Janeiro (1992) und Johannesburg (2002) bezeichnen Meilensteine einer internationalen Kooperation und Handlungsbereitschaft hinsichtlich einer nachhaltigen Entwicklung, Vereinbarungen wurden getroffen, Verträge unterzeichnet und internationale, nationale sowie regionale Programme eingeleitet. Dennoch: mit Blick auf den gegenwärtigen Zustand unserer Welt weichen diese viel versprechenden und hoffnungsvollen Perspektiven dem ernüchternden Fazit, dass wir von einer Lösung globaler ökologischer und sozialer Probleme noch weit entfernt sind, teilweise noch weiter entfernt als zur Zeit der mit dem Brundtland-Bericht einsetzenden Nachhaltigkeitsdebatte. Die Hoffnung, dass technologischer Fortschritt und Wirtschaftswachstum die Lösung für ökologische Krisen und soziale Missstände darstellen, hat sich nicht erfüllt. Bahnbrechende technologische Errungenschaften und ein seit Jahrzehnten anhaltendes globales Wirtschaftswachstum haben die Zuspitzung der ökologischen sowie der sozialen Situation nicht verhindern können.

Wirtschaftswachstum und technologischer Fortschritt sind wichtige, aber keinesfalls ausreichende Konzepte zur Bewältigung globaler ökologischer und sozialer Herausforderungen. Die Fokussierung von Lösungsstrategien auf Wirtschaftswachstum und technologischen Fortschritt wird der Komplexität ökologischer und sozialer Herausforderungen nicht gerecht. Vielmehr sind Wirtschaftswachstum und technologischer Fortschritt als Teile einer Strategie zu verstehen, welche sich hinsichtlich der Gestaltung globaler gesellschaftlicher, politischer und wirtschaftlicher Prozesse an der Tragfähigkeit der Biosphäre orientiert. Gemeint ist damit eine nachhaltige Entwicklung, „die den gegenwärtigen Bedarf zu decken vermag, ohne gleichzeitig späteren Generationen die Möglichkeit zur Deckung des ihren zu verbauen".[351] Beide, Wirtschaftswachstum und technologischer Fortschritt, sind *Aspekte* der Zukunftsfähigkeit globalen Zusammenlebens.

Dabei ist festzuhalten, dass zwischen ökologischen und sozialen Krisen und Problemen eine lange unterschätzte Wechselwirkung besteht. Ökologische Krisen führen oftmals in soziale Notlagen, soziale Missstände wiederum gelten häufig als Ursache für ökologische Probleme. Diese Wechselwirkung zwischen ökologischen und sozialen Herausforderungen ist ernst zu nehmen, sie zu missachten kommt einer Negierung der Ursachen ökologischer und sozialer Herausforderungen gleich.

Außerdem ist darauf zu verweisen, dass hinsichtlich der Aneignung und des Verbrauches globaler Ressourcen eine eklatante Asymmetrie zwischen Industrieländern einerseits und Schwellen- und Entwicklungsländern andererseits besteht. Allerdings reicht eine Umverteilung des Ressourcenverbrauch zugunsten der Schwellen- und Entwicklungsländer nicht aus, da weltweit eine Reduzierung des Ressourcenverbrauchs erforderlich ist, will man zukünftigen Generationen nicht die Möglichkeit verbauen, ihre Bedürfnissen in Hinblick auf ihre Lebenssituation zu befriedigen. Der Ersatz nichterneuerbarer Ressourcen (Erdöl) durch die verstärkte Nutzung erneuerbarer Ressourcen (Sonnen- und Windkraft) beschreibt dabei nur eine längst überfällige Forderung nachhaltiger Entwicklung.

Schließlich bedarf es einer am Leitbild der Nachhaltigkeit ausgerichteter Wirtschafts- und Wettbewerbsbedingungen. Die gegenwärtige Wirtschafts- und Wettbewerbsordnung orientiert sich an einem Durchflussparadigma, „bei dem der Wohlstand durch Verzehr der naturgegebenen Substanz erkauft wird".[352] Dabei werden Kosten der Gewinnerwirtschaftung auf Umwelt und Gesellschaft abgewälzt bzw. externalisiert. Demgegenüber bezeichnet das Nachhaltigkeitsparadigma Wirtschafts- und Wettbewerbsbedingungen, welches einen Zustand der Erhaltung und Kultivierung des Natur- und Sozialkapitals anstrebt, indem es Externalisierungen unterbindet bzw. durch die Nutzung erneuerbarer Ressourcen kompensiert.[353]

Das Leitbild der Nachhaltigkeit bzw. der nachhaltigen Entwicklung umschreibt die Zielsetzungen einer zukunftsfähigen Menschheit: „Sustainable development is development that meets the needs of the present without compromising the ability of future generations to meet their own needs".[354] Daraus leitet sich auch die Forderung nach einer Wirtschafts- und Wettbewerbsordnung ab, welche die Externalisierung von Kosten der Gewinnerwirtschaftung nicht mehr ermöglicht und sogar fördert.

---

[351] Hauff Volker (Hg.), Unsere gemeinsame Zukunft. Der Brundtland-Bericht der Kommission für Umwelt und Entwicklung, Greven 1987.

[352] Scherhorn G., Markt und Wettbewerb unter dem Nachhaltigkeitsziel, in: Zeitschrift für Umweltpolitik und Umweltrecht, 2/2005, S. 137.

[353] Ebda., S. 137-138.

[354] World Commission on Environment and Development, Our Common Future, Oxford 1987, S. 43.

Dass trotz Vorliegens des Nachhaltigkeitskonzeptes keine signifikante Trendumkehr in Hinblick auf die beängstigenden globalen ökologischen und sozialen Entwicklungen erkennbar ist, hat vor allem damit zu tun, dass eine international verbindliche Umsetzung des Nachhaltigkeitskonzeptes bisher nicht gelungen ist. Nach wie vor spielt Nachhaltigkeit auf der Ebene internationaler Konferenzen bzw. Vereinbarungen und nationalen Aktivitäten eine bedeutsame Rolle, allerdings mangelt es an der Umsetzung bereits getroffener Vereinbarungen und Beschlüsse. Darüber hinaus besteht auch kein Konsens darüber, was Nachhaltigkeit in Bezug auf ihre konkrete Umsetzung bedeutet. Sowohl die unterschiedliche Interpretation des Drei-Säulen-Modells als auch der Richtungsstreit zwischen starker und schwacher Nachhaltigkeit sind Indizien dafür, dass sich divergierende Interessen gegenüber stehen. Tatsächlich gibt es auch eine Reihe von „Umdefinierungsversuchen" durch verschiedene Akteure, auf welche die Wissenschaft ihrerseits reagiert, weshalb man hier auch von einer „Wechselwirkung zwischen politischen bzw. interessegeleiteten Definitionen und den aus der Wissenschaft kommenden Definitionen" sprechen kann.[355] Dabei ist zu beobachten, dass besagte „Umdefinierungsversuche" häufig mit einer Ausweitung des Begriffsfeldes von Nachhaltigkeit bzw. nachhaltiger Entwicklung einhergehen. Neben den ökologischen erlangen dabei vor allem die ökonomischen und sozialen Dimensionen von Nachhaltigkeit eine verstärkte Berücksichtigung. Davor warnen jedoch die Vertreter einer ökologisch orientierten und damit engeren Auslegung des Begriffsfeldes von Nachhaltigkeit: „Mit der Ausweitung auf immer mehr Dimensionen wächst die Gefahr einer Verwässerung des Konzeptes".[356]

Über die Definition des Brundtland-Berichtes hinaus gibt es tatsächlich auch keine verbindliche und anerkannte Definition von Nachhaltigkeit, weshalb es sich empfiehlt, von einem *Leitbild der Nachhaltigkeit* auszugehen, welches für den interdisziplinären Diskurs und für zeit- und situationsabhängige ökologische und soziale Herausforderungen anschlussfähig ist. Ein *Leitbild der Nachhaltigkeit* bzw. ein *Leitbild nachhaltiger Entwicklung* erfordert dann keine lexikalische oder stipulative Definition, sondern eine Explikation im Sinne eines Verbesserungsvorschlages für einen nur teilweise klaren Sprachgebrauch. Das ermöglicht auch eine Anwendung von Nachhaltigkeitspostulaten an Herausforderungen – wie zum Beispiel den Klimawandel – die sich zu Zeiten der Abfassung des Brundtland-Berichtes als solchen noch gar nicht ergeben haben. Die Gefahr dabei ist jedoch, dass interessegeleitete Explikationen zu unterschiedlichen Ergebnissen gelangen und sich jene Explikation durchsetzt, welche die Diskurshoheit erlangt. Die zentrale wissenschaftliche Aufgabe dabei ist es, auf die Intentionen und Grunddeterminanten der Brundtlanddefinition zu verweisen und unzureichende Explikationen zu definieren.

---

[355] Tremmel J., Nachhaltigkeit als politische und analytische Kategorie. Der deutsche Diskurs um nachhaltige Entwicklung im Spiegel der Interessen der Akteure, München 2003, S. 169.

[356] Ortwin Renn, Leiter der Akademie für Technikfolgenabschätzung, im persönlichen Gespräch mit Jörg Tremmel, zit. nach: Tremmel J., Nachhaltigkeit als politische und analytische Kategorie. Der deutsche Diskurs um nachhaltige Entwicklung im Spiegel der Interessen der Akteure, München 2003, S. 155.

Explikationen die einseitig auf Wirtschaftswachstum und technologischen Fort-schritt setzen, lassen sich damit falsifizieren. Letztlich geht es damit um die Ge-genüberstellung von interessegeleiteten, politischen Explikationen bzw. Definitio-nen und ideengeleiteten, analytischen Explikationen bzw. Definitionen. Welche dieser beiden Positionen künftig die Diskurshoheit – und damit die Definitions-bzw. Explikationsmacht – erlangen wird, ist noch offen. Es gibt jedoch Hinweise, dass sich mittelfristig die politische Definition bzw. Explikation und damit eine wei-tere Auslegung von Nachhaltigkeit durchsetzen wird und dass innerhalb der wis-senschaftlichen Diskussion im Kontext ökologischer Anliegen künftig auf den Beg-riff der Nachhaltigkeit verzichtet wird bzw. dieser durch andere Begriffe ersetzt wird.[357] Hierbei ist allerdings die Frage zu stellen, ob damit nicht auch gleichzeitig vorschnell auf einen politisch und gesellschaftlich akzeptierten und bekannten Begriff verzichtet wird, der – auch wenn er in unterschiedlicher Weise interpretiert wird – über eine hohe Anschlussfähigkeit an den gesellschaftlichen, politischen und wirtschaftlichen Diskurs ermöglicht. Nachhaltigkeit wird von breiten Bevölke-rungskreisen mit ökologischen Themen assoziiert und verfügt über einen hohen allgemeinen Akzeptanzgrad. Mit der Einführung eines neuen Terminus – sofern es in Anbetracht der auch im binnenwissenschaftlichen Bereich herrschenden Rich-tungsunterschiede einen einheitlichen Terminus überhaupt geben können wird – könnte dieser Bekanntheits- und Akzeptanzgrad wenn überhaupt wohl erst nach etlichen Jahren erreicht werden. Etliche Jahre, die wir uns vor dem Hintergrund der Brisanz globaler ökologischer und sozialer Herausforderungen nicht leisten können. Von daher lohnt sich eine weitere und intensivierte wissenschaftliche Auseinandersetzung mit der Bedeutung von Nachhaltigkeit und nachhaltiger Ent-wicklung allemal.

In der gegenwärtigen wirtschaftsethischen Debatte stellt sich mit der Frage nach der Verortung von Moral in wirtschaftlichen Prozessen ein auch für die Nachhaltigkeitsdebatte zentrales Problem. Karl Homann und Peter Ulrich vertreten dabei zwei entgegen gesetzte Positionen, die sich als institutionenethisch bzw. individualethisch beschreiben lassen. Während Homann einen Vorrang der Ethik gegenüber der Ökonomie ablehnt, fordert Ulrich diesen konsequent ein. Für Ho-mann sind ethische Zielsetzungen am besten innerhalb der ökonomischen Funkti-onslogik beheimatet, während Ulrich das Individuum stärker ins Zentrum ethischer Verantwortung rückt. Im Fall von Homann sind ethische Implikationen mit einem ökonomischen Nutzen verbunden, wohingegen Ulrich eine Revision der Marktlogik unter dem Blickwinkel der Bedingungen einer Ethik des gelingenden Lebens for-dert. Während Homann die Durchsetzbarkeit ethischer Forderungen davon ab-hängig macht, ob sie einen ökonomischen Nutzen generieren, stellt sich für Ulrich eher die Frage nach den Möglichkeiten und Bedingungen der Umgestaltung einer am Leitbild der Nachhaltigkeit orientierten Wirtschaft auf den Ebenen des Wirt-

---

[357] „Die Umweltfraktion hat die Schlacht um den Begriff ‚Nachhaltigkeit' verloren." Vgl. Tremmel J., Nachhaltigkeit als politische und analytische Kategorie. Der deutsche Diskurs um nachhaltige Entwicklung im Spiegel der Interessen der Akteure, München 2003, S. 170.

schaftsbürgers, der Unternehmen und der internationalen Rahmenordnung. Dabei entspricht die Position Ulrichs dem Leitbild der Nachhaltigkeit wesentlich mehr als die Position Homanns. Nachhaltigkeit lässt sich nur verwirklichen, wenn sie auf allen gesellschaftlichen Ebenen zum Tragen kommt, eine der Ökonomik preisgegebene Nachhaltigkeit, die ihre zentrale Rechtfertigung in der Erbringung eines ökonomischen Nutzen zu liefern hat, bleibt defizitär. Nachhaltigkeit erschöpft sich nicht im ökonomischen Nutzen, vielmehr steht hinter jeder ökonomischen Handlung ein Mensch, der mehr ist als ein *homo oeconomicus*.

Homanns Verortung der Moral in der ökonomischen Funktionslogik ist nicht der geeignete Weg, wirtschaftliche Prozesse am Leitbild der Nachhaltigkeit auszurichten. Die derzeitige ökonomische Logik, welche Gewinnerwirtschaftung auf der Basis von Kostenexternalisierungen realisiert, verhindert geradezu die Implementierung von Nachhaltigkeitsaspekten in wirtschaftliche Prozesse. Wirtschaftsakteure, die nachhaltige Wirtschaftsweisen umsetzen, internalisieren Kosten und erleiden dadurch einen Wettbewerbsnachteil, der sie über kurz oder lang aus dem Wettbewerb wirft. In der gegenwärtigen Wettbewerbssituation, auf der Jagd nach besseren Quartalsergebnissen und höheren Renditen, hat eine Nachhaltigkeit, die keinen unmittelbaren ökonomischen Nutzen erbringt, keinen Platz. Im Gegenteil: nur wer in der Lage ist, mehr Kosten zu externalisieren als seine Mitbewerber – zum Beispiel durch die Nichterfüllung oder Umgehung umweltrechtlicher Auflagen oder durch die Auslagerung von Wirtschaftsstandorten in Ländern mit niedrigerem Umwelt- und Sozialstandards –, kann reüssieren. Eine ausschließlich der reinen ökonomischen Logik folgende Rahmenordnung kann deshalb nicht zu nachhaltigen Wirtschaftsweisen führen. Das zeigt sich auch an der gegenwärtigen Weltwirtschaftsordnung: verbindliche Regeln für ökologische oder soziale Anliegen scheitern an der Dominanz wirtschaftlicher Interessen. Dabei geht es nicht um die Abschaffung des marktwirtschaftlichen Modells, sondern um seine Ergänzung durch das Leitbild der Nachhaltigkeit.

Für die Sozialethik bedeutet das, sich für eine Revision der internationalen Wirtschafts- und Wettbewerbsordnung im Sinne des Leitbilds nachhaltiger Entwicklung einzusetzen. Die Fortführung und Intensivierung der Bemühungen auf kirchlicher und wissenschaftlicher Ebene kann dazu beitragen, dass Initiativen wie der Global Compact der Vereinten Nationen ausgeweitet werden, die Arbeit von Nicht-Regierungs-Organisationen unterstützt wird und die Öffentlichkeit für Nachhaltigkeitsbelange sensibilisiert wird.

Die mit dem Leitbild der Nachhaltigkeit eröffneten Aktionsfelder betreffen alle gesellschaftlichen Ebenen und Bereiche. Die nachhaltige Geldanlage stellt dabei *eine* Möglichkeit dar, zukunftsfähige Wirtschaftsweisen zu fördern. Zwar fristet sie immer noch ein Schattendasein auf den internationalen Finanzmärkten. Das zunehmende Interesse an der nachhaltigen Geldanlage deutet aber darauf hin, dass sie in Zukunft mehr Bedeutung erlangen wird.[358] Gestützt wird diese Vermutung

---

[358] Zwischen 2002 und 2005 hat sich das Volumen nachhaltiger Publikumsfonds in Österreich von 80 Millionen Euro auf 960 Millionen Euro verzwölffacht. Vgl. Forum Nachhaltige Geldanlagen (Hg.), Statusbericht Nachhaltige Geldanlagen 2005, Berlin 2006.

durch die zunehmende Berücksichtigung nachhaltiger Geldanlagen durch Banken und Kapitalanlagegesellschaften, die in den letzten Jahren eine Reihe von nachhaltigen Geldanlageprodukten am Markt platzierten und dabei auch zu einer Verbreiterung des Angebotes, aber auch zum Bewusstseinswandel beitrugen. Die Angebotspalette umfasst verschiedene Ansätze nachhaltiger Geldanlage, die jeweils auf unterschiedlichen Kriterien und Methoden basieren und somit auch Vergleichs- und Wahlmöglichkeiten bieten.

Negativ wirkt sich aus, dass der genuine Nachhaltigkeitsbegriff, der sich auf die Umwelt bezieht, teils auch aus strategischen Interessen von einem an der ökonomischen Effizient orientierten Begriff verwässert, ja aufgesaugt wird. Diese Materialisierung ökologischer und sozialer Themenfelder stellt eine enorme Herausforderung für die Zukunft nachhaltiger Geldanlagen dar. Nachhaltigkeitsthemen auf der Basis ihrer ökonomischen bzw. finanziellen Potentiale und Risiken zu definieren und die nachhaltige Geldanlage an jenen Nachhaltigkeitsthemen auszurichten, die konkrete Renditevorteile bewirken, hat mit Nachhaltigkeit – und auch mit Ethik – nichts mehr zu tun. Dass auch eine nachhaltige Geldanlage eine Rendite zu erbringen hat, steht außer Frage. Geld zu veranlagen und dabei Gewinn zu erwirtschaften ist aus der Perspektive der christlichen Sozialethik nichts Verwerfliches – allerdings gilt auch für den Kauf von und den Handel mit Aktien die Sozialpflichtigkeit des Eigentums.[359] Die dabei erwirtschaftete Rendite muss eine sein, die auf der Basis nachhaltiger Wirtschaftsweisen erzielt wird. Es geht also nicht darum, Nachhaltigkeitsthemen zu definieren, deren Berücksichtigung bessere (?) Renditen zur Folge haben, sondern Renditen aus nachhaltigen Wirtschaftsprozessen zu lukrieren. Die Materialisierung ökologischer und sozialer Themenfelder bringt es mit sich, dass Nachhaltigkeitsthemen, die (gegenwärtig) keinen oder nur geringen Einfluss auf den Gewinn eines Unternehmens haben, unberücksichtigt bleiben oder nachrangig behandelt werden. Wenn keine Korrelation zwischen Menschenrechtsverletzungen und Gewinnhöhe festzustellen ist, gibt es nach dieser Logik auch keinen Grund, Menschenrechte im Kontext nachhaltiger Geldanlagen zu berücksichtigen. Damit aber verliert eine so konzipierte Geldanlage ihren Anspruch auf Nachhaltigkeit und Ethik. Der finanzielle Gewinn kann nicht das entscheidende Kriterium für die Benennung von zu berücksichtigenden Nachhaltigkeitsthemen sein, wenn es sich um eine nachhaltige Geldanlage handeln soll. Das Ziel von Nachhaltigkeit ist die Zukunftsfähigkeit menschlichen Zusammenlebens auf der Grundlage der Wahrung ökologischer Tragfähigkeit.

Letztlich stehen damit auch die Glaubwürdigkeit und die Zukunft nachhaltiger Geldanlagen auf dem Spiel. Der Sinn und Zweck nachhaltiger Geldanlagen besteht in der Gestaltung und Steuerung von Prozessen zur Erreichung einer am Leitbild der Nachhaltigkeit ausgerichteten Wirtschaft. Wo ökonomische oder finanzielle Vorgaben die Gestaltungskriterien einschränken, endet auch die Möglichkeit

---

[359] Heimbach-Steins M., Dürfen Christen Zinsen nehmen und Aktien kaufen?, in: Kessler W., Schneeweiß A. (Hg.), Geld und Gewissen. Tu Gutes und verdiene daran, Frankfurt/Main 2004, S. 28.

einer umfassenden Transformation wirtschaftlicher Prozesse unter Nachhaltigkeitsgesichtspunkten. Geldanlagen, die ökologische und soziale Kriterien ökonomisch definieren, tragen demnach nicht zur dringend erforderlichen Gestaltung wirtschaftlicher Prozesse unter Nachhaltigkeitsgesichtspunkten bei, sondern bilden lediglich eine um *soft-facts* erweiterte, aber vorrangig am shareholder-value orientierte Geldanlage. Das Konzept der nachhaltigen Geldanlage wird damit unglaubwürdig.

Für die Sozialethik bedeutet dies die Aufgabe, zur Unterscheidung der Theoriehintergründe Beiträge zu leisten und damit die Transformation wirtschaftlicher Prozesse hin zu nachhaltigen Wirtschaftsweisen zu fördern.

ANHANG A: FRAGEBOGEN

BEGRIFFE UND DEFINITIONEN

Zentrale Begriffe

Bitte verteilen Sie 100 % auf die folgenden Antwortmöglichkeiten um zu verdeutlichen, welche Bedeutung Sie dem Begriff "social responsibility/soziale Verantwortlichkeit von Unternehmen" beimessen:

% Mitarbeiterbeziehungen, Arbeitsbedingungen

% Caritative Spenden

% Beziehung zu den Eigentümern

% Verantwortliche Geschäftspraktiken

% Einhaltung von Gesetzen

% Beziehung zu den Stakeholdern

% Berücksichtigung v. Menschenrechten

% andere:

Bitte verteilen Sie 100 % auf die folgenden Antwortmöglichkeiten um zu verdeutlichen, welche Bedeutung Sie dem Begriff "ecological responsibility/ökologische Verantwortlichkeit von Unternehmen" beimessen:

% Wasser- und Luftverschmutzung

% Anfall und Recycling

% Gen- und Biotechnologie

% Klimawandel

% Einhaltung von Gesetzen

% Biodiversität

% Ressourcen- und Energieeffizienz

% ökologisch verantwortliche Produktionsprozesse

% Verkehr

% andere:

Bitte verteilen Sie 100 % auf die folgenden Antwortmöglichkeiten um zu verdeutlichen, welche Bedeutung Sie dem Begriff "economoic responsibility/ökonomische Verantwortlichkeit von Unternehmen" beimessen:

% Shareholder-Value

% Arbeitsplatzsicherung

% Nationale Wohlfahrt

% Verantwortliche Geschäftspraktiken

% Einhaltung von Gesetzen

% Internationale Wohlfahrt

% Wohlergehen der Stakeholder

% andere:

Corporate Social Responsibility

Bitte verteilen Sie 100 % auf die folgenden Antwortmöglichkeiten um zu verdeutlichen, worin Sie die größte bzw. die geringste Bedeutung für den Begriff „Corporate Social Responsibility (CSR)" sehen:

% Soziale Verantwortlichkeit
lichkeit

% Ökologische Verantwortlichkeit

% Ökonomische Verantwort-

% andere:

Bitte verteilen Sie 100 % auf die beiden folgenden Antwortmöglichkeiten:

Corporate Social Responsibility betrifft zu   % *inter*generative Aspekte und zu   % *intra*generative Aspekte.

Wie definieren Sie "Corporate Social Responsibility"? Bitte wählen Sie nur eine der folgenden Definitionen oder führen Sie Ihre eigene Definition aus:

☐   "We define CSR as business' commitment to contribute to sustainable economic development, working with employ-
ees, their families, the local community, and society at large to improve their quality of life." (World Business Council for
Sustainable Development).

☐   "Corporate Social Responsibility is a concept whereby companies integrate social and environmental concerns in their
business operations and in their interaction with their stakeholders on a voluntary basis." (The European Commission).

☐   "We define corporate social responsibility as achieving commercial success in ways that honour ethical values and respect people, communities, and the natural environment." (Business for Social Responsibility).

☐   "We think that corporate social responsibility (CSR) refers to the way a company manages and improves its social and environmental impact to generate value for both its shareholders and stakeholders by innovating its strategy, organisation and operations." (CSR-Europe).

☐   Ihre eigene Definition bzw. Ihr Kommentar:

Sustainable Development

Bitte verteilen Sie 100 % auf die folgenden Antwortmöglichkeiten um zu verdeutlichen, worin Sie die größte bzw. die geringste Bedeutung für den Begriff "Sustainable Development" sehen:

% Soziale Verantwortlichkeit   % Ökologische Verantwortlichkeit   % Ökonomische Verantwortlichkeit

% andere:

Bitte verteilen Sie 100 % auf die beiden folgenden Antwortmöglichkeiten:

Sustainable Development betrifft zu   % *inter*generative Gerechtigkeit und zu   % *intra*generative Gerechtigkeit.

Wie definieren Sie "Sustainable Development"? Bitte wählen Sie nur eine der folgenden Definitionen oder führen Sie Ihre eigene Definition aus:

☐   "Sustainable development meets the needs of the present without compromising the ability of future generations to meet their own needs. " (World Commission on Economic Development, Brundtland-Report, 1987).

☐   „A movement in the business community to achieve greater success in the three areas of financial, social, and environmental performance." (Investor Responsibility Research Center, IRRC).

☐   "We define sustainable development as forms of progress that meet the needs of the present without compromising the ability of future generations to meet their needs." (Business for Social Responsibility".

☐   Ihre eigene Definition bzw. Ihr Kommentar:

Socially Responsible Investment, Ethical Investment und Sustainable Investment

Bitte verteilen Sie 100 % auf die folgenden Antwortmöglichkeiten um zu verdeutlichen, worin Sie die größte bzw. die geringste Bedeutung für den Begriff "Socially Responsible Investment (SRI)" sehen:

% Soziale Verantwortlichkeit   % Ökologische Verantwortlichkeit   % Ökonomische Verantwortlichkeit

% andere:

Bitte verteilen Sie 100 % auf die folgenden Antwortmöglichkeiten um zu verdeutlichen, worin Sie die größte bzw. die geringste Bedeutung für den Begriff "Ethical Investment" sehen:

% Soziale Verantwortlichkeit   % Ökologische Verantwortlichkeit   % Ökonomische Verantwortlichkeit

% andere:

Bitte verteilen Sie 100 % auf die folgenden Antwortmöglichkeiten um zu verdeutlichen, worin Sie die größte bzw. die geringste Bedeutung für den Begriff "Sustainable Investment" sehen:

% Soziale Verantwortlichkeit   % Ökologische Verantwortlichkeit   % Ökonomische Verantwortlichkeit

% andere:

Literaturverzeichnis

Altner G., Unschuld der Bibel, Mitschuld des Christentums, in: Halter H., Lochbühler W. (Red.), Ökologische Theologie und Ethik 1, Graz 1999.

Amery C., Das Ende der Vorsehung. Die gnadenlosen Folgen des Christentums, Hamburg 1972.

Ankele K., Verantwortung als harter Wirtschaftsfaktor, in: Politische Ökologie 94, Werte schöpfen. Ideen für nachhaltiges Konsumieren und Produzieren, München 2005.

Anzenbacher A., Christliche Sozialethik. Einführung und Prinzipien, Paderborn 1998.

Aristoteles, Die Nikomachische Ethik, München [4]2000.

Auer A., Umweltethik. Ein theologischer Beitrag zur ökologischen Diskussion, Düsseldorf 1984.

Avanzi SRI Research, Green, social and ethical funds in Europe. 2005 review, Milan 2005.

Beer W., Nachhaltigkeit als Maßstab? Zur Qualitätsdiskussion im Bildungsbereich, in: ders. u. a. (Hg.), Bildung und Lernen im Zeichen der Nachhaltigkeit. Konzepte für Zukunftsorientierung, Ökologie und soziale Gerechtigkeit, Schwalbach/Ts. 2002.

Beloe S., Scherer J., Knoepfel I., Values for Money: Reviewing the Quality of SRI Research, London 2004.

Bethin C., Corporate Social responsibility (CSR) in Europa, in: Behrent M., Wieland J. (Hg.), Corporate Citizenship und strategische Unternehmenskommunikation in der Praxis, DNWE Schriftreihe Nr. 11, München 2003.

Blume G., Die neuen Kulturrevolutionäre, in: Die Zeit vom 18.5.2006 (http://www.zeit.de/2006/21/china_xml?page=1, Abfrage am 24.09.2006).

Bodie Z., Kane A., Marcus A., Investments, 2nd Edition, Boston 1993.

Bund-Länder-Kommission für Bildungsplanung und Forschungsförderung (Hg.), Bildung für eine nachhaltige Entwicklung. Gutachten zum Programm von G. de Haan und D. Harenberg, FU Berlin, Materialien zur Bildungsplanung und Forschungsförderung Heft 72, Bonn 1999.

Bundesministerium für Finanzen (Hg.), Österreichischer Finanz- und Kapitalmarkt in der WWU, Wien 2000.

Braun G., Vom Wachstum zur dauerhaften Entwicklung, in: Aus Politik und Zeitgeschichte vom 14.6.1991, zit. nach: Kreibich R. (Hg.), Nachhaltige Entwicklung. Leitbild für die Zukunft von Wirtschaft und Gesellschaft, Weinheim 1996.

Bruckner B., Pföstl G., Nachhaltigkeit und finanzielle Performance: ausgewählte Indizes und Unternehmen im empirischen Vergleich, in: Zeitschrift für das gesamte Kreditwesen, 58/2005.

Buchter H., Rücksicht zahlt sich aus, in: Die Zeit Nr. 4 vom 20.1.2005.

Daecke S. M., Unterscheiden zwischen der biblischen Botschaft und ihrer Wirkungsgeschichte, in: Halter H., Lochbühler W. (Red.), Ökologische Theologie und Ethik 1, Graz 1999.

Daly H. E., Beyond growth, Boston 1996.

Daly H. E., Wirtschaft jenseits von Wachstum: die Volkswirtschaftslehre nachhaltiger Entwicklung, Salzburg 1999.

Deml M., Baumgartner J., Grünes Geld. Jahrbuch für ethisch-ökologische Geldanlage 1998/99, Waldthausen 1998.

Deml M., May H., Grünes Geld. Jahrbuch für ethisch-ökologische Geldanlagen 2005/2006, Stuttgart 2005.

Die Gruppe von Lissabon, Grenzen des Wettbewerbs. Die Globalisierung der Wirtschaft und die Zukunft der Menschheit, München 1997.

Diefenbacher H., Gerechtigkeit und Nachhaltigkeit. Zum Verhältnis von Ethik und Ökonomie, Darmstadt 2001.

Döpfner C., Hoffmann J., Cultural Sustainability: Concept and Measurement, in: Reisch L. (Ed.), Ethical-ecological Investment: Towards Global Sustainable Development, Frankfurt/Main 2001.

Döpfner C., Zur Glaubwürdigkeit ethisch-ökologischer Geld- und Kapitalanlagen. Eine theologisch-ethische Untersuchung vor dem Hintergrund der Frage nach der Glaubwürdigkeit der ökonomischen und monetären Strukturen, Frankfurt/Main 2000.

Döpfner C., Kunst und Kultur – voll im Geschäft? Kulturverträgliches Kunstsponsoring, Frankfurt am Main 2004.

Döring R., Wie stark ist schwache, wie schwach starke Nachhaltigkeit? Diskussionspapier 08/2004, Greifswald 2004.

Drewermann E., Der tödliche Fortschritt. Von der Zerstörung der Erde und des Menschen im Erbe des Christentums, Regensburg [6]1990.

Düwell M., Umweltethik und normative Ethik, in: Eser U., Müller A. (Hrsg.), Umweltkonflikte verstehen und bewerten. Ethische Urteilsbildung im Natur- und Umweltschutz, München 2006.

Ecologic (Hg.), Ökologische Aspekte der privaten Altervorsorge. Auswertung der Ergebnisse einer repräsentativen Meinungsumfrage von EMNID im Auftrag des Bundesumweltministeriums, Berlin 2001 (http://www.gruenesgeld.at/service/pdf/ecologic_umfrage.pdf#search=%22ecologic%20%2B%20%22%C3%B6kologische%20aspekte%20der%20privaten%20altersvorsorge%22%22, Abfrage am 29.9.2006).

Europäische Kommission, Die soziale Verantwortung der Unternehmen: ein Unternehmensbeitrag zur nachhaltigen Entwicklung, Luxemburg 2002.

Fano-Leszczynski U., Hedgefonds. Erfolgreich investieren, Risiko minimieren, Wien 2002.

Fetzer J., Die Verantwortung der Unternehmung. Eine wirtschaftsethische Rekonstruktion, Gütersloh 2004.

Figge F., Öko-Rating: ökologieorientierte Bewertung von Unternehmen, Berlin 2000.

Figge F., Scheiwiller Th., Wertschaffendes Umweltmanagement, in: Umwelt-Focus April 2002.

Fischer A., Erweiterung von traditionellen Lehr-Lern-Arrangements, in: Beer W. u. a. (Hg.), Bildung und Lernen im Zeichen der Nachhaltigkeit. Konzepte für Zukunftsorientierung, Ökologie und soziale Gerechtigkeit, Schwalbach 2002.

Food and Agriculture Organization of the United Nations, The State of Food Insecurity in the World 2005, Rome 2005.

Food and Agriculture Organization of the United Nations, Global Forest Resources Assessment 2000, zit. nach: Weltbank, Nachhaltige Entwicklung in einer dynamischen Welt. Institutionen, Wachstum und Lebensqualität verbessern, Weltentwicklungsbericht 2003, Bonn 2003.

Food and Agriculture Organization of the United Nations, The State of World Fisheries and Aquaculture, Rome 2000, zit. nach: Wuppertal Institut für Klima, Umwelt, Energie (Hg.), Fair Future. Begrenzte Ressourcen und globale Gerechtigkeit, München 2005.

Forum nachhaltige Geldanlagen (Hg.), Begriffserläuterung im Bereich Nachhaltiger Geldanlage, Berlin 2006 (http://www.forum-ng.de/upload/Mitglieder-login/Definitionenfinal05-10-28.pdf, Abfrage am 28.8.2006).

Forum Nachhaltige Geldanlagen (Hg.), Statusbericht Nachhaltige Geldanlagen 2005. Deutschland, Österreich und die Schweiz, Berlin 2006.

Friedman M., The social responsibility of business is to increase its profits, in: New York Times Magazin vom 13. September 1970.

Gabriel I., Papaderos A. K., Körtner U. H. J., Perspektiven ökumenischer Sozialethik. Der Auftrag der Kirchen im größeren Europa, Mainz 2005.

Geißler K. A., Von der Nachhaltigkeit zur Forderung von Nachhaltigkeit oder: Vom Beten zum lernen, in: Beer W., Kraus J., Terlinden R. (Hg.), Bildung und Lernen im Zeichen der Nachhaltigkeit. Konzepte für Zukunftsorientierung, Ökologie und soziale Gerechtigkeit, Schwalbach/Ts. 2002.

Gerlach J., Das Zuordnungsverhältnis von Ethik und Ökonomik als Grundproblem der Wirtschaftsethik, in: Handbuch der Wirtschaftsethik, Band 1, Gütersloh 1999.

Gerlach J., Ethik und Wirtschaftstheorie, Modelle ökonomischer Wirtschaftsethik in theologischer Analyse, Gütersloh 2002.

Germanwatch e.V. (Hg.), Wege zu mehr Nachhaltigkeit im Finanzsektor. Nachhaltig investieren, Berlin 2004.

Glaser J. in Kooperation mit oekom research, Nachhaltigkeit und Geschäftserfolg, München 2004 (http://www.oekom-research.de/ag/studie-tum-oekom_summary.pdf, Abfrage am 29.10.2006)

Grieble P., Ethisch-ökologische Geldanlage. Einflussmöglichkeiten durch Beachtung von ethisch-ökologischen Gesichtspunkten bei der Anlage von Geld, Frankfurt/Main 2001.

Halter H., Lochbühler W. (Red.), Ökologische Theologie und Ethik I-II, Graz 1999.

Hansen U., Schrader U., Nachhaltiger Konsum – Leerformel oder Leitprinzip, in: dieselben (Hg.), Nachhaltiger Konsum. Forschung und Praxis im Dialog, Frankfurt/Main 2001.

Harborth H.-J., Stellungnahme zu einigen formalen Aspekten des Themas ‚Sustainable Development'. Beitrag zum Workshop der Deutschen UNESCO-Kommission zum Thema „Sustainable Development – Forschungsstand und Forschungserfordernisse" am 21.09.1993 in Bonn, zit. nach: Kreibich R. (Hg.), Nachhaltige Entwicklung. Leitbild für die Zukunft von Wirtschaft und Gesellschaft, Weinheim 1996.

Hare W., Assessment of Knowledge on Impacts of Climate Change – Contribution to the Specification of Art. 2 of the UNFCCC. Externe Expertise für das WBGU-Sondergutachten "Welt im Wandel: Über Kioto hinausdenken. Klimaschutzstrategien für das 21. Jahrhundert", Berlin 2003.

Haßler R., Öko-Rating: Ökologische Unternehmensbewertung als neues Informationsinstrument, München 1994.

Hauff V., Unsere gemeinsame Zukunft. Der Bericht der Weltkommission für Umwelt und Entwicklung, Greven 1987.

Heeg A., Ethische Verantwortung in der globalisierten Ökonomie, Frankfurt am Main 2002.

Heimbach-Steins M., Dürfen Christen Zinsen nehmen und Aktien kaufen? in: Kessler W., Schneeweiß A. (Hg.), Geld und Gewissen. Tu Gutes und verdiene daran, Frankfurt/Main 2004.

Hengsbach F., Strukturentgiftung – kirchliche Soziallehre im Kontext von Arbeit, Umwelt, Weltwirtschaft, in: Arbeiterbewegung und Kirche, Bd. 10, Düsseldorf 1990.

Hoffmann J., Ott K., Scherhorn G. (Hg.), Ethische Kriterien für die Bewertung von Unternehmen. Frankfurt-Hohenheimer Leitfaden, Frankfurt/Main 1997.

Hoffmann J., Scherhorn G., Busch T. (Hg.), Darmstädter Definition Nachhaltiger Geldanlagen, Darmstadt 2004.

Hoffmann J., Handlungsmächtig in Ohnmacht. Eine Option gegen Ausbeutung, in: Luterbacher-Maineri C., / Lehr-Rosenberg St. (Hg.), Weisheit in Vielfalt. Afrikanisches und westliches Denken im Dialog. Festschrift für Bénézet Bujo, Fribourg 2006.

Hoffmann J., Scherhorn G., Saubere Gewinne. So legen Sie ihr Geld ethisch-ökologisch an, Freiburg/Breisgau 2002.

Hoffmann J., Zur Bedeutung der Kulturverträglichkeit, in: Hoffmann J. u. a. (Hg.), Ethische Kriterien für die Bewertung von Unternehmen. Der Frankfurt-Hohenheimer Leitfaden, Frankfurt 1997.

Höhn H.-J., Ökologische Sozialethik. Grundlagen und Perspektiven, Paderborn 2001.

Homann K., Bloom-Drees F., Wirtschaftsethik und Unternehmensethik, Göttingen 1992.

Homann K., Ethik und Ökonomik. Zur Theoriestrategie der Wirtschaftsethik, in: ders. (Hg.), Wirtschaftsethische Perspektiven I, Berlin 1994.

Homann K., Marktwirtschaft und Unternehmensethik, in: Forum für Philosophie Bad Homburg (Hg.), Markt und Moral. Die Diskussion um die Unternehmensethik, Bern 1994.

Homann K., Sinn und Grenze der ökonomischen Methode in der Wirtschaftsethik, in: Aufderheide D., Dabrowski M. (Hg.), Wirtschaftsethik und Moralökonomik. Normen, soziale Ordnung und der Beitrag der Ökonomik, Berlin 1997.

Homann K., Wirtschaftsethik. Die Funktion der Moral in der modernen Wirtschaft, in: Wieland J. (Hg.), Wirtschaftsethik und Theorie der Gesellschaft, Frankfurt 1993.

Intergovernmental Panel on Climate Change, Climate Change 2001 – IPCC Third Assessment Report, Online-Version auf: http://www.grida.no/climate/ipcc_tar/ (Abfrage am 17.5.2006).

Irrgang B., Verantwortungsethik in der technischen Zivilisation, in: Heimbach-Steins M., Lienkamp A., Wiemeyer J. (Hg.), Brennpunkt Sozialethik. Theorien, Aufgaben, Methoden, Freiburg/Breisgau 1995.

Jahn F., Zur Qualität von Nachhaltigkeitsratings. Zwischen Anspruch und Wirklichkeit, Frankfurt/Main 2004.

Jonas H., Das Prinzip Verantwortung. Versuch einer Ethik für die technologische Zivilisation, Frankfurt/Main 1979.

Jonas H., Technik, Medizin und Ethik. Zur Praxis des Prinzips Verantwortung, Frankfurt/Main 1985.

Kant I., Grundlegung zur Metaphysik der Sitten, Stuttgart 1998.

Keeney R., Renn O., von Winterfeldt D., Kotte U., Die Wertbaumanalyse. Entscheidungshilfe für die Politik, in: Häfele W., Münch E., Renn O. (Hg.), Sozialverträglichkeit von Energieversorgungssystemen. Eine Studie der Kernforschungsanlage Jülich, Programmgruppe Technik und Gesellschaft, München 1984.

Kesselring Th., Ethik der Entwicklungspolitik. Gerechtigkeit im Zeitalter der Globalisierung, München 2003.

Kinder P. D., Values *and* Money. A Research Practitioner's Perspective on Value for Money, Boston 2004.

Kirein F., Der Markt für ethisches Investment in Deutschland. Eine repräsentative Befragung privater Anleger, imug investment research, Hannover 2001.

Kitzmüller E., Büchele H., Das Geld als Zauberstab und die Macht der internationalen Finanzmärkte, Wien 2004.

Kolko G., Unruhe im globalen Kasino, in: Le Monde diplomatique, Oktober 2006, internationale Beilage der Tageszeitung (TAZ) vom 13. Oktober 2006.

Konferenz der Vereinten Nationen für Umwelt und Entwicklung im Juni 1992 in Rio de Janeiro, Agenda 21 in deutscher Übersetzung, zit. nach: http://www.agrar.de/agenda/agd21k00.htm (Abfrage am 28.6.2006).

Korff W., Leitideen verantworteter Technik, in: Stimmen der Zeit, Freiburg/Breisgau 1989.

Krebs C., Vorsicht bei ethischen Geldanlagen. in: Frankfurter Rundschau 14./15. Juni 2006, Nr. 135.

Kreibich R. (Hg.), Nachhaltige Entwicklung. Leitbild für die Zukunft von Wirtschaft und Gesellschaft, Weinheim 1996.

Kreß H., Gemeinsame Erklärungen der katholischen und evangelischen Kirche zur Ethik, in: Zeitschrift für evangelische Ethik, Jahrgang 45, Gütersloh 2001.

Littig B., Religion und Nachhaltige Entwicklung. Ein weites Feld im Überblick, in: dieselbe (Hg.), Religion und Nachhaltigkeit. Multidisziplinäre Zugänge und Sichtweisen, Münster 2004.

Löffler W., Was hat Nachhaltigkeit mit sozialer Gerechtigkeit zu tun? Philosophische Sondierung im Umkreis zweier Leitbilder, in: Littig B. (Hg.), Religion und Nachhaltigkeit. Multidisziplinäre Zugänge und Sichtweisen, Münster 2004.

Mach A., Macht der NGO über die Unternehmen: Druck, Partnerschaft, Evaluation, Genf 2002 (http://docs.kampagnenforum.ch/Akteure/NGO_NPO/Mach_Macht_NGO_Unternehmen.pdf, Abfrage am 05.11.2006).

Markowitz H. M., Portfolio Selection, in: The Journal of Finance 7/1952.

Mayo E., Doane D., An ethical door policy. How to avoid the erosion of ethics in Socially Responsible Investment, London 2002 (http://www.neweconomics.org/gen/uploads/Ethical%20Door%20Policy.pdf, Abfrage am 19.09.2006).

Meadows D. u. a., Die Grenzen des Wachstums. Bericht des Club of Rome zur Lage der Menschheit, Reinbek 1973.

Messner J., Sozialethik, in: Klose A., Mantl W., Zsifkovits V. (Hg.), Katholisches Soziallexikon, Innsbruck 1980.

Micha H. W., Hans Jonas' Prinzip Verantwortung, in: Düwell M., Steigleder K. (Hg.), Bioethik: Eine Einführung, Frankfurt/Main 2004.

Münk H. J., Bewahrung der Schöpfung als Grundauftrag einer nachhaltigen Entwicklung, in: Hilpert K., Hasenhüttl G. (Hg.), Schöpfung und Selbstorganisation, Paderborn 1999.

Münk H. J., Gottes Anspruch und die ökologische Verantwortung des Menschen. Gott, Mensch und Natur in neuen Beiträgen zum Schöpfungsverständnis und die Frage einer umweltethischen Grundkonzeption, in: Arntz K., Schallenberg P., (Hg.), Ethik zwischen Anspruch und Zuspruch. Gottesfrage und Menschenbild in der katholischen Moraltheologie, Freiburg/Breisgau 1996.

Münk H. J., Umweltverantwortung und christliche Theologie. Forschungsbericht zu neuen deutschsprachigen Beiträgen im Blick auf eine umweltethische Grundkonzeption, in: Heimbach-Steins M. u. a. (Hg.), Brennpunkt Sozialethik. Theorien, Aufgaben, Methoden, Freiburg/Breisgau 1995.

NASA Goddard Institute for Space Studies and Columbia University Earth Institute, Surface Temperature Analysis 2005, Online-Version auf: http://data.giss.nasa.gov/gistemp/2005/ (Abfrage am 17.5.2006).

Neuner M., Verantwortliches Konsumverhalten. Individuum und Institution, Berlin 2001.

Nozick R., Anarchy, State and Utopia, New York 1974.

Oekom research, Nachhaltigkeit als Investmentstil mit doppelter Dividende, Oekom research – Morgan Stanley Private Wealth Management, München. 2003.

Oekom-research AG in Kooperation mit Morgan Stanley, Outperformance durch Nachhaltigkeit? Die „Best in Class"-Empfehlungen von oekom research auf dem Prüfstand, München 2004 (http://www.oekom-research.de/ag/Performance-Studie_1104.pdf, Abfrage am 29.10.2006).

Österreichische Bundesregierung, Österreichs Zukunft Nachhaltig Gestalten. Die Österreichische Strategie zur Nachhaltigen Entwicklung, Wien 2002.

Oreskes N., The Scientific Consensus on Climate Change, in: Science Vol. 306 vom 3. Dezember 2004.

Ott K., Döring R., Theorie und Praxis starker Nachhaltigkeit, Marburg 2004.

Ott K., Erläuterungen zum ethischen Status und zur Methodik des Frankfurt-Hohenheimer Leitfadens, in: Hoffmann J. u. a. (Hg.), Ethische Kriterien für die Bewertung von Unternehmen, Frankfurt 1997.

Pichl A., Hedge Funds. Eine praxisorientierte Einführung, Stuttgart 2001.

Pinner W., Ethische Investments. Rendite mit „sauberen" Fonds, Wiesbaden 2003.

Rat der Sachverständigen für Umweltfragen (Hg.), Umweltgutachten 1994. Deutscher Bundestag-Drucksache 12/ 6995, Bonn 1994.

Rat der Sachverständigen für Umweltfragen (Hg.), Umweltgutachten 1996. Deutscher Bundestag-Drucksache 13/ 4108, Bonn 1996.

Renn O., Die Wertbaumanalyse – Ein diskursives Verfahren zur Bildung und Begründung kollektiv wirksamer Bewertungen, Unveröffentlichte Mitschrift, 1996, zitiert in: Hoffmann J. u. a. (Hg.), Ethische Kriterien für die Bewertung von Unternehmen. Der Frankfurt-Hohenheimer Leitfaden, Frankfurt 1997.

Reis O., Nachhaltigkeit – Ethik – Theologie. Eine theologische Beobachtung der Nachhaltigkeitsdebatte, Münster 2003.

Rosenberger M., Im Zeichen des Lebensbaum. Ein theologisches Lexikon der christlichen Schöpfungsspiritualität, Würzburg 2001.

Rostow W. W., The Stages of Economic Growth. A Non-Communist Manifesto, Cambridge 1960.

Sachverständigenrat für Umweltfragen, Umweltgutachten 2002 – Für eine neue Vorreiterrolle, Stuttgart 2002.

Schäfer H., Sozial-ökologische Ratings am Kapitalmarkt. Transparenzstudie zur Beschreibung konkurrierender Konzepte zur Nachhaltigkeitsmessung auf deutschsprachigen Finanzmärkten, Düsseldorf 2003.

Scherhorn G., Markt und Wettbewerb unter dem Nachhaltigkeitsziel, in: Zeitschrift für Umweltpolitik und Umweltrecht, 2/2005.

Solow R. M., The economics of resources or the resources of economics, in: The American Economic Revue, Vol. 64, 1974.

Sönnichsen Ch., Rating-Systeme am Beispiel der Versicherungswirtschaft, Duncker&Humblot, Berlin 1992.

Splett J., „Macht euch die Erde untertan?" Zur ethisch-religiösen Begrenzung technischen Zugriffs, in: Buch A. J., Splett J. (Hg.), Wissenschaft, Technik, Humanität. Beiträge zu einer konkreten Ethik, Frankfurt 1982.

Steffen W. u. a., Global Change and the Earth System. A Planet under Pressure, Berlin 2004.

Tremmel J., Nachhaltigkeit als politische und analytische Kategorie. Der deutsche Diskurs um nachhaltige Entwicklung im Spiegel der Interessen der Akteure, München 2003.

Ulrich P., Integrative Wirtschaftsethik. Grundlagen einer lebensdienlichen Ökonomie, Bern 1997.

Ulrich P., Der entzauberte Markt. Eine wirtschaftsethische Orientierung, Freiburg 2002.

Ulrich P., Wirtschaftsethik auf der Suche nach der verlorenen ökonomischen Vernunft, in: derselbe (Hg.), Auf der Suche nach einer modernen Wirtschaftsethik, St. Gallener Beiträge zur Wirtschaftsethik, Bd. 4, Bern 1990.

Umweltbundesamt (Hg.), Nachhaltiges Deutschland. Wege zu einer dauerhaft umweltgerechten Entwicklung, Berlin ²1998.

Unabhängige Kommission für Internationale Entwicklungsfragen (Nord-Süd-Kommission), Das Überleben sichern. Gemeinsame Interessen der Industrie- und Entwicklungsländer. Bericht der Nord-Süd-Kommission, Köln 1980.

United Nations Development Programme, Human Development Report 2005: http://hdr.undp.org/reports/global/2005/ (Abfrage am 18.10.2006).

United Nations Environment Programme, Agenda 21, in deutscher Übersetzung, zit. nach: http://www.agrar.de/agenda/agd21k00.htm (Abfrage am 28.6.2006).

United Nations Environment Programme Finance Initiative (Hg.), Principles for Responsible Investment. An initiative of the UN Secretary-General implemented by UNEP Finance Initiative and the Global Compact (http://www.unpri.org/files/pri.pdf, Abfrage am 30.10.2006).

Van Dieren W., Mit der Natur rechnen. Der neue Club-of-Rome-Bericht: Vom Bruttosozialprodukt zum Ökosozialprodukt, Basel 1995.

Vereinigung ausländischer Investmentgesellschaften in Österreich, Investmentfonds. Marktübersicht September 2005 (http://www.vaioe.at/Praesentation_04_0805.ppt#257,1,Investmentfonds Marktübersicht September 2005, Abfrage am 30.8.2006).

Vogt M., Das neue Sozialprinzip „Nachhaltigkeit" als Antwort auf die ökologische Herausforderung, in: Korff W. u. a. (Hg.), Handbuch der Wirtschaftsethik, Bd. 1, Gütersloh 1999.

Vogt M., Natürliche Ressourcen und intergenerationelle Gerechtigkeit, in: Heimbach-Steins M. (Hg.), Christliche Sozialethik, Bd. 2, Regensburg 2005.

Vogt M., Religiöse Potentiale für Nachhaltigkeit. Thesen aus der Perspektive katholischer Theologie, in: Littig B. (Hg.), Religion und Nachhaltigkeit. Multidisziplinäre Zugänge und Sichtweisen, Münster 2005.

Vogt M., Zwischen Wertvorstellungen und Weltbildern, in: Politische Ökologie Nr. 99, Die Zukunft der Natur, München 2006.

Wackernagel M., Rees W. E., Our Ecological Footprint. Reducting Human Impact on Earth, Gabriola Island, 1995.

Wackernagel M., Rees W., Unser ökologischer Fußabdruck. Wie der Mensch Einfluß auf die Umwelt nimmt, Basel 1997.

Weber Th., Das Einmaleins der Hedge Funds. Eine Einführung für Praktiker in hochentwickelte Investmentstrategien, Frankfurt/Main 1999.

Werner K., Weiss H., Das neue Schwarzbuch Markenfirmen. Die Machenschaften der Weltkonzerne, Wien 2003.

Webster P.J., Holland G. J., Curry J. A., Chang H.-R., Changes in Tropical Cyclone Number, Duration, and Intensity in a Warming Environment, in: Science Vol. 309, No. 5742 vom 16. September 2005.

Weltbank (Hg.), Weltentwicklungsbericht 2003. Nachhaltige Entwicklung in einer dynamischen Welt. Institutionen, Wachstum und Lebensqualität verbessern, Bonn 2003.

Weltbank (Hg.), Weltentwicklungsbericht 2006. Chancengerechtigkeit und Entwicklung, Kleve 2006.

Weltbank, Nachhaltige Entwicklung in einer dynamischen Welt. Institutionen, Wachstum und Lebensqualität verbessern, Weltentwicklungsbericht 2003, Bonn 2003.

White L., The Historical Roots Of Our Ecological Crisis, in: Science 155, 1967.

Wieser C., „Corporate Social Responsibility" – Ethik, Kosmetik oder Strategie. Über die Relevanz der sozialen Verantwortung in der Strategischen Unternehmensführung, Wien 2005.

Wissenschaftlicher Beirat beim Bundesministerium der Finanzen, Gutachten Nachhaltigkeit in der Finanzpolitik – Konzepte für eine langfristige Orientierung öffentlicher Haushalte, Heft 71, Berlin 2001, zit. nach: Tremmel J., Nachhaltigkeit als politische und analytische Kategorie. Der deutsche Diskurs um nachhaltige Entwicklung im Spiegel der Interessen der Akteure, München 2003.

World Commission on Environment and Development, Our Common Future, Oxford 1987.

Wulsdorf H., Nachhaltigkeit. Ein christlicher Grundauftrag in einer globalisierten Welt, Regensburg 2005.

Wuppertal Institut für Klima, Umwelt, Energie (Hg.), Fair Future. Begrenzte Ressourcen und globale Gerechtigkeit, München 2005.

Zeller-Silva G., Vom Protest zur Marktreife, in: Die Zeit 04/2006.

Zsifkovits V., Ethisch richtig denken und handeln, Wien 2005.

Kirchliche Dokumente und Verlautbarungen

Botschaft Seiner Heiligkeit Papst Johannes Paul II. zur Feier des Weltfriedenstages am 1. Januar 1990. Die ökologische Krise. Eine gemeinsame Verantwortung.

Europäische Ökumenische Versammlung, Frieden in Gerechtigkeit, Basel 15. bis 21. Mai 1989, Das Dokument, in: Arbeitshilfen 70, Sekretariat der Deutschen Bischofskonferenz, Bonn 1989.

Kirchenamt der Evangelischen Kirche in Deutschland, Sekretariat der Deutschen Bischofskonferenz (Hg.), Für eine Zukunft in Solidarität und Gerechtigkeit. Wort des Rates der Evangelischen Kirche in Deutschland und der Deutschen Bischofskonferenz zur wirtschaftlichen und sozialen Lage in Deutschland, Hannover/Bonn 1997.

Ökumenischer Rat der Kirchen in Österreich (Hg.), Sozialwort des Ökumenischen Rates der Kirchen in Österreich, Wien 2003.

Päpstlicher Rat für Gerechtigkeit und Friede, Kompendium der Soziallehre der Kirche, Freiburg i. B. 2006.

Schweizer Bischofskonferenz (SBK), Schweizerisch Evangelischer Kirchenbunde (SEK), Miteinander in die Zukunft. Wort der Kirchen, Bern und Freiburg, September 2001.

Sekretariat der Deutschen Bischofskonferenz (Hg.), Handeln für die Zukunft der Schöpfung. Erklärung der deutschen Bischöfe, Bonn 1998.

United States Conference of Catholic Bishops, Socially Responsible Investment Guidelines. Principles for USCCB Investments, Washington 2004.

Hochschulschriften im oekom verlag

Thorsten Permien

Visionen aus der Vergangenheit
Spuren der nachhaltigen Entwicklung in den Lebenswerken bekannter
Persönlichkeiten aus Mecklenburg und Vorpommern

Fritz Reuter, Otto Lilienthal, Laura Witte – dieses Buch stellt 14 herausragende historische Persönlichkeiten aus Mecklenburg-Vorpommern dar, deren Lebensentwürfe im Kontext der nachhaltigen Entwicklung zeitlos und beispielhaft sind. Das Leitbild der Nachhaltigkeit wird so in einen historischen und regionalen Kontext eingebettet und wird
von Gesichtern und Geschichte geprägt.

München 2007, Hochschulschriften zur Nachhaltigkeit, Band 32
300 Seiten, 44,90 EUR, ISBN 978-3-86581-071-7

Brigitte Biermann

Nachhaltige Ernährung
Netzwerk-Politik auf dem Weg zu nachhaltiger Gemeinschaftsverpflegung

Regional oder biologisch produzierte Lebensmittel füllen die Teller in Kindergärten und
anderen Einrichtungen der Gemeinschaftsverpflegung in Bremen, Ferrara und Wien. Doch
der Umstellungsprozess auf eine »nachhaltige Ernährung« verlief nicht ohne Konflikte.
Brigitte Biermann untersuchte die Netzwerk-Politik in den drei Städten und analysiert,
welche weiteren Maßnahmen die Umstellung zu einem Erfolg machten.

München 2007, Hochschulschriftenreihe zur Nachhaltigkeit, Band 33
333 Seiten, 39,90 EUR, ISBN 978-3-86581-072-4

Bianca Borowski

Schwein gehabt: Ein Leben vor dem Tod
Die Bedeutung der Dimension Zeit für eine nachhaltige Viehwirtschaft

Ein Leben vor dem Tod – für Tiere in der industrialisierten Viehwirtschaft ist dies nicht
selbstverständlich. Mehr Fleisch, mehr Milch, mehr Eier – und das in immer weniger
Zeit, denn im Vordergrund steht der Profit. Das hat schwerwiegende Folgen für die Tiere,
für Menschen, für Natur und Umwelt. Bianca Borowski analysiert, wie eine auch zeit-
ökologisch nachhaltige Viehwirtschaft praktisch aussehen kann. Ihre Studie erhielt
2006 den »Kapp-Forschungspreis für Ökologische Ökonomie«.

München 2007, Hochschulschriften zur Nachhaltigkeit, Band 34
125 Seiten, 24,90 EUR, ISBN 978-3-86581-077-9

Erhältlich bei: oekom@de.rhenus.com, Fax +49/(0)81 91/970 00-405

www.oekom.de

Hochschulschriften im oekom verlag

Hans-Jürgen Leist

Wasserversorgung in Deutschlang
Kritik und Lösungsansätze

Wasser marsch? Als vorbildliche Wassersparer schießen wir Deutschen dennoch über das Ziel hinaus: Extremes Wassersparen hat bereits negative Auswirkungen auf die öffentlichen Wassersysteme. Warum das so ist, was dagegen zu tun ist und in welchem Bereich wir sinnvoller sparen sollten, lesen Sie in diesem Buch.

München 2007, Hochschulschriften zur Nachhaltigkeit, Band 35
266 Seiten, 39,90 EUR, ISBN 978-3-86581-078-6

Regine Gerike

How to make sustainable transportation a reality
The development of three constitutive task fields
for transportation

»Nachhaltiger Verkehr« ist als politisches Projekt schwierig zu fassen, da der Begriff schwammig ist und messbare Eigenschaften fehlen. Regine Gerike wagt jetzt eine Definition: Nachhaltiger Verkehr ist ressourcenfreundlich, politisch gelenkt und verzerrt nicht den Markt. Die Autorin beschreibt, wie sich aus dem abstrakten Begriff konkrete Zielvorgaben für Entscheidungsträger(innen) ableiten lassen.

München 2007, Hochschulschriften zur Nachhaltigkeit, Band 36
132 Seiten, 29,90 EUR, ISBN 978-3-86581-079-3

Ivana Weber

Die Natur des Naturschutzes
Wie Naturkonzepte und Geschlechtskodierungen das Schützenswerte bestimmen

Was verstehen wir unter »Natur«, wenn wir von ihr sprechen und sie schützen wollen? Ivana Webers These lautet: Naturvorstellungen folgen den geschlechtlich kodierten Dualismen Subjekt/Objekt und Kultur/Natur und festigen diese. Die Autorin zeigt, wie solche Vorstellungen effektiven Naturschutz oft verhindern. Ihre Lösung: Eine neue Interpretation des Schützenswerten als Hybrid, als aktives und widerspenstiges Wesen jenseits der traditionellen Grenzen von Natur versus Kultur.

München 2007, Hochschulschriften zur Nachhaltigkeit, Band 37
243 Seiten, 34,90 EUR, ISBN 978-3-86581-082-3

Erhältlich bei: oekom@de.rhenus.com, Fax +49/(0)81 91/970 00-405

www.oekom.de